Ulrich Wutzke

Der Forscher von der Friedrichsgracht

Leben und Leistung Alfred Wegeners

VEB F. A. Brockhaus Verlag Leipzig

Pioniere der Menschheit
Hervorragende Forscher und Entdecker

Herausgegeben von Dr. sc. Wolfgang Genschorek (Leipzig)

Meinen Eltern
sowie Matthias, Sebastian und Stephanie

ISBN 3-325-00173-4

1. Auflage

Lizenz-Nr. 455/150/5/88 LSV 5008
Lektor: Erika Kunath
Buchgestaltung: Hans-Jörg Sittauer
Kartenredaktion: Rüdiger Thomas/Ulrich Wutzke
Kartenzeichnung: Gerhard Pippig
Printed in the German Democratic Republic
Redaktionsschluß: 30. 6. 87
Lichtsatz: INTERDRUCK Graphischer Großbetrieb Leipzig – III/18/97
Druck: Messedruck, Leipzig
Buchbinderische Verarbeitung: LVZ-Druckerei »Hermann Duncker«
Bestell-Nr. 587 288 1
01140

Inhalt

Expeditionsleiter

8. Juni 1930; Pfingstsonntag. Nach Mitternacht. Alfred Wegener, Leiter der »Deutschen Grönland-Expedition«, sitzt in dem geräumigen Wohnzelt am Fuße des westgrönländischen Kamarujukgletschers über seinem Tagebuch. Quälende Sorgen bedrücken den 49jährigen Wissenschaftler, wenn er in die Ferne blickt auf die geschlossene Eisdecke, die den Fjord wie ein Gürtel abschnürt und das Expeditionsschiff namens »Krabbe« hindert, die vorgesehene Anlandungsstelle in der Bucht zu erreichen. Im Innern des Fjordarmes war dagegen das Meereis schon vier Wochen lang so morsch, daß Lastentransporte mit Schlitten darüber hinweg ausgeschlossen waren. Man mußte sich also weiter in Geduld fassen – nun schon den 30. Tag.

Immer wieder in dieser zermürbenden Wartezeit hatten Wegener Erwägungen gequält, ob es richtig gewesen war, den ganzen Erfolg seiner Expedition auf die eine Karte »Kamarujukgletscher« am Umanaq Fjord zu setzen, stand doch bei Quervainshavn an der Diskobucht, wo das Wintereis regelmäßig einen Monat früher ging als in der nördlicheren Umanaqbucht, eine ebenfalls erprobte Reserve-Aufstiegsstelle auf das grönländische Inlandeis zur Verfügung. Aber wäre es möglich gewesen, die große Menge des für die Pferde nötigen Heus von dort mitzuführen? Und wenn man tatsächlich oberhalb des Gletschers zwar früher zum Arbeiten gekommen wäre, dann nicht vielleicht mit bereits vermindertem Elan?

Wegeners Expedition, nach Meinung von Sachverständigen die bestausgerüstete, die je in polare Gegenden abging, hatte erfolgversprechend begonnen.

Am 1. 4. 1930 um 10 Uhr verließ die Expedition an Bord der »Disko«, dem größten Schiff des grönländischen Handels, den Hafen von Kopenhagen. Glücklich fühlte sich der geradezu bis zur letzten Minute durch Entscheidungen erfordernde Fragen beanspruchte Expeditionsleiter wie einem Bienenschwarm entronnen. Mit Wegener fuhren 13 Wissenschaftler aus, deren aufeinander abgestimmte Tätigkeit sich zu einem bis dahin einmaligen Expeditionswerk zusammenfügen würde, welches das Ende der durch beachtliche Rekordleistungen charakterisierten und den Beginn systematischer wissenschaftlicher Forschungsarbeiten in Grönland markieren sollte. Das an Bord befindliche

Expeditionsgepäck, das 2500 Frachtstücke umfaßte, belief sich auf 100000 kg – etwa 10 Güterwaggons. Ein Rest von immerhin noch 10000 kg sollte acht Tage später mit dem kleineren Motorboot »Hans Egede« nach Grönland abgehen.

In Helsingør gingen die Frauen der Expeditionsteilnehmer von Bord der »Disko«. Am 8. 4. wurden in Reykjavík die für Transportaufgaben gekauften 25 Pferde zugeladen, und 3 Isländer stiegen zu, die die Tiere betreuen sollten, und am Abend des 15. lag man vor der Wegener so wohlvertrauten westgrönländischen Kolonie Holsteinsborg. Dort mußte alles Gepäck ausgeladen werden, da die aus Eisen gebaute »Disko« nicht weiter ins nördliche Treibeis vorstoßen konnte. Auf dem hölzernen 400-Tonnen-Schiff »Gustav Holm« ging es am 26. weiter; hochgetürmt stand das Expeditionsgepäck an Bord, als das Schiff am Abend Kurs nach Norden nahm.

Programmgemäß erreichte man die Umanaqbucht – und kam am 4. Mai an die feste Kante des Eises, das noch in einer Breite von 10–30 km vor der Küste lag. Ein ungewöhnlich und unerwartet spätes Frühjahr an Grönlands Westküste! Und mit ihm begannen die Schwierigkeiten, die der Expeditionsleiter frühzeitig erkannt hatte.

»Ja, der zweite Punkt unseres Programms, die Erreichung der Kamarujuk-Bucht mit ›Gustav Holm‹, ist nicht geglückt, das läßt sich nicht leugnen. Nun müssen wir durch Tüchtigkeit gutmachen, was das Glück versäumt hat«, notierte er am selben Tag, und einen Tag später, nach Bekanntwerden der Beobachtung, daß das Eis im inneren Teil des Fjords schon bedenklich morsch war: »Wir müssen noch ein Stockwerk tiefer mit unseren Erwartungen.«

Das Gepäck wurde ausgeladen und mit Schlitten über das Meereis nach der 10 km entfernten Siedlung Uvkusigssat gefahren. Damit hatten wenigstens die vollauf gerechtfertigten Sorgen um die Gefährdung der gesamten Expedition durch die mitgeführten 18000 Liter Benzin und die großen Mengen TNT-Sprengstoff ein Ende.

Die Sorgen wegen der Wartezeit blieben.

Am 11. 5., dem 2. Wartetag, schrieb Wegener in sein Tagebuch: »Wie soll man nur die Geduld aufbringen, um zu warten, bis freies Fahrwasser herrscht?« und am 16. Mai, dem 7. Wartetag: »Das Eis liegt noch fast so wie anfangs, und bei derselben Temperatur könnte es gut bis 1. Juli liegenbleiben und uns den

Weg versperren. Uvkusigsat und kein Ende. Es ist wie verhext. Wären wir 8 Tage früher gekommen, so hätten wir unseren Stoß-Trupp mit Pferden vielleicht noch durchbekommen bis Kamarujuk. Aber wie hätten wir das machen können? Die Pferde mußten ja mit der ›Disko‹ kommen« (und konnten folglich nicht 8 Tage früher da sein – U. W.). Am 18. Mai notierte er: »9. Wartetag. Noch immer liegt das Eis unverändert, noch immer schneit es, noch immer sind die Berge in dichten Wolken«, am 10. Wartetag: »Das Wetter ist schlecht, dichter Schneefall, alle Berge im Nebel. Das Eis ist nicht entscheidend weiter zurückgegangen.« Und wieder 7 Tage später: »26. Mai. 17. Wartetag. Himmel, Geduld, Geduld! Ostwind aufklarend. Von der Anhöhe am Land kann man sehen, daß vor der Eiskante viel Treibeis herabgetrieben ist ... Jedenfalls sind wir heute von Uvkusigsat abgeschnitten, und das Eis dort wird nicht weggehen, bevor wieder Ostwind kommt. Vor Mitte Juni werden wir kaum unsere Arbeit in Kamarujuk beginnen können«.

Wegener hebt den Blick von seinem Tagebuch. »Heute ha-

Kamarujuk-Fjord vom Aufstiegsgletscher gesehen

ben wir gar nichts getan«, hatte er soeben, am Ende des 31. Wartetages, notiert, »nur gut gegessen und getrunken, Schach gespielt und Pfingsten gefeiert. Das Wetter ist trüb und meine Stimmung noch mehr. Von unserem Aussichtspunkt auf der Moräne sieht man immer noch das Eis im Ingnerit-Fjord liegen. Das Programm unserer Expedition wird allmählich ernstlich gefährdet durch die Hartnäckigkeit des Eises. Was wir hier machen können, ist herzlich wenig, wir sind auch zu wenig Leute dazu. Und die Zeit verrinnt, es ist bald Mitte Juni. Die Sache entwickelt sich katastrophal. Wir sind in dieser fast wichtigsten Glücksfrage wirklich vom Unglück verfolgt. Vielleicht kommt der 1. Juli, und wir haben immer noch nicht angefangen. Und was hat diese demoralisierend lange Wartezeit schon von unserer Energie verbraucht. Jetzt ist es ein Monat her, daß wir ausluden; ein ganzer Monat ist vertan, und noch immer denkt das Eis nicht daran zu gehen.«

Wieder blickt Alfred Wegener, für den sich mit dieser seiner vierten Expedition ein langgehegter Plan erfüllt, hinaus, und die Gedanken fliegen von Grönland nach Graz, nach Hamburg, Marburg und nach Berlin ...

Reifejahre

Wohlbehütete Kindheit. Alfred Lothar Wegener kam am 1. November 1880 als fünftes Kind des Theologen und Lehrers für alte Sprachen Dr. Richard Wegener (1843–1917) und dessen Ehefrau Anna Wegener geborene Schwarz (1847–1919) zur Welt. Sein Geburtshaus war das im Herzen Berlins, am südlichen der beiden Spreearme gelegene Schindlersche Waisenhaus Friedrichsgracht Nr. 57, eine in den Räumen eines altbekannten Berliner Gebäudes untergebrachte private Stiftung für verwaiste Söhne von Theologen, Beamten, Handwerkern, Landwirten, Ärzten und Kaufleuten aus Berlin oder der Mark Brandenburg, dem Vater Wegener vorstand.

Der zweigeschossige Barockbau war kurz nach 1680 auf Betreiben des Großen Kurfürsten (Kurfürst Friedrich Wilhelm von Brandenburg, 1620–1688) entstanden, ging durch mehrere Hände und diente zeitweilig auch als Gesandtschaftspalais. Im

Jahre 1812 wurde das Gebäude durch Schenkung Heim der 1730 entstandenen Schindlerschen Stiftung. Seit dem 1. 10. 1875 bekleidete der Prediger Dr. Wegener unter dem neuen, ihm vom Kuratorium der Stiftung beigelegten Titel Direktor das Amt des bisherigen Inspektors. Seine Tätigkeit führte zu wesentlichen Verbesserungen; so veranlaßte er 1876 den Umbau eines alten Stallgebäudes im Hof in einen Turnsaal und einen darüber liegenden Speisesaal, der durch einen Zugang mit der Küche verbunden war. Seine Gattin betreute den umfangreichen Haushalt der Anstalt, sorgte sich um die Beköstigung und die Wäsche der – in diesen Jahren – 28 Zöglinge und half ihnen wie auch ihren eigenen Kindern über manche Alltagssorge hinweg.

Die Vorfahren der Wegeners lassen sich mindestens 300 Jahre zurückverfolgen. Sie lebten als evangelische Pfarrer in kleinen Orten Schlesiens und der Mark Brandenburg. Sicher belegt ist als ältester Ahn der in Berlinchen geborene Gabriel Wegener (1671–1740), Pfarrer in Bärwalde.

Erwähnenswert ist auch Wilhelm Gabriel Wegener (1767–1837), der als Theologiestudent der Universität Frankfurt/Oder zum engen Jugendfreund Alexander von Humboldts (1769–1859) wurde, als die Gebrüder Humboldt zum Wintersemester 1787 in Frankfurt ihr Studium beginnen. »Am wichtigsten ward mir die Freundschaft und der Umgang des nachmals so berühmt gewordenen Alexander von Humboldts«, schrieb er dazu in seiner Autobiographie; er »schloß sich an mich mit einer Höflichkeit und Wärme, wie sie mir noch niemand bewiesen hatte. Fast nur mit mir ging er um und brachte viele Stunden neben mir zu. Er ist mir ein auch als Freund sehr schätzbarer Mensch.« Und der nachmals so berühmt Gewordene selbst, der ihn, mit dem er im Februar 1788 den Freundschaftsbund geschlossen hatte, »innigst geliebter Bruder« nennt und »Du, lieber Wegener, der Du, wie unter meinen Freunden der beste, so auch meinem Herzen der Theuerste, Unvergeßlichste bist«, schrieb in einem Brief aus Berlin vom 24. 2. 1789 an seinen Jugendfreund: »Zöllner (Johann Friedrich Zöllner, 1753–1804; wurde 1782 Pastor und 1788 Probst an der Nicolaikirche in Berlin, war Mitglied der Naturforschenden Gesellschaft und der Akademie der Wissenschaften zu Berlin und hielt Vorlesungen an der Universität. – U. W.) ... hat einen (gegründeten?) Respekt für die philologischen Kenntnisse Deines Bruders und es

Schindlersches Waisenhaus

ist ihm in der That ein (sonderbares) Axiom, daß alle Wegeners geschickte und fleißige Menschen sind.« Gemeint mit diesem Bruder ist Georg Jacob Ludwig Wegener (1757–1840), ehemals Feldprediger in Berlin und ab 1789 Superintendent in Wittstock a. d. Dosse; er war der Urgroßvater von Alfred Wegener.

Erst dieser und sein Bruder Kurt Friedrich Wegener (1878–1964), die Meteorologen und Geophysiker wurden und in ihrer Arbeit in neue Gebiete der Erkenntnisse vorstießen, sprengten den Rahmen familiärer Tradition ebenso wie ihre Vettern Paul Hermann Wegener (1874–1948), der Schauspieler wurde und vornehmlich an Berliner Bühnen große Erfolge als Charakterdarsteller feierte, sowie dessen nahezu 10 Jahre älterer Bruder Friedrich Wegener, der sich als Journalist einen Namen machte.

Bis heute existiert nahe dem Gröper Tor in Wittstock ein kleiner Familienfriedhof der Wegeners. Von den direkten Vorfahren Alfred Wegeners liegen hier bestattet: sein Großvater Friedrich Wilhelm T. G. Wegener (1798–1886), seine Großmutter

Antoinette Francisca Wegener geb. Rabe (1800–1856), sein schon erwähnter Urgroßvater Georg Jacob Ludwig Wegener, seine Urgroßmutter Wilhelmine Marie Dorothea Wegener geb. Rudeloff (1779–1827), sein Ururgroßvater Samuel Gottfried Rudeloff (1746–1818) und seine Ururgroßmutter Marie Dorothea Rudeloff geb. Dänicke (1755–1829).

Alfred Wegeners Vater Richard Wegener hatte nach Beendigung seines Theologiestudiums als 25jähriger die Stelle eines Hilfspredigers angenommen. Nebenher studierte er weiter alte Sprachen und promovierte in Berlin zum Dr. phil. Dort übernahm er 1875 auch die Leitung des Schindlerschen Waisenhauses. Zugleich bekleidete er das Amt eines Hofgerichtspredigers am Amtsgericht Moabit. Er versuchte sich darüber hinaus schriftstellerisch, wobei die in seinem 1895 in Cöthen verlegten Buch »Poetischer Fruchtgarten« veröffentlichten Gedichte zweifellos die schönsten Dokumente seines literarischen Schaffens sind.

Die Mehrzahl der Zöglinge des Waisenhauses besuchte das nahe gelegene Gymnasium zum Grauen Kloster, wo auch Dr. Wegener Unterricht gab. Die eigenen Söhne indes schickte der ehrenwerte Mann in das Köllnische Gymnasium, um jede Möglichkeit einer Bevorzugung auszuschließen.

Frühzeitig begannen die Brüder sich für Naturwissenschaften, insbesondere für Physik und Chemie, zu interessieren. »Der Vater schenkte ihnen eine Elektrisiermaschine und ein Chemiebuch«, heißt es in einer Biographie später, »und sie erbettelten sich von der Mutter einen unbenutzten Raum neben der Waschküche, und da wurde nun drauflos experimentiert. Mancher Groschen Taschengeld verwandelte sich dort in Rauch und Knall.« Daneben entwickelten die vielseitigen Jungen eine Vorliebe für jede Art körperlicher Betätigung. Eifrig nutzten sie jede Möglichkeit zum Wandern, zum Schlittschuhlaufen auf der zugefrorenen Spree vor ihrem Elternhaus, und oft genug eilten sie nach der Schule nach Hause, um in dem neuen Turnsaal des Waisenhauses Sport zu treiben. Der Vater förderte das Streben der Söhne, hielt aber streng auf gute Ausführung der Schulaufgaben. Auch wenn Ferien waren, hatten die Jungen erst eine Stunde zu lernen, ehe ihr Vergnügen kam.

Im Jahre 1886 kaufte Vater Wegener das ehemalige Direktorenhaus der Glashütte in Zechlinerhütte bei Rheinsberg, etwa 80 km nördlich Berlins. Es war dies das Geburtshaus von Alfred

Landsitz Zechlinerhütte

Wegeners Mutter, die nach dem frühen Tod der Eltern bei Verwandten in Wittstock aufgewachsen war. Auch konnte er einen Teil der schönen alten Mahagonimöbel ihrer Eltern, die in der Umgebung verstreut waren, zurückkaufen und damit das Haus einrichten.

Das in reizvoller Wald- und Seegegend gelegene, im Familienkreis nur »Die Hütte« genannte Grundstück wurde die eigentliche Heimat der Wegenerschen Familie. Regelmäßig verbrachte man hier die Ferienzeit. Im nahen See lernten die Kinder vom Vater das Schwimmen; später durften sie rudern und segeln, im Winter auch Schlittschuh laufen. Mehrfach, namentlich zu Pfingsten, nahm der Direktor Wegener die Schüler der Friedrichsgracht mit nach Zechlinerhütte.

Die eiszeitlich geformte Landschaft kam den naturwissenschaftlichen Neigungen Alfreds zugute. In langen Wanderungen erforschte er die ausgedehnten Wälder, sammelte Gesteine, Insekten, zeichnete Karten. Stundenlang konnte er im

Gebüsch versteckt am finsteren Kramohlsee liegen, um einen Dachs vor seinem Bau zu belauschen. Ebensogern wurden tagelange Boots- oder Segelfahrten unternommen. Es haben sich Tagebücher erhalten, in denen Alfred Wegener seine Beobachtungen während solcher Fahrten aufgezeichnet hat, nötigenfalls durch Zeichnungen ergänzt. Die präzisen Angaben zur organisatorischen Vorbereitung und die abschließenden Auswertungen lassen bereits Umsicht und Gewissenhaftigkeit erkennen.

Durch die viele Bewegung im Freien gestählt, wurde der Junge kräftig und ausdauernd; seine naturwissenschaftlichen Interessen dagegen schulten Beobachtungsvermögen und Verstand. Als Alfred Wegener die Schule im Herbst 1899 verließ, war er der Primus omnium.

Studienjahre hier und dort. Die Studienwahl Alfred Wegeners fiel auf Astronomie und Meteorologie. Am 13. Oktober 1899 wurde er an der Friedrich-Wilhelms-Universität immatrikuliert. Das zweite Semester begab er sich an die Ruprecht-Karls-Universität zu Heidelberg. Dort aber, der strengen Zucht des Elternhauses entronnen, genoß der junge Mann das ungebundene Studentenleben; er trat einer farbentragenden Verbindung bei und war mehr auf dem Fechtboden und beim Bier als im Kolleg zu finden. Er, der in der Prima viele Abende mit seinem Physiklehrer am Fernrohr gesessen und Sterne beobachtet hatte und nun die Absicht hegte, Astronom zu werden, fand in Heidelberg nicht ein einziges Mal Zeit, die Sternwarte auf dem Königstuhl zu besuchen. Sein Abgangszeugnis indes verrät, daß er die Vorlesungen »Elemente der Meteorologie« des Astronomen Max Wolf (1863–1932, bekannt als Entdecker einer großen Zahl von Planetoiden), »Allgemeine Astronomie« bei Karl Wilhelm Friedrich Johannes Valentiner (1845–1931), »Differential- und Integralrechnung« bei Leo Koenigsberger (1837–1921) und »Experimentalphysik« bei Georg Hermann Quinke (1834–1924) zumindestens »belegt« hatte.

Ein Dokument aus der Heidelberger Zeit ist folgendes:

»Strafverfügung

Der Angezeigte Alfred Wegener, Student, Heinr. Ingrimmstr. 5, ist beschuldigt, daß er in der Nacht vom 2./3. ds. Mts. um 3 Uhr groben Unfug und Ruhestörung dadurch

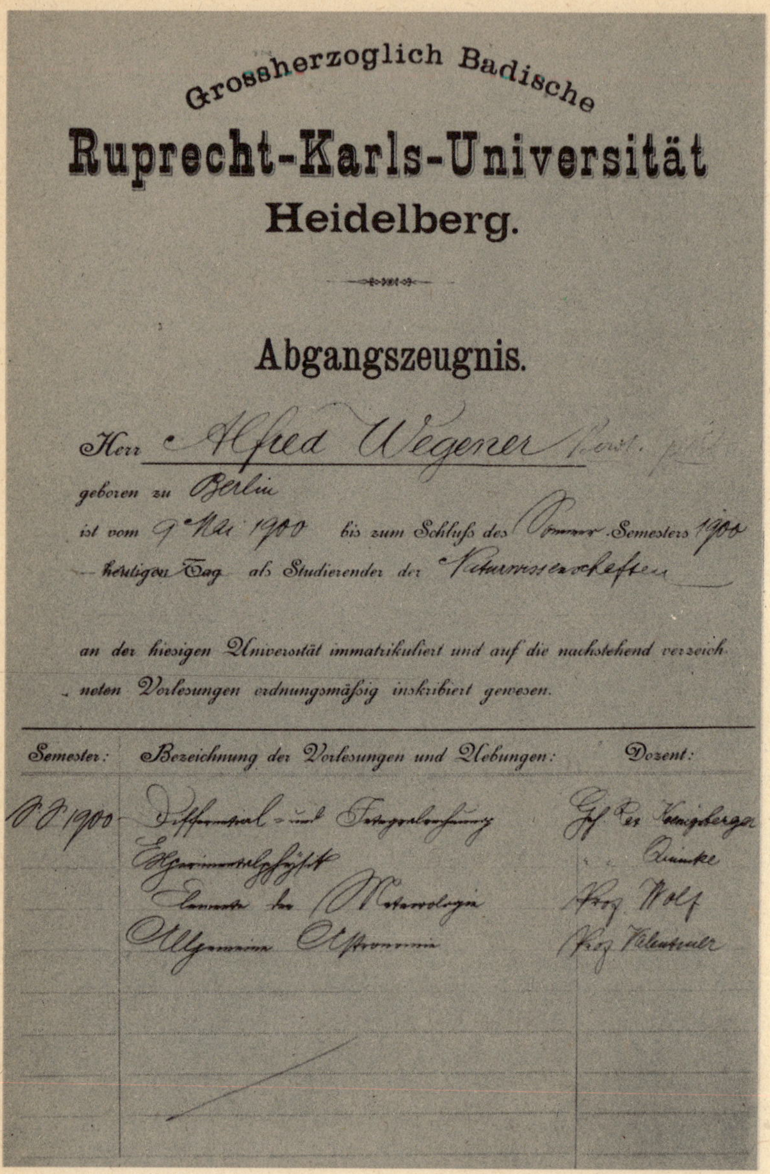

Grossherzoglich Badische

Ruprecht-Karls-Universität Heidelberg.

Abgangszeugnis.

Herr Alfred Wegener

geboren zu Berlin

ist vom 9. Mai 1900 bis zum Schluß des Sommer-Semesters 1900 ~~heutigen Tag~~ als Studierender der Naturwissenschaften

an der hiesigen Universität immatrikuliert und auf die nachstehend verzeichneten Vorlesungen ordnungsmäßig inskribiert gewesen.

Semester:	Bezeichnung der Vorlesungen und Uebungen:	Dozent:
S.S. 1900	Differential- und Integralrechnung	Geh. Rat Koenigsberger
	Experimentalphysik	Quincke
	Elemente der Meteorologie	Prof. Wolf
	Allgemeine Astronomie	Prof. Valentiner

Abgangszeugnis aus Heidelberg

verübte, daß er mit umgehängtem weißen Tuch durch die Hauptstraße nach dem Marktplatz zog und dabei durch überlautes Schreien ungebührlicherweise ruhestörenden Lärm erregte.

Schutzmann Eiermann

Auf Grund des § 360 n. R. wird gegen ihn eine Geldstrafe von 5,– Mark festgesetzt. Auch hat er die Kosten zu tragen. Anstelle der Geldstrafe tritt im Falle der Unbeibringlichkeit eine Haftstrafe von 2 Tagen.
Heidelberg, 3. Juli 1900.«

Nach den Semesterferien blieb Wegener in Berlin und besuchte fortan eifrig die Vorlesungen und Seminare. Bei den Astronomen Julius Bauschinger (1860–1934, bekannt als Verfasser von Tafelwerken zur theoretischen Astronomie), Wilhelm Foerster (1832–1921, gründete die Gesellschaft »Urania« und 1889 die Berliner Volkssternwarte) und Adolf Marcuse (1860–1930) hörte er Himmelsmechanik sowie Theorie und Praxis astronomischer Ortsbestimmung, bei Max Planck (1858–1947, Nobelpreis für Physik 1918) Allgemeine Mechanik und bei Johann Friedrich Wilhelm v. Bezold (1837–1907) Allgemeine Meteorologie.

Noch einmal verbrachte der junge Student einen Abschnitt der Studienzeit auswärts, als er sich zum Sommersemester 1901 gemeinsam mit seinem Bruder Kurt an die Leopold-Franzens-Universität Innsbruck begab. Mehr und mehr hatte er während des Astronomiestudiums die körperliche Betätigung vermißt; die Natur der Berge bot nun ausreichend Gelegenheit dafür. Gemeinsam gingen die Brüder auf Exkursionen, widmeten sich der Geologie und Botanik der Alpen, unternahmen ungezählte Kammwanderungen und Klettertouren in den Stubaier, Ötztaler und Zillertaler Alpen, bezwangen den Ortler.

Zu einer Zeit, als dieses Gebiet noch keineswegs touristisch erschlossen war, als man weder Markierungen noch Stifte oder Drahtseilsicherungen kannte, erforderten Unternehmungen dieser Art Geschick und Ausdauer. Eine überlieferte Begebenheit ist für Alfred Wegener charakteristisch: Eines Tages hatten sich die beiden Brüder wieder einmal aufgemacht, um im Brennergebiet den nicht einfachen Olperer zu erklimmen. Es war ihre erste Hochtour. Sie gingen ohne Führer und bemerkten unterwegs, daß sie vom geplanten Weg abgekommen und auf eine andere, noch viel schwierigere Route geraten waren.

Die beiden Flachländer aber, ohne viel bergsteigerische Fachkenntnisse und Erfahrungen, gaben nicht auf, bis sie den Gipfel auch auf dem neuen Weg erreicht hatten.

An akademischen Veranstaltungen besuchte Wegener Emil Heinrichers (1856–1934) »Allgemeine Botanik (Pflanzen-Physiologie)«, »Uebungen im Untersuchen der Phanerogamen (Samenpflanzen – U. W.) mit specieller Rücksicht auf die Medicinalpflanzen« und »Botanische Exkursionen«, bei Josef Blaas (1850–1936) »Geologische Wanderungen durch die Tiroler Alpen« sowie »Qualitative und quantitative Mineralanalyse« und »Mineralogische und petrographische Excursionen« bei Alois Cathrein (1853–1936).

Hochbefriedigt fuhr Alfred Wegener nach Berlin zurück.

In Berlin wurden anscheinend die ersten Pläne zur Erforschung der Polargebiete geboren. Wegener war seinerzeit Mitglied einer nicht-farbentragenden »Schwarzen« wissenschaftlichen Verbindung, des Akademisch-Astronomischen Vereins (kurz A^2V), und ein Vereinsbruder, der Mathematiker Walter Lietzmann (1880–1959), erwähnt in seinen Lebenserinnerungen später Alfred Wegener, »der schon damals seine Polarneigungen hatte und gern das Lied vom Eskimann und von der Eskifrau sang«. Und seinem Studienfreund Walter Gustav Georg Wundt (1883–1967) zeigte er 1903 auf einer Grönlandkarte die Route, auf der er – weit nördlicher als 1888 Fridtjof Nansen (1861–1930) – das Inlandeis überqueren wollte.

Von Michaelis (29. September) 1901 bis Michaelis 1902 absolvierte Wegener bei der 4. Kompanie des Königin-Elisabeth-Garde-Grenadier-Regiment No 3 zu Westend (bei Berlin) seinen obligatorischen Militärdienst und setzte nebenher seine Universitätsstudien fort.

Aus seinem Studienbuch geht hervor, daß er folgende Veranstaltungen belegt hatte:

5. Semester (Michaelis 1901–Ostern 1902)

»Allgemeine Geschichte der Philosophie bis auf die Gegenwart, in ihrem Zusammenhang mit der Cultur« bei Wilhelm Dilthey (1833–1911);

6. Semester (Ostern 1902–Michaelis 1902)

»Geschichte der neueren Philosophie, mit Rücksicht auf die gesammte Cultur der Neuzeit« bei Friedrich Paulsen (1846–1908);

7. Semester (Michaelis 1902–Ostern 1903)

»Theorie der Wärme, einschl. Thermochemie« bei Max

Planck, »Theorie der speciellen Störungen«, »Theorie der Sonnenfinsternisse« und »Interpolationsrechnung u. mechanische Quadratur, im Seminar f. wissensch. Rechnen« bei Julius Bauschinger, »Algebra« bei Ferdinand Georg Frobenius (1849–1917) und »Berechnung von Meteorbeobachtungen, Wolkenhöhen u. dergl., im Seminar f. wissensch. Rechnen« bei Wilhelm Foerster;

8. Semester (Ostern 1903–Michaelis 1903)

»Einl. in die Mechanik des Himmels«, »Die Doppelsterne« und »Berechnung der Fixsternephemeriden« bei Julius Bauschinger, »Geschichte d. griech. Astronomie«, »Theorie der Zeitmessung« und »Ausgewählte Capitel aus der Fehlertheorie« bei Wilhelm Foerster, »Theoretische Meteorologie. Thermodynamik der Atmosphäre« bei Wilhelm v. Bezold und »Logik u. Einleitung in d. Philosophie« bei Karl Valentiner Stumpf (1848–1936);

Alfred Wegeners Studienbuch

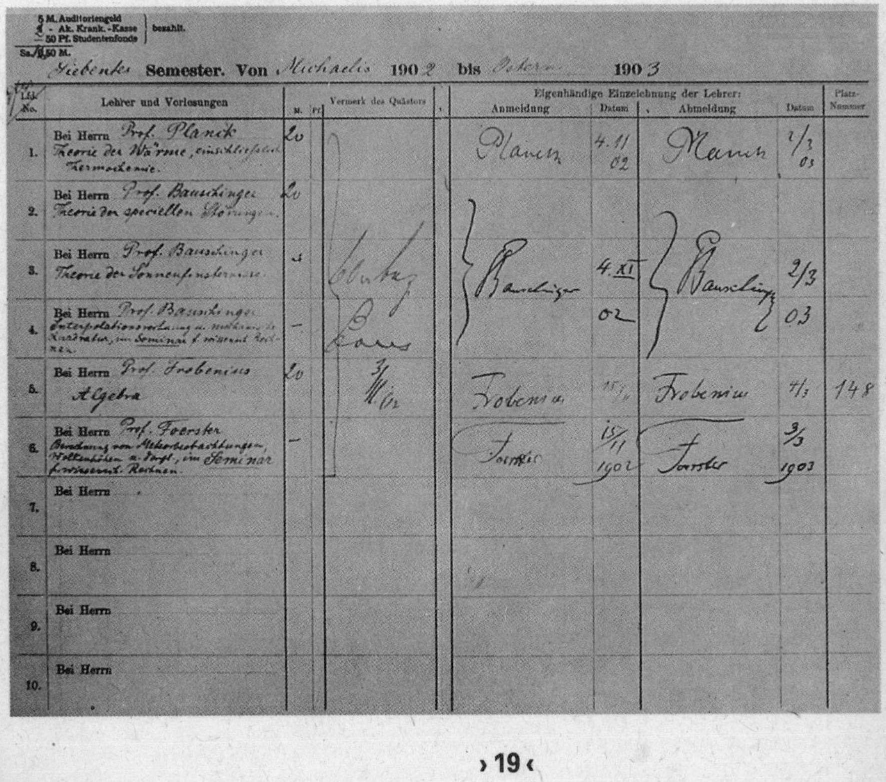
5 M. Auditoriengeld
5 - Ak. Krank.-Kasse
– 50 Pf. Studentenfonds
bezahlt.
Sa. 10,50 M.

Siebenten Semester. Von Michaelis 1902 bis Ostern 1903

Lfd. No.	Lehrer und Vorlesungen	M.	Pf.	Vermerk des Quästors	Anmeldung	Datum	Abmeldung	Datum	Platz-Nummer
1.	Bei Herrn Prof. Planck Theorie der Wärme, einschließlich Thermochemie.	20			Planck	4.11 02	Planck	2/3 03	
2.	Bei Herrn Prof. Bauschinger Theorie der speciellen Störungen.	20							
3.	Bei Herrn Prof. Bauschinger Theorie der Sonnenfinsternisse.	–		[illegible]	Bauschinger	4.XI 02	Bauschinger	2/3 03	
4.	Bei Herrn Prof. Bauschinger Interpolationsrechnung u. mechanische Quadratur, im Seminar f. wissensch. Rechnen.	–							
5.	Bei Herrn Prof. Frobenius Algebra	20		3/XI 02	Frobenius	15/11	Frobenius	4/3	148
6.	Bei Herrn Prof. Foerster Berechnung von Meteorbeobachtungen, Wolkenhöhen u. dergl., im Seminar f. wissensch. Rechnen.	–			Foerster	15/11 1902	Foerster	3/3 1903	
7.	Bei Herrn								
8.	Bei Herrn								
9.	Bei Herrn								
10.	Bei Herrn								

9. Semester (Michaelis 1903–Ostern 1904)
»Mechanik d. Himmels, ältere Theorien« und »Einrichtung und Gebrauch der Planetentafeln (Seminar)« bei Julius Bauschinger, »Theorie der Raummessung« und »Geschichte der arabischen und mittelalterlichen Astronomie« bei Wilhelm Foerster, »Meteorologische Übungen« und »Über Wind und Wetter« bei Wilhelm v. Bezold, »Methode der kleinsten Quadrate« bei Friedrich Robert Helmert (1843–1917) und »Topographische Landesaufnahme« bei Hermann Paul Eggert (1874–1944);
10. Semester (Ostern 1904–Oktober 1904)
»Meteorologisches Colloquium« bei Wilhelm v. Bezold, »Geschichte der neueren Astronomie seit Newton« und »Fundamentale Winkelmessungen am Himmel« bei Wilhelm Foerster, »Potentialtheorie mit Anwendungen auf die Figur und Rotation des Himmelskörpers« und »Einleitung in die Rechenkunst« bei Julius Bauschinger. Ferner gibt der Student an, noch bei den Herren Fischer, Fuchs, Knoblauch, Scheiner, Schwarz und Warbing Vorlesungen gehört zu haben.

Im siebten und achten Semester war Wegener als Assistent an der Berliner Volkssternwarte »Urania« tätig. Hier erhielt er Anregungen für seine Dissertation zum Thema: »Die Alfonsinischen Tafeln für den Gebrauch eines modernen Rechners«.

Das im Auftrag des kastilischen Königs Alfons X. (1221–1284) in der 2. Hälfte des 13. Jahrhunderts von christlichen und jüdischen Gelehrten erarbeitete und nach ihm benannte Tafelwerk zur Berechnung der Örter von Sonne, Mond und den (seinerzeit bekannten) 5 Planeten, ferner von Oppositionsterminen und Finsternissen, zum Gebrauch für Seefahrer, Astronomen und viele andere Interessenten fußte auf dem geozentrischen Weltsystem des Ptolemäus (um 90–um 160 u. Z.) sowie dem derzeit gebräuchlichen Julianischen Kalender. So wie Kepler (1571–1630) einst aufgrund seiner auf dem kopernikanischen Weltsystem basierenden Erkenntnisse die gewissenhaft ausgeführten Beobachtungsergebnisse Tycho Brahes (1546–1601) umgerechnet und in den 1627 publizierten »Rudolfinischen Tafeln« festgehalten hatte, so rechnete Wegener nun die alten Daten unter Aufgabe des umständlichen Hexagesimalsystems und Bereinigung von ihren Druckfehlern für den neuzeitlichen Gebrauch um. Am 24. 11. 1904 bestand er die Prüfung mit dem Prädikat »magna cum laude« und wurde am 4. 3. 1905 von der Philosophischen Fakultät promoviert. Seine ohne den 18seitigen

Tafelteil ganze 38 Seiten umfassende Dissertation war als »sagacitatis et industriae specimen laudabile« bewertet worden. Es kennzeichnet das Wesen Wegeners, daß er seine auf einer umfangreichen Materialsammlung und dem eingehenden Studium alter Abhandlungen basierenden Untersuchungen über den Gegenstand seiner Dissertation hinaus viel weiter ausdehnte, als ursprünglich beabsichtigt. Getrieben von dem Wunsch, über die in den gebräuchlichen Geschichtswerken gegebenen dürftigen und in manchen Punkten unzutreffenden Angaben hinaus ein möglichst zusammenhängendes Bild über die gesamte wissenschaftliche Tätigkeit König Alfons des Weisen zu gewinnen, kam er zu neuen Erkenntnissen, die der gerade 25jährige in einer 57 Seiten starken Abhandlung veröffentlichte. Ebenso bemerkenswert für das Wirken Wegeners ist aber auch, daß sein Appell, endlich einen durch sechs Jahrhunderte geschleppten Irrtum auszumerzen, nahezu ungehört verklungen ist; ausführlich nämlich legte Wegener dar, daß die im 14. Jahrhundert entstandene und durch entsprechende Ausführungen in Humboldts »Kosmos« sanktionierte Bemerkung unzutreffend ist, an Alfons' X. Hof seien neben jüdischen und christlichen auch arabische Gelehrte tätig gewesen. Tatsächlich haben die Erstgenannten in großem Umfang die auf der Höhe der Zeit stehenden Schriften arabischer Autoren ins Kastilische übersetzt, wissenschaftlich redigiert und teilweise auch umgearbeitet. Aber obwohl schon die Zeitumstände die Anwesenheit von Arabern am Hofe Alfons' X. ausschließen und eine genauere Prüfung der in den alten Schriften als Urheber namentlich genannten arabischen Gelehrten ergibt, daß sie durchweg Jahrhunderte vor Alfons gelebt haben, findet sich selbst in gängigen Nachschlagewerken unserer Tage die Mitteilung, daß die im Auftrag des kastilischen und für mehrere Jahre auch deutschen Königs angefertigten Werke »von arabischen, christlichen und jüdischen Gelehrten hergestellt wurden«.

Obwohl Wegener auch später noch einige astronomische Arbeiten publiziert hat, sah er seine Zukunft nicht auf diesem Gebiet. »In der Astronomie«, äußerte er einmal zu einem Studienfreund, »ist alles im wesentlichen schon bearbeitet, nur speziell mathematische Begabung und besondere Einrichtungen auf Sternwarten können zu neuen Erkenntnissen führen, zudem bietet die Astronomie keine Gelegenheit zu körperlicher Betätigung.«

Weltrekord! Bald nach der Promotion wurde Alfred Wegener – wie auch schon sein Bruder Kurt – Assistent am Königlich Preußischen Aeronautischen Observatorium, das seinen Sitz zunächst in Tegel bei Berlin und seit dem 1. April 1905 bei Lindenberg im Krs. Beeskow hatte (heute Aerologisches Observatorium Lindenberg des Meteorologischen Dienstes der DDR). Neben dem Studium der Physik der Wolken reizte den jungen Wissenschaftler die moderne Erforschung der höheren Atmosphärenschichten mittels Drachen und Fesselballonen, die mechanisch angetriebene Registriergeräte für Lufttemperatur, Luftdruck und Luftfeuchtigkeit in die verschiedenen Höhen brachten. Vor allem aber lockte ihn die Möglichkeit, hier an Freiballonfahrten, die zum Forschungsprogramm des Instituts gehörten, teilnehmen zu können. Dabei widmete er sich auch der speziellen Aufgabe, die neuartige Methode der astronomischen Ortsbestimmung zu erproben.

Schon wiederholt war das Problem in Angriff genommen worden, die Position fahrender Ballone bei mangelhafter Sicht

Observatorium Lindenberg

Windenhaus

nach der Erde und fehlender Orientierung nach der Karte durch Messung der Position von Gestirnen zu ermitteln. Nach vielerlei vergeblichen Versuchen hatte Adolf Marcuse dann ein Verfahren vorgeschlagen, bei dem man unter Verwendung eines Libellenquadranten, der in Gestalt einer kleinen Libelle einen künstlichen Horizont schafft, und unter Zuhilfenahme eines genaugehenden Chronometers durch Anpeilung von Gestirnen imstande ist, geographische Länge und Breite der Position des Ballons zu ermitteln.

Alfred Wegeners erste Ballonfahrt begann am 11. 5. 1905 um 8.34 Uhr in Reinickendorf bei Berlin in einem mit 1200 m^3 Wasserstoffgas gefüllten Ballon. Ballonführer war A. Berson – wie Wegener Mitarbeiter in Lindenberg. Die Fahrt, die bis in 5761 m Höhe ging, wo −19,6 °C herrschten, endete nach 10 Stunden und 16 Minuten auf einer Waldlichtung westlich von Gleiwitz (heute: Gliwice). Neben regelmäßigen meteorologischen und luftelektrischen Beobachtungen, insbesondere Messungen der spezifischen Leitfähigkeit der Luft sowie des Potentialgefälles, wurde zum ersten Mal eine systematische Reihe fortlaufender astronomischer Positionsbestimmungen vom Ballon aus gewonnen, deren mittlere Abweichung nur etwa 10–15 km betrug. Am 30. 8. 1905, zur Zeit einer in Mitteleuropa partiellen Sonnenfinsternis, startete Wegener um 10.33 Uhr zu seiner zweiten Fahrt. Sie verlief größtenteils über geschlossener Wolkendecke, so daß besondere Anforderungen an Wegeners Ortsbestimmungen gestellt waren. Nach 7 Stunden und 2 Minuten, wobei in 6046 m Höhe −23,8 °C gemessen worden waren, landete der Korb 498 km von Reinickendorf entfernt bei der Ortschaft Nowe Miasto. Ein Vorkommnis bei der Landung bei starkem Bodenwind von 12–15 m/s zeigt, daß nicht immer alles ganz wunschgemäß verlief. Wegeners Begleiter H. Gerdien berichtet: »Nach äußerst heftigem Aufprall überschlug sich der Korb, beim erneuten Anrucken des Ballons gewahrte ich, daß mein Gefährte nicht mehr im Korbe war. Nur noch wenige Sekunden dauerte die Schleiffahrt, dann hörte ich ein lautes Klatschen und Prasseln – der Ballon war in zwei nebeneinander auf freiem Felde stehenden Bäumen festgeraten. Ich kletterte mit Mühe aus dem Korbe und sah zu meiner Freude meinen Gefährten, Herrn Dr. A. Wegener, anscheinend unverletzt heranlaufen.« Wegener selbst erlebte es so: »Ich dachte nur daran, mich festzuhalten, sah einen Augenblick alles drunter und drüber gehen und merkte dann, daß ich über die Erde geschleift wurde, wobei ich einen starken Druck auf meinem Körper fühlte, fand mich dann mit dem linken Fuß gefesselt, bis mir der linke Stiefel abgezogen wurde – dann war ich frei ... Mein steifer Halskragen hatte sich wie ein Pflug in die Erde gegraben, und mein Kopf war voller Erde ... Nachdem ich mich, nicht ganz ohne Mühe, vom Erdboden erhoben hatte, zog ich zunächst mit Befriedigung meinen Stiefel wieder an und stellte mich G. (H. Gerdien – U. W.) vor ... Er überreichte mir meinen Hausschlüssel, bald fand ich auch den zweiten, ebenso meinen Hut ...«

Mit einer Überraschung anderer Art endete Alfred Wegeners dritte Ballonfahrt im Rahmen des am Lindenberger Observatorium durchgeführten Forschungsprogramms. Abgesehen von den meteorologischen Beobachtungen während eines beabsichtigten Hochaufstiegs diente diese Fahrt dem speziellen Zweck, die Methode der astronomischen Ortsbestimmung erstmals bei Nacht zu erproben.

Am 5. 4. 1906 starteten die Brüder Kurt und Alfred um

9.00 Uhr mit einem mit 1200 m³ Wasserstoff gefüllten ehemaligen Fesselballon auf dem Platz des Luftschiffer-Bataillons Reinickendorf-West. An Bord befand sich ein Vorrat von 38 Sack Ballast. Schnell aufsteigend ging die Fahrt über Kremmen und den Ruppiner See in Richtung Nordwest. Kurz nach 11 Uhr passierte man Wittstock; aus 500 m Höhe wurde vom Ballon aus ein Foto der Stadt gemacht, an die so viele familiäre Beziehungen der Brüder geknüpft waren. Mittags erreichte der Ballon östlich von Wismar die Ostsee, passierte bei mittlerer Höhe um 800 m die Westküste von Fehmarn und die Südspitze von Langeland und erreichte bei einbrechender Dunkelheit den Ort Horsens an Jütlands Küste. Der Wind flaute ab, und der Ballon trieb bei starker Ostdrehung gegen Morgen sachte aufs Kattegat hinaus, von dort aber nahe der dänischen Küste wieder nach Süden, wobei es kurzzeitig bis auf 2500 m hoch ging. Am Nachmittag frischte der Wind auf. Der Ballon überflog in Höhen zwischen 1000 m und 300 m mit zunehmender Geschwindigkeit die In-

Wittstock im Jahre 1906 aus 500 m Höhe

seln Samsø und Fünen und passierte gegen 20 Uhr die Küstenlinie. Unmittelbar danach begann der Kurs nach West zu drehen; die Brüder fürchteten, auf die Nordsee hinausgetrieben zu werden und wollten den Korb schon zur Landung klarmachen, als er wieder nach Süden zog. Bei Hamburg vorübergehend 2500 m Höhe erreichend, setzte die Ballonbesatzung die Fahrt in dieser zweiten Nacht in 100–800 m Höhe bis westlich Hannover fort und zog am Morgen, von der Sonne hochgetrieben, an Kassel vorbei.

In den beiden Nächten konnten zusammen 4 astronomische Positionsbestimmungen vorgenommen werden. Der Vergleich mit den zugehörigen wahren Orten erlaubte den Schluß, daß mit dem Libellenquadranten ausgeführte Messungen auch des Nachts den Ort bis auf 15–20 km genau zu ermitteln gestatten und somit dem Zweck der Orientierung genügten. Ferner wurde eine Fülle meteorologischer Beobachtungen gesammelt.

Mehr und mehr wurde das Unternehmen durch mangelhafte Ausrüstung beeinträchtigt, denn die Fahrt war als Dauerfahrt nicht vorbereitet gewesen. An Verpflegung führten die beiden Luftschiffer nur 2 Pfund Schokolade, 4 Koteletts, 2 Flaschen Selters und 2 Apfelsinen mit. Darüber hinaus hatten sie bei der Abfahrt ihre Mäntel vergessen und fuhren nur mit leichten Sommerjacketts bekleidet. Daher froren die beiden Männer in den Nächten jämmerlich und konnten vor Schüttelfrost nicht schlafen. Bei Kassel waren sie über 3 Stunden lang einer Temperatur von −16 °C ausgesetzt.

Trotz Hunger und Kälte beschlossen die Brüder, am dritten Flugtag den Aufstieg zu unternehmen. Sie rechneten, den Ballon auf 5300 m zu bringen und meinten, da bei früheren Fahrten der eine bereits 6000 und der andere (Kurt; am 9. 2. 1905) 7000 Meter hoch gewesen waren, diese Höhe trotz ihrer Erschöpfung ertragen zu können. Als sie jedoch in über 3700 m Höhe, um den Aufstieg zu beschleunigen, Ballast geben wollten, zeigte sich, daß keiner von beiden mehr imstande war, den Sack über den Korbrand zu stemmen. In der Folge mehrten sich Schüttelfrost, Muskelkrämpfe und Ohnmachtsanfälle. Nachdem die Besatzung 3 Stunden ausgeharrt hatte, ging ihr Widerstand zu Ende. Hunger und Kälte waren auf die Dauer stärker gewesen als der Wille. Der Abstieg wurde eingeleitet, und nach einer Flugzeit von 52½ Stunden landeten die Wegener-Brüder am 7. 4. 1906 um 13.32 Uhr bei Laufach, 10 km östlich von Aschaffenburg im Spessart und beendeten damit den längstdauernden Ballon-Freiflug.

Die praktische Bedeutung der Fahrt, ganz abgesehen von ihrem rein wissenschaftlichen Interesse, lag wie Kurt Wegener schrieb darin, daß »gerade 2 wissenschaftliche Beamte eines Observatoriums, von denen der eine erst 5, der andere (Alfred – U. W.) 2 Fahrten gemacht hatte, ihren Ballon 17 Stunden länger zu halten vermochten, als der angesehenste Luftschiffer Frankreichs« (gemeint ist Comte de la Vaulx (1870–1930), der auf seiner berühmten Fahrt nach Korostyschew südlich von Kiew vom 9.–11. 10. 1900 nach 35 Stunden völlig erschöpft gelandet war – U. W.). Über die Weltrekord-Fahrt wurde wegen des allgemeinen Interesses, zugleich aber auch, weil Zweifel geäußert worden waren, in deutschen und ausländischen Zeitungen ausführlich berichtet und eine Zusammenfassung über die astronomischen Ortsbestimmungen im Berliner Verein für Luftschiffahrt vorgetragen.

Ein Leben für die Wissenschaft

Grönland!

»Lindenberg, den 28. März 1906

Hochverehrter Herr Professor!

Ich werde an der Polarexpedition von Mylius-Erichsen (nach Ostgrönland) als Meteorologe und Physiker teilnehmen und beabsichtige, dort auch Drachen- und Ballonaufstiege auszuführen ... Ich erlaube mir daher die Anfrage, ob Sie geneigt wären, mir einige Drachen Ihres Systems gegen eine billige Bezahlung zu überlassen oder neu zu bauen. In betreff des Baues einer Drachenwinde ... sowie über das ganze Arbeitsprogramm hoffe ich mir Ihren Rat noch persönlich einholen zu können.

Indem ich Sie bitte, diese Belästigung meinem lebhaften Wunsche, das aerologische Programm der Expedition zu einem befriedigenden Ende zu führen, zugute halten wollen, bin ich in vorzüglicher Hochachtung

Ihr sehr ergebener
Dr. A. Wegener«.

Der junge Mann durfte annehmen, daß er mit diesem an den Leiter der Meteorologischen Abteilung und Drachenstation der Seewarte Hamburg in Großborstel bei Hamburg, Wladimir Peter Köppen (1846–1940), gerichteten Schreiben die ganze stets wache Hilfsbereitschaft des Gelehrten für einen Wissenschaftler hervorrufen würde, der hier der Meteorologie gänzlich neue Gebiete erschließen wollte. Gleichzeitig leitete es eine jahrzehntelange fruchtbare Zusammenarbeit zwischen dem schon 60jährigen Köppen und dem um 35 Jahre Jüngeren ein, die ihren Ausdruck später in fundamentalen wissenschaftlichen Werken zur Klimatologie und den Klimaten der geologischen Vorzeit finden sollte.

Fast zufällig hatte Wegener von dem Plan einer zweijährigen dänischen Expedition nach Nordostgrönland erfahren, den der dänische Schriftsteller und Polarforscher Ludvig Mylius-Erichsen (1872–1907) im Herbst 1905 der Geographischen Gesellschaft in Kopenhagen vorgelegt hatte. Und begeistert hatte Wegener vernommen, was der Däne wenig später in einem Vortrag vor der Wiener Geographischen Gesellschaft geäußert hatte: »Der Glückliche, welcher nur ein einziges Mal auch nur ein Zipfelchen des Vorhangs über unbekannten Ländern und Meeren, neuen Küsten, neuen Lebens, neuer Erfahrungsbereiche zu lüften half, wird stärker als andere die Anziehung unbekannter Gebiete fühlen ... Und wenn er in sich einen unwiderstehlichen Drang spürt und sich im Besitz der allenfalls nötigen Fähigkeiten glaubt, der Forschung Pionierarbeit leisten zu können, ja dann wird er voller Hoffnung und Vertrauen seinen ganzen Einsatz bieten: ein Paar arbeitswilliger Hände, zwei offene Augen und all die einem gesunden jungen Mann eigene Kraft und Ausdauer.« – Das war ganz nach dem Geschmack des jungen Wissenschaftlers; kurz entschlossen bot er Mylius-Erichsen an, als Meteorologe und Physiker mitzufahren und wurde angenommen.

Die Expedition hatte hauptsächlich das Ziel, die gänzlich unbewohnte und zumeist schwer zugängliche Nordostküste Grönlands zwischen Kap Bismarck (77° n. Br.), bis wohin im April 1870 wärend der 2. Deutschen Nordpolarexpedition Karl Koldewey (1837–1908) zusammen mit Julius Ritter v. Payer (1841–1915) und vier Begleitern mit Handschlitten von Süden aus vorgedrungen waren, und Kap Clarence Wyckhoff (83° n. Br.), das der Amerikaner Robert Edwin Peary (1856–1920) im

Alfred Wegener 1906

Jahre 1900 von Nordwesten her erreicht hatte, zu kartieren. In Dänemark fanden derartige Arbeiten zu Beginn unseres Jahrhunderts im Interesse der wirtschaftlichen Erschließung des Landes und des Ausbaus sicherer Schiffahrtsverbindungen zu seiner unwirtlichen Ostküste viel Unterstützung, war Grönland seinerzeit doch dänische Kolonie. Als Schirmherr fungierte daher Seine Majestät König Frederik VIII. (1843–1912).

Mylius-Erichsen, der bereits zweimal Grönland monatelang bereist hatte, war sich der Größe der vorgenommenen Aufgabe durchaus bewußt. »Man muß einen scharfen Verstand, einen umgänglichen Sinn, einen großen Gleichmut und einen gesunden Körper in diese Gegenden mitbringen, dann hat man etwas zum Einsetzen, während man für seine Aufgabe lebt«, formulierte er; denn »man kann sich keine schmerzlichere Tortur denken, als die, mehrmals eine viermonatliche Polarnacht zu durchleben, in der totale Finsternis herrscht, die Kälte bis –50 Grad Celsius steigt und die physische Arbeitskraft erlahmt ... Man bedenke nur, was es heißt, Jahre hindurch von der zivilisierten Welt abgeschnitten zu sein, von der Anregung neuer Gesprächsstoffe, von Telegrammen, Zeitungen, Briefen und was sonst in der zivilisierten Welt den täglichen Impuls gibt, ausgeschlossen.« Als Leiter und Schöpfer des Plans, der den Überblick über das große Ganze hat, wollte er »mit sicherer und dennoch milder Hand alle zur Arbeit anhalten und in guter Laune erhalten« ohne sich in des einzelnen Fachmanns spezielles Gebiet einzudrängen. Der Stab junger Gelehrter, der ihm auf seine Fahrt folgte, würde seine jeweiligen naturwissenschaftlichen Untersuchungen daher weitgehend auf eigene Faust unternehmen können.

Auch die pekuniäre Frage war höchst einfach geregelt, indem alle vom Expeditionsleiter bis zum Heizer das gleiche geringe Gehalt beziehen würden; denn, so äußerte sich Mylius-Erichsen, die schicksalhafte Bedeutung seiner Worte selbst nicht ahnend, »denn keiner kann entbehrt werden und alle setzen ihr Leben aufs Spiel, und mehr kann kein Mensch geben«.

Als Expeditionsschiff sollte ein für diesen Zweck umgerüsteter norwegischer Robbenfänger dienen. Mit ihm wollte man die grönländische Ostküste ansteuern und entlang dieser, entgegen einem beständigen Treibeisstrom, so weit wie möglich nach Norden vorstoßen. Am nördlichsten Punkt der Fahrt wollte man Proviant, Werkzeuge, Material und Instrumente lö-

Ludvig Mylius-Erichsen

schen, um ein großes Depot anzulegen, und eine Station einrichten, an der meteorologische und hydrologische Beobachtungen, botanische, zoologische, geologische, glaziologische und ethnographische Untersuchungen vorgenommen werden sollten. Letzteres war ein spezielles Interesse des Expeditionsleiters, der sich auch während seiner vorangegangenen Reisen mit der Frage der Einwanderung der Eskimo nach Grönland sowie ihrer Sprache, Lebensweise und Kultur beschäftigt hatte und daher älteren Berichten über Gerätschaften und verlassenen Hausruinen in dieser Ecke Grönlands nachgehen wollte. Von der Station waren Schlittenreisen nach Norden und ins Innere der Insel geplant, während das Expeditionsschiff in den Sommermonaten für Erkundungsfahrten in Küstennähe zur Verfügung stehen sollte.

Die Kosten für die Expedition beliefen sich auf etwa 300 000 Dänische Kronen und wurden teils von staatlicher, teils von privater Seite getragen. Auch Vater Wegener beteiligte sich, wenn auch voller Unverständnis für die Pläne seines Sohnes. Nach Meinung des alten Philologen war es an der Zeit, daß sich der Junge nach einer pensionsberechtigten Stelle umsah und einen eigenen Hausstand gründete. Schon von den wagemutigen Ballonfahrten hatte er nur mit Unwillen gehört, aber eine Forschungsreise, das konnte er nicht verstehen.

Am 24. Juni 1906, dem Johannistag, verließ das auf den Namen »Danmark« getaufte Expeditionsschiff unter nicht enden wollendem Jubel einer dichten Menschenmenge den Hafen von Kopenhagen. Unter den Zuschauern waren auch Alfred Wegeners Eltern, die auf glückliche Heimkehr hoffend den Davonfahrenden nachwinkten.

Die Besatzung des 1855 gebauten, 37,4 m langen und 9,2 m breiten 451-Tonnen-Schiffs zählte im ganzen 25 Mann. Ihr wissenschaftlicher Stab bestand aus 12 Personen; hinzu kamen 13 Personen seemännischer Besatzung einschließlich Maschinen- und Küchenpersonals. Wegener war der einzige Deutsche. Auf den Färöern stiegen 3 Eskimo zu, die beim Kutschieren der 100 grönländischen Hunde sachkundige Lehrer sein sollten.

Unter solchen Umständen war es unumgänglich, daß während der Seereise auch die Wissenschaftler Schiffsdienst taten! Als Heuer waren einheitlich für alle 60 Kronen festgesetzt.

Die Fahrt – zeitweilig unter Segeln und zeitweilig unter

Dampf – verlief etwas unruhig. Wegener registrierte erfreut, daß er nicht seekrank wurde und ihm nach einiger Zeit selbst die heftigsten Bewegungen des Schiffs nicht mehr die Spur von Unbehagen verursachten. Er teilte die Kajüte mit dem Kartographen und Premierleutnant der dänischen Armee Johan Peter Koch (1870–1928), der gut Deutsch sprach und Wegener anfänglich über lästige, durch Unkenntnis der dänischen Sprache bedingte Schwierigkeiten hinweghalf.

Die Arbeit an Bord war recht beschwerlich; jeweils 4 Stunden Wache wechselten mit 4 Stunden Freizeit. Dennoch fand Wegener Gelegenheit, seinen Mitarbeiter Peter Elfred Freuchen (1886–1957) mit der Funktionsweise der Meßinstrumente bekannt zu machen und regelmäßige meteorologische Beobachtungen auszuführen.

Wegener hat die Überfahrt unter ständig wechselnden Wetterbedingungen, die Fülle an Farben und Eindrücken, tief bewegt. In seinem Tagebuch berichtet er darüber ergriffen und zugleich nüchtern: »25. Juli. Abends passierten wir den Polarkreis, ganz ohne Feierlichkeiten. Die Luft wird jetzt merklich kühler ... 31. Juli. Gestern haben wir das erste Treibeis gesehen! Es sind farbenprächtige Bilder, diese wunderlichen Schmelzfiguren! Ich war überrascht über diese Schönheit. Leider konnte man nicht photographieren, es war zu dunkel ... 1. August ... Abends und nachts liegt nur ein ganz dünner Nebel über dem Wasser, und die Mitternachtssonne beleuchtet alles in einem fahlgelben Licht – ein wundervolles Stimmungsbild ... 4. August ... Der Blick bei schönem Wetter über das Eis ist wirklich über alle Maßen schön. Nichts als Farbenglimmer! Das blaue Wasser, das saubere weiße Eis, die gelbrote Sonne, die hellgrünen Eisfüße (die unterhalb des Meeresspiegels befindlichen Teile – U. W.) unter dem Wasser – zauberhaft. Auf dem Eise kommen alle Farbtöne vor. Wir sahen eine Scholle, die durch die Sonne intensiv violett gefärbt war. – Wir photographieren jetzt wütend, es ist aber auch zu herrlich.«

Am Nachmittag des 8. August fand ein kurzweiliges aber wichtiges Manöver statt. Da man bei der Fahrt durch unbekannte arktische Gewässer stets mit einer Havarie rechnen mußte, wurde unangekündigt eine Rettungsaktion geprobt. Auf ein bestimmtes Signal hin stürmte alles zu den Booten, die eines nach dem anderen, mit Proviant, Büchsen und Munition, Kochapparat und einer Menge anderer Sachen beladen, zu Wasser gelassen wurden, um von der Besatzung in höchster Eile durch das offene Wasser der Wake zu einem Eisrand gerudert zu werden. – Zurück an Bord der »Danmark« gab es eine böse Überraschung! Da man in der allgemeinen Verwirrung vergessen hatte die Türen zu schließen, waren die Hunde, obwohl in gutem Ernährungszustand, da in den letzten Tagen zur Bereicherung ihres im wesentlichen aus Trockenfisch bestehenden Futters Robben und Eisbären erlegt worden waren, in Messe und Kombüse, ja selbst Kojen und den Maschinenraum eingedrungen, hatten alles irgendwie Freßbare hinuntergeschlungen und überall ihre Spuren hinterlassen.

Langsam ging es durch aufgetürmte Eismassen weiter nach Norden. Alle, die die örtlichen Eisverhältnisse kannten, waren sich einig darin, daß das Treibeis in jenem Jahr ungewöhnlich mächtig war. Am 13. August unternahm ein Teil der Besatzung, darunter auch Wegener, bei klarem Wetter mit dem Ruderboot einen Abstecher zur nahen Koldewey-Insel. Dort wurde eine Warte (aus Lesesteinen aufgebaute Pyramide) errichtet und ein Bericht über den bisherigen Verlauf der Expedition deponiert. Die Wissenschaftler bargen eine große Menge von Ammoniten und anderer Fossilien aus den Sandsteinen der Insel. Am nächsten Tag notiert Wegener: »Leider schlafe ich, als wir bei Kap Bismarck vorbeikommen. So habe ich also den denkwürdigen Punkt, wo die deutsche Expedition (Koldewey und Payer 1870 – U. W.) ihre Chancen aufgab, diesmal nicht gesehen. Es ist doch ein eigenartiger Gedanke, daß wir hier so mühelos (jetzt im ganz offenen Küstenwasser) vorbeidampfen, wo die Deutschen unter den denkbar größten Anstrengungen über das Eis mit Schlitten gezogen sind.«

Am Morgen des 15. traf man in Höhe der Île de France (etwa 77½ Grad n. Br.) auf einen festen Eisrand, der jedem weiteren Vordringen eine Barriere setzte und zum Umkehren zwang. Bevor dies geschah, sollte aber noch an diesem nördlichsten Punkt, den das Schiff erreicht hatte, ein großes Depot angelegt werden. Für die Depotauslegungsfahrten zur Vorbereitung der großen Nordreise im nächsten Frühjahr würde dieses zweifellos eine bedeutende Stütze sein. Drei Schlitten wurden daher gegen Mitternacht auf das Eis herabgelassen, dazu eine große Zahl von Proviantkisten und Petroleumkannen. Wegener, der Matrose Axel Peter Hansen (1877–1915) und Achton Friis (1871–1939), einer der beiden die Expedition begleitenden Maler, spannten sich vor den ersten, der mit rund 350 kg beladen war, und ab ging die Fahrt. Nachdem die Vorräte in einer Kluft verstaut und mit Steinen gesichert worden waren, fertigte Wegener noch einige Farbfotos mit Hilfe der von Wilhelm Bermpohl und Adolf Miethe (1862–1927) entwickelten Dreifarbenkamera an, bevor es zurückging. Es war dies das erste Mal, daß das vor gerade 3 Jahren patentierte Verfahren der Farbenfotografie für wissenschaftliche Zwecke und während einer Reise Verwendung fand.

Am Abend dampfte man wieder nach Süden. Wegener selbst steuerte das Schiff anderntags in der Frühe in die Dovebucht (Dove Bugt). Langsam und vorsichtig, von Zeit zu Zeit in dem unbekannten Fahrwasser lotend, näherte man sich einer kleinen Bucht westlich vom Kap Bismarck, die als Winterhafen geeignet erschien. Sie erhielt den Namen Danmarks Havn (Danmarkshafen) und sollte zwei Jahre hindurch der »Heimatort« der Expedition werden. Erst später zeigte sich so richtig, wie günstig die Stelle getroffen war. Der Außenküste noch ziemlich nahe, lag sie am Südabhang der Landzunge, deren Ausläufer das Kap Bismarck war, umgeben von nicht allzu hohen Bergen,

Danmarks Havn

die vor den schwersten Angriffen der Winterstürme schützten und zugleich ein Terrain absteckten, dessen Lage für die wissenschaftlichen Aufgaben hervorragend geeignet war. Die nächsten Tage waren mit harter Arbeit ausgefüllt. Während Mylius-Erichsen in Begleitung von 9 Männern zu einer fast 4wöchigen Bootsfahrt in die Dovebucht ausrückte, teils um das Gebiet wissenschaftlich zu erkunden, teils um Wild zu erlegen, das hauptsächlich als Hundefutter benötigt wurde, begannen die Zurückgebliebenen mit dem Löschen der Ladung: Proviantkisten, Benzin- und Petroleumkanister, Kohle, eine große Menge wissenschaftlicher Instrumente und Geräte. Ferner sollte aus mitgeführten vorgefertigten Bauteilen eine stabile Hütte zusammengesetzt werden, in der Wegener, Koch, der Botaniker Andreas Lundager (1869–1940) und der zweite Maler, Aage Bertelsen (1873–1945) wohnen sollten. Für die Wissenschaftler galt es darüber hinaus, ihre jeweiligen Forschungsvorhaben zügig in Gang zu setzen.

Wegener stellte seine Registrierinstrumente auf, und schon am 17. August, einen Tag nach der Landung, beginnen seine systematischen Wetterbeobachtungen zu feststehenden Terminen. Ein paar Tage später wurde alles Drachengepäck an Land geschafft und der erste Drachen zusammengebaut. Wegener kontrollierte die Funktion der Winde, die diesen fliegenden Instrumententräger in die Höhe bringen sollte. Danach packte er die Kisten mit den zusammengelegten Ballonhüllen aus. Am 1. September stieg der erste Drachen in den Himmel – eine Premiere für Grönland.

Inzwischen hatten Koch und seine Assistenten auf den Bergen rings um die Station Steinpyramiden errichtet, die bei der Geländevermessung mit dem Theodoliten als Fixpunkte dienten. Da diese Aufgabe eine der wichtigsten der ganzen Expedition war, hatte Koch bei seinen Arbeiten stets die freiwillige Hilfe seiner Kameraden. Als er ebenfalls am 1. 9. zu einer 4tägigen Bootsfahrt startete, um das Netz von Steinpyramiden auf die große Koldewey-Insel auszudehnen, begleiten ihn Niels Peter Høeg-Hagen (1877–1907), der zweite Kartograph, Harald Lindemand Hagerup (1877–1947) und Alfred Wegener. »Ich beneide Koch um seine Wirksamkeit«, schrieb er über den Leiter der Kartographie in sein Tagebuch. »Selbst eine Bärennatur mit eisernem Körper, und dann diese unvergleichliche Energie, die ich wirklich bewundere. Die ganze Arbeit ist stets durchdacht ... Ich glaube, ich kann viel von ihm lernen, in jedem Falle aber ist mir das Zusammenleben mit ihm einfach nützlich, da seine gewaltige Energie auch mich mit anspornt und immer aufs neue zur Arbeit bringt.« Dann folgt der bemerkenswerte Satz: »Ich hoffe jedenfalls, hier so viel Selbständigkeit zu lernen, daß ich bei einer deutschen Expedition eine solche Rolle wie Koch spielen kann.«

Nach Danmarks Havn zurückgekehrt, gab es wieder viel Arbeit. Weitere Instrumente waren aufzustellen, dann wurde der Aufbau des Winterhauses, genannt die »Villa«, vollendet, in das Wegener und seine drei Kameraden Mitte September Einzug hielten; ein Telefon verband das Haus mit dem Schiff. Ein Observatorium wurde in der Nähe gebaut und eine meteorologische Station mit allem Zubehör errichtet. Am 22. 9. ließ Wegener den ersten Ballon aufsteigen. Als Füllung der mit Meßinstrumenten bestückten Hülle diente Wasserstoff, der in

Die »Villa«

komprimierter Form mit der »Danmark« unter besonderen Sicherheitsvorkehrungen mitgeführt worden war.

Inzwischen war es kalt geworden. Bootsfahrten waren schon lange nicht mehr möglich, und der Weg von der »Villa« zum Schiff und zurück war zum Fußweg geworden. Die Vögel waren nach Süden gezogen, einzeln oder in Schwärmen, jeder nach seiner Art. Eine Schneedecke verhüllte die Erde und ließ Land und Meereis zu einer einheitlichen Fläche zusammenlaufen. Und um die Aufbauten der »Danmark« vor den ärgsten Schneeverwehungen zu schützen, war ein solider Überbau aus Balken und Brettern gezimmert worden, der das ganze Schiffsdeck von der Messe bis zum Fockmast bedeckte.

Eine willkommene Abwechslung in Wegeners Forscheralltag war die Aufforderung des Expeditionsleiters, ihn zur Hvalrosodden (Walroßspitze) zu begleiten, um den dort deponierten Fleischvorrat zu inspizieren und einen Teil davon als Hundefutter zum Lager zu überführen. Die Tour, für die drei Tage vorgesehen waren, begann am 28. 10. Es war das erste Mal, daß sich Wegener im Führen eines Hundegespanns üben konnte. »Die erste Schlittenreise«, schrieb er, »war unglaublich interessant. Ich mußte immerzu an die arme deutsche Expedition (Koldewey und Begleiter im April 1870 – U. W.) denken, die sich in demselben Terrain, wo wir mit fliegender Fahrt einherzogen, im Schweiße ihres Angesichts quälte, den ungefügen Schlitten vorwärts zu schleppen. Welch ein Unterschied! Freilich hatten wir keine vollgelasteten Schlitten, aber trotzdem! Das Tempo war dauernd Hundetrab, bei Stellen mit tiefem Schnee mußte man jedesmal abspringen, um es aufrecht zu erhalten. Man kann gerade gut mitlaufen. Man reist also so, als ob man die ganze Strecke im Dauerlauf zurücklegt. Dabei hat man stets die Möglichkeit, sich zu schonen, und kann daher ganz anders haushalten mit seinen Kräften. Ich hatte Kochs Hunde und wurde sehr gut mit ihnen fertig. Mylius-Erichsen war sehr erstaunt darüber oder markierte doch, es zu sein ... Das Dressieren der Hunde, in einer bestimmten Ordnung zu laufen, auf ein gegebenes Kommando stehen zu bleiben, auf ein anderes aufzuspringen und loszurennen, ist sehr unterhaltend, besonders weil man sieht, wie schnell die Tiere das lernen, was sie lernen sollen. Und dann dieses unglaubliche Interesse, das sie alle beseelt, den Schlitten vorwärts zu ziehen. Es ist wirklich rührend. Stunde für Stunde laufen sie so ohne Aufenthalt, sie haben of-

Ballonaufstieg in Danmarks Havn

fenbar nur den einen Gedanken, den Schlitten zu ziehen. Man lernt die Hunde sehr bald unterscheiden und die verschiedenen Eigentümlichkeiten kennen.«

Am 2. November sahen die Nordlandfahrer zum letzten Mal die Sonne für kurze Zeit über dem Horizont, dann umfing sie die Polarnacht. Es war daher ein schwieriges, ja gefährliches Unternehmen, zu dem Mylius-Erichsen elf Tage später mit 6 Schlitten und 50 Hunden aufbrach. Ihn begleiteten Alfred Wegener, Koch, der zweite Maat der »Danmark« Gustav Gustavesen Thostrup (1877–1955), der Norweger Karl Johan Ring (1870–1968), der sich während der Anfahrt zur Insel als Eislotse bestens bewährt hatte, und der grönländische Schlittenkutscher Nikolaj Isak Jørgen Brønlund (1877–1907), der Mylius-Erichsen schon während dessen Expeditionen 1902–04 begleitet hatte. Zweck der über 600 km langen Schlittenfahrt durch die Finsternis war es, Post für die Heimat und einen offiziellen Bericht über den bisherigen Verlauf der Expedition an einer vorher bestimmten Stelle auf der Insel Shannon zu deponieren, die hin und wieder von Schiffen angelaufen wurde. Auch wollte sich der Expeditionsleiter einen Eindruck über den Zustand zweier eben dort befindlicher Lebensmitteldepots der amerikanischen Expedition unter E. B. Baldwin von 1901/1902 verschaffen, um im Notfall auf diese Reserven zurückgreifen zu können. Koch und Wegener dagegen hatten den Germaniahafen im Süden der Sabine-Insel zum Ziel, die so benannte Station der 2. Deutschen Nordpolarexpedition. Wegener wollte dort erdmagnetische Messungen ausführen und seine Ergebnisse mit den ihm bekannten von 1869/70 vergleichen, Koch mittels Zeitmessung den Unterschied der geographischen Länge zwischen Germaniahafen und Danmarks Havn bestimmen.

Für Alfred Wegener gehörte, wie er später bekannt hat, diese Reise, die zum größten Teil bei völliger Dunkelheit stattfand, da sie nur für kurze Zeit Mondschein hatten, »zu dem Phantastischsten, was es auf Erden geben kann.« Und da er sich während seines Forschungsaufenthalts in Grönland zugleich auch aus erster Hand mit der Technik des Reisens in Polargebieten gründlich vertraut machen wollte, war sie ihm sehr lehrreich. In sein Tagebuch schreibt er daher, es war »äußerst interessant, ganz allein in der Nacht zu fahren, wo man kaum einige 100 m weit sehen konnte. Lautlos gleitet der Schlitten über diese ebene Schnee- und Eiswüste dahin. Meist hatte ich den Eindruck, als führe ich über ein endloses Nichts hinweg. Ich mußte auf die eifrig arbeitenden 16 Hundehinterbeine sehen, um mich zu überzeugen, daß wir noch mit der gewohnten Geschwindigkeit über den Schnee dahinglitten ... Ich geriet mit meinen ungeduldigen Hunden, die hier besonders schwierig waren, oft in recht unangenehme Situationen. Mehrmals lag ich mit den Beinen unter dem Schlitten oder wurde geschleift, einmal liefen mir die Hunde davon, und ich konnte sie erst wieder einholen, als sie bei den vorderen Schlitten, die inzwischen Havarie gehabt hatten, angekommen waren.«

An der Südwestspitze von Shannon trennte sich die Gruppe am 20. November in zwei Abteilungen, deren eine unter Führung des Expeditionsleiters ostwärts nach dem im südöstlichen Zipfel der Insel gelegenen Depot zog, während Wegener, Koch und Thostrup weiter gen Süden strebten. Schnell merkten sie indes, was ein geübter Vorfahrer ausmacht. Denn dieselben Hunde, die zuvor vor Ungeduld kaum zu halten waren, wurden nun träge und waren nur durch anhaltenden Gebrauch der Peitsche voran zu bewegen. Entsprechend schwierig war es, die Schlitten über die von Ebbe und Flut gebildeten Spalten zu bringen. In diese Situation brachte das gespensterhafte Leuchten der Seetiere in der Tiefe ein phantastisches Element.

Als nur noch wenige Kilometer die Abteilung vom Germaniahafen trennten, kam es zu einem Zwischenfall, der binnen weniger Sekunden das Ende der Reise hätte bedeuten können. Bei der Fahrt über das junge Eis brach der Schlitten von Koch in eine Wake ein. Im letzten Moment noch konnte sich Koch vor die in voller Fahrt heranbrausenden Hunde von Wegeners Schlitten werfen, diesem dasselbe Schicksal ersparend. Es galt nun, Kochs Schlitten zu bergen, ehe alles, was darauf war, vom Wasser durchweicht wurde, und ohne daß das Eis unter ihnen allen zusammenbrach. Schon begann es unter der Last zu sinken, und das Wasser strömte aus der Wake darüber und fror an Schlitten und Stiefeln fest, als es mit Thostrups Hilfe gelang, ein Tau an den herausragenden Schlittenkufen zu befestigen. Menschen und Tiere mußten alle Kräfte anspannen, um den Schlitten aufs Trockene zu ziehen. Aber auf einer langen Strecke brach das Eis immer wieder vor dem Schlitten, bis es endlich stark genug war, ihn zu tragen. Nachdem sie glücklich von der Stelle fort waren, hielten die Forscher direkt aufs Land zu, wo sie dann für die Nacht das Zelt aufschlugen. Der nächste Tag brachte die Erkenntnis, daß sich an dieser Seite der Insel Wake neben Wake auftat, soweit das Auge reichte. Der Weg war versperrt. Es blieb ihnen daher gar nichts anderes übrig, als im Norden um die Insel zu kommen und fast ganz um sie herumzufahren, um zum Bestimmungsort zu gelangen, was eine zusätzliche Wegstrecke von 50 km bedeutete. Am 22. erreichten sie Germaniahafen nach 30stündiger Fahrt und schlugen neben der Ruine des Observatoriums der deutschen Expedition das Zelt auf.

An den nächsten Tagen führten die Wissenschaftler ihre Beobachtungen planmäßig aus. Für Wegener war es beeindrukkend, an einer Stelle zu stehen, an der sich vor Jahrzehnten schon einmal Forscher um ähnliche Messungen bemüht hatten. »Der Gedanke«, notiert er, »daß hier ein Häuflein Deutscher – freilich vor nunmehr schon länger als 30 Jahren – gelebt und gelitten hatte, erzeugt eine Art Heimatgefühl, trotz der 20° Kälte und trotz der gespensterhaften grotesken Beleuchtung, mit der der fahle Mondschein das fremdartige Landschaftsbild übergoß.« Am Germaniahafen erlebte Wegener auch zum ersten Mal das Gefühl der trostlosen Verlassenheit, das schon so manches Mal die Menschen in Polargebieten überfallen und ihre Arbeit lahmgelegt hat. »Wer dies nicht erlebt hat«, schreibt er, »der ahnt nicht, welch mächtige Anregung der ständige Wechsel von Tag und Nacht, von Lichtfülle und Dunkelheit, unserem Organismus gewährt. Manche Polarforscher sprechen geradezu von einem Energielapsus in der Winternacht als von einem Krankheitssymptom.«

Am 30. 11. begann die Abteilung den Rückmarsch, nachdem Sturm sie einen Tag lang zu lagern gezwungen hatte. An der Nordspitze der Sabine-Insel nahm man noch einige Gegenstände auf, die Mylius-Erichsens Leute dort zurückgelassen hatten, und wählte dann einen dem Festland näher gelegenen Rückweg. Am Felsen Haystack vereinigten sich beide Gruppen und nahmen Kurs auf Danmarks Havn, vorbei am Kap Peschel, wo die Kameraden in der Zwischenzeit ein Depot für die Rückreisenden angelegt hatten.

Am 4. Dezember 1906 erreichten die 6 Männer das Schiff und wurden von den Daheimgebliebenen begeistert begrüßt. Alle hatten an Gewicht verloren, Wegener 2,5 kg!

Die erfolgreich beendete Unternehmung war einzig in ihrer Art, sowohl weil sie bis dahin die erste von Europäern durchgeführte Schlittenreise während der Polarnacht war, wie auch wegen ihrer Schnelligkeit. Der 315 km lange Weg war in 5 Tagen bewältigt worden, was einen Durchschnitt von täglich 63 Kilometern ergibt, am letzten Tag allein schaffte man 83 Kilometer. Koch meinte, er hätte sich nicht gewundert, wenn er Feuer aus den Mäulern der Hunde hätte sprühen sehen. Und Wegener konstatierte: »Ich habe wirklich Respekt vor den Hundeschlitten bekommen. Wenn man es versteht, die Schnelligkeit der Hunde auszunutzen, so kann man viel erreichen. Ich habe eine ganze Reihe kleiner aber wertvoller Erfahrungen gesammelt. Wie man einen zerbrochenen Schlitten repariert, wie man am schnellsten die Zugriemen der Hunde klart, wie man verhindert, daß die Hunde nach dem Halten durcheinanderlaufen (man muß sich auf die Riemen stellen, so daß die Hunde ganz kurz angebunden sind) usw. Auch die Behandlung der Kamikker, der Schlafsäcke, des Zeltes und zu guter Letzt des Schlittenproviants mit seinen Vorzügen und Kombinationsmöglichkeiten usw.«

Wieder »daheim« führte Wegener, gelegentlich unterstützt durch seine Kameraden, allen voran P. Freuchen, seine wissenschaftlichen Arbeiten planmäßig weiter. Manchmal ist das Wetter so schlecht, daß die Männer ihre Mahlzeiten in der »Villa« kochen, anstatt sich zum Schiff durchzukämpfen. Wegener fotografiert Nordlichter, und trotz Dunkelheit und ungünstiger Witterung gelingen ihm Drachenaufstiege. »Die arktisch-technische Erfahrung, die ich hier sammle, ist allein so viel wert, daß sich die zwei Jahre lohnen«, schreibt er daher in sein Tagebuch. Wenige Tage später notiert er: »Hier draußen gibt es Arbeit, die des Mannes wert ist, hier gewinnt das Leben Inhalt. Mögen Schwächlinge daheim bleiben und alle Theorien der Welt auswendig lernen, hier draußen Auge in Auge der Natur gegenüberstehen und seinen Scharfsinn an ihren Rätseln erproben, das gibt dem Leben einen ganz ungeahnten Inhalt.«

Auf unbekannten Wegen. 9. Februar 1907; von den Männern am Danmarks Havn ungeduldig erwartet, zeigte sich an diesem Tag zum ersten Mal wieder die Sonne für kurze Zeit über dem Horizont. Mit der täglich zunehmenden Höhe des Gestirns wuchs nun auch wieder die Aktivität der Überwinterer, obwohl die Temperatur bis 40 Grad unter Null absank. Es gab viel zu tun, denn nun stand das Hauptereignis der Expedition bevor, die große Nordreise ins Unbekannte, die nach Plan Ende März ihren Anfang nehmen sollte.

Die Zeit der Finsternis hatte nicht viel Abwechslung geboten. Wegener hatte sich in seinen Tagebüchern mehrfach dazu geäußert, so am 15. 12.: »In der letzten Zeit hatte ich vielfach Gelegenheit, Beobachtungen über den durch die andauernde Nacht hervorgerufenen Energielapsus, sowohl bei mir selbst als bei andern anzustellen. Es ist eine merkwürdige Sache damit. Es dreht sich alles um einen Punkt: man entbehrt Eindrücke. Welche Befreiung empfindet man, wenn man einmal zur Mittagszeit die Berge der nächsten Umgebung, wenn auch nur in Umrissen, erkennt, welche Unternehmungslust schöpft man aus einem einzigen solchen Anblick! ... Es ist merkwürdig, bis zu welchem Grade das Verlangen nach äußeren Eindrücken geht. Mit dem allergrößten Interesse sieht man die Photos durch, die man selbst angefertigt hat, man blättert rastlos in allen möglichen Büchern. Man liebt die elende Petroleumlampe, die über dem Tisch hängt, und haßt alle Arbeit draußen in der Dunkelheit. – Ich glaube, bei einer künftigen Expedition sollte man für die Winternacht mehr solche Arbeiten planen, die sich bei Lampenlicht machen lassen ... Ganz außerordentliche Dienste müßte ein Projektionsapparat leisten. Er gibt ja diese Eindrücke, die man so entbehrt«, und später: »Ich vermisse doch sehr Literatur, namentlich die, welche mich geistig am meisten beschäftigt hat und die sich, wie ich glaube, ganz besonders für solche Expeditionen eignet, besonders wenn man die Möglichkeit hat, nachher über das Gelesene Gedanken auszutauschen. Ich meine hauptsächlich Darwin, Haeckel, Chamberlain, Bölsche, Meyer (seine populäre Astronomie), Diesterweg, Förster (einiges). Romane halte ich nicht für gleich geeignet. Ich empfinde hier keine Befriedigung dabei, einen Roman zu lesen.«

Allein eine Naturerscheinung bot Ersatz für fehlende Natureindrücke und gab sowohl den Sinnen wie dem Geist Anregung – das Polarlicht. »Alexander v. Humboldt«, schrieb Wegener dazu, »hat irgendwo in seinen Werken geäußert, es sei so wenig Interessantes in den Polargebieten zu finden, daß sich die Expeditionen dorthin nicht verlohnten. Hätte er wie wir unter dem flimmernden Polarlicht gestanden mit dem niederschmetternden Gefühl unserer Ohnmacht gegenüber dieser nicht etwa neu entdeckten, nein, seit Menschengedenken bekannten Naturerscheinung, er hätte nie und nimmer so gesprochen! Dort oben über uns entrollte sich die strahlende Draperie in geheimnisvollen Bewegungen, eine gewaltige Lichtsymphonie spielte in tiefstem, feierlichstem Schweigen über unseren Häuptern, wie um unserer Wissenschaft zu spotten: Kommt doch her und erforscht mich! Sagt mir, was ich bin!«

Wegener hatte in dieser Zeit somit auch Muße, sich Zukunftsplänen hinzugeben. Interessanterweise drehen sich seine Gedanken öfter um die Antarktis. Er notierte dazu: »Ich freue mich oft auf eine künftige deutsche Expedition; es muß eine Freude sein, dort zu arbeiten ... Für die Leitung einer Expedition bin ich nach meiner Rückkehr noch zu jung, aber vielleicht könnte ich mit Drygalski (Erich v. Drygalski, 1865–1949 – U. W.) nach dem Südpolargebiet gehen und dort Schlittenreisen machen.«, und etwas später: »Es ist merkwürdig, wie sehr mich der Gedanke an eine Südpolarexpedition gefangennimmt. Mein Plan ist gut und sehr wahrscheinlich durchführbar. Ich habe ihn oft mit Koch besprochen und bei ihm Zustimmung gefunden. Sollte es denn für Deutsche wirklich unmöglich sein, eine erfolgreiche Polarexpedition durchzuführen? Ich glaube, daß der Entschluß, mich an dieser Expedition zu beteiligen, entscheidend für mein Leben sein wird.«

Nur ein wenig Abwechslung hatten das Weihnachtsfest und der Jahreswechsel den Männern am Danmarks Havn beschert. Wegener kommentierte: »25. Dezember. Julaften (Heiligabend, korrekt Juleaften – U. W.) überstanden, und was mehr ist, mit leidlich konserviertem Magen. Doch man soll den Tag nicht vor dem Abend loben. Morgen ist auch noch ein Feiertag und sogar übermorgen auch. Dann erst hört diese übermäßige Fresserei auf. Es ist wirklich beinahe zu viel ... Heute sitzen sie wohl daheim in gewohnter Weise mit Bekannten zusammen, Kurt ist natürlich auf Urlaub da. Wie wird es daheim aussehen, wenn ich zurückkomme? Ich glaube, ich werde mein erstes Telegramm mit einer gewissen Bangigkeit absenden. Aber ich fühle auch, daß mich diese Empfindungen schwerlich abhalten werden, wieder hineinzugehen ... Heute habe ich bei totenstiller Luft ... lange Zeit draußen gestanden und die Stille der Polarnacht genossen. Wie sie kalt und schweigend daliegen, diese harten, von gewaltigen Naturkräften einst polierten Felsenhügel! Nichts regt sich, selbst das Meer liegt in eisiger Starre, überglitzert von Mondschein, der mit Mühe durch einen

Schleier von Eiskristallen dringt ... Nur eine Naturkraft ist hier wirksam, sie arbeitet still, aber unaufhörlich, die Kälte. Ihr Ziel ist die Versteinerung der gesamten Natur ... In diesem Augenblick scheint es, als ob das Werk gelungen wäre ... Das Eis beginnt zu stöhnen und zu ächzen. Die Flut kommt. Noch dringt der Puls des Meeres hindurch durch den Eispanzer. Aber wird es der Kälte nicht gelingen, auch diesen Lebensquell zu erstarren?«

Eine Woche später schreibt er: »Das neue Jahr hat begonnen ohne andere Feierlichkeit, als daß wir bei einem Glase Punsch und Kuchen uns gegenseitig ein ›glädelig Nytaar og Tak for det Gamle‹ (Fröhliches Neujahr und Dank fürs Alte – U. W.) wünschten. Keine Reden wurden gehalten. Ich kann mir schwerlich eine deutsche Expedition vorstellen, bei welcher der Leiter nicht die Gelegenheit wahrnähme, etwas über die bisherigen Resultate und über die Aussichten und Hoffnungen der Expedition zu sprechen.« Und hinzufügen konnte er: »Ich könnte für meine Person wohl mit den Resultaten ganz zufrieden sein. Die Einrichtung der meteorologischen Station ist mir nicht nur gelungen, sondern sowohl in instrumenteller Hinsicht wie in bezug auf Beobachtungen habe ich schon manches originelle Material, das sich sicher noch weiter vermehren wird. Die 24-Stunden-Beobachtung in der Tonne (zur Ergänzung der Meßwerte unmittelbar über dem Meereis und bei der Villa wurden regelmäßige Temperaturmessungen in der 30 m hohen Ausgucktonne am Großmast der »Danmark« vorgenommen, um ein Bild über die Temperaturschichtung der untersten Atmosphäre zu gewinnen. – U. W.) bildet etwas völlig Originelles, dessen Bedeutung wohl von allen Fachmeteorologen anerkannt werden wird. Die Drachen- und Ballonaufstiege im Herbst haben das gebracht, was man vernünftigerweise erwarten konnte. Die Maximalhöhe von 2400 Meter ist ganz respektabel ... Rechnet man dazu meine Teilnahme an dieser einzig dastehenden Schlittenreise zur Sabine-Insel in der Winternacht mit der originellen Messung (des Erdmagnetismus – U. W.) am Germaniahafen und meine, wie ich glaube, nicht schlechte photographische Ausbeute, so kann ich wohl zufrieden sein.«

Trotz aller Einförmigkeit aber waren die Überwinterer während der finsteren Zeit nicht untätig geblieben. Neue Schlafsäcke für die große Nordreise waren genäht, dazu Stiefel und Fellkleider. Der Zimmermann Jens Gundahl Knudsen

(1876–1948), während der Schiffsfahrt als Heizer beschäftigt, hatte Grönländerschlitten verfertigt. Einer nach dem andern kam aus seiner Werkstatt heraus aufs Deck, wo die Einzelteile nach Eskimoart mit Seehundsfellriemen zusammengezurrt wurden. Sielengeschirre und Hundepeitschen waren angefertigt und der Gebrauch der Peitsche geübt worden. Sogar ein Kursus im Hundeschlittenfahren war neben dem Schiff eingerichtet worden, und gerade Wegener tat alles, seine Fähigkeiten so zu trainieren, daß er unter die Auswahl der nach Norden Reisenden gelangen würde.

Mehrmals waren Schlittenabteilungen ausgerückt, um Depots von Kap Bismarck nordwärts auszulegen. Andere waren losgezogen, um die Vorräte an Hundefutter zu ergänzen, wovon täglich bis zu 150 kg verbraucht wurden. – Die Heimkehr von Kameraden war stets zu einem Höhepunkt an Bord geworden, jedesmal wieder, wenn Heimkehrer sich einer nach dem andern durch die enge Tür der Messe zwängten, sich am Tisch niederließen, wo ihnen der Koch Hans Ludvig Jensen (1876–1948) dampfende Essenschüsseln vorsetzte, während sich von der Ofenwärme Eisklumpen von Kleidung und Bärten lösten, und sie dann zu erzählen begannen von draußen. Die Wissenschaftler schließlich, sobald sie an den Arbeiten nicht beteiligt waren, hatten das im Herbst gesammelte Material geordnet und bearbeitet, ein jeder das Seine: Der Geologe Hakon Høeg Jarner (1882–1964), die Karthographen Koch und Hagen, die Zoologen Fritz Johansen (1882–1957) und Arner Ludvig Valdemar Manniche (1867–1957), Lundager, der Botaniker, und Wegener.

Nun jedoch wurden die Tage wieder länger. Jede Verstimmung, die manches Mal die Enge der finsteren Zeit gefördert hatte, war vergessen, und gemeinsam arbeitete man daran, die letzten Vorbereitungen für die große Nordfahrt zum Abschluß zu bringen.

Am 28. März 1907, Gründonnerstag, war es soweit. In langer Reihe hielten die gepackten Schlitten reisefertig längs der Schiffsseite. Nach einer hastig hinuntergeschlungenen Mahlzeit wurden die Hunde vorgespannt, und die Kolonne setzte sich in Bewegung: 10 Männer und ebenso viele Schlitten, von 86 Hunden gezogen. Die Fortziehenden waren in 4 Abteilungen geteilt. Deren zwei, K. Ring mit Marineoberleutnant Henning August Osterberg Bistrup (1879–1948) sowie G. Thostrup mit

Wegener, hatten zunächst die Aufgabe, Reiseproviant für die Rücktour so weit wie möglich nach Norden zu bringen. Auf ihrem Rückweg sollten sie nach einem mit Koch vereinbarten Plan längs der gänzlich unerforschten Küste kartographische Vermessungen ausführen. Die beiden Dreiergruppen sollten die Reise nach Norden bis zum Independence Fjord gemeinsam fortsetzen und sich dort trennen. Die von Mylius-Erichsen geleitete Abteilung, der noch Hagen und Brønlund angehörten, wollte westwärts bis zum Ende dieses Fjords ziehen, um jenen Punkt zu erreichen, bis zu welchem Peary 1892 von Westen aus vorgedrungen war (das Navy Cliff), während Kochs Abteilung, der noch Bertelsen und der Grönländer Tobias Otto Mikael Gabrielsen (1878–1945) angehörten, das Peary Land queren und, an dessen Ostküste nach Norden ziehend, Pearys vor sieben Jahren errichtete Warte am Kap Clarence Wyckhoff erreichen wollte. Gelängen diese Pläne, so wäre die Küste Grönlands in ihrer Gesamtheit bereist worden.

Um den Rückweg aller vier Abteilungen zu sichern, mußten außerdem vom Schiff aus Abteilungen nachrücken und an festgelegten Stellen Proviantkisten deponieren. Dennoch war es für die Teilnehmer der Nordfahrt in den ersten Tagen notwendig, mehrfach Rückfahrten einzulegen, da jeder Hundeschlitten nicht mehr als etwa 250 kg mit einem Mal fahren konnte.

Von Beginn an herrschte ungünstiges Wetter, und eine schlechte Schlittenbahn erschwerte die Reise ins Unbekannte zusätzlich. Sobald man einer frischen Bärenspur ansichtig wurde, wurde ein Jagdaufenthalt eingelegt, um die Kistenvorräte an Hundefutter zu schonen. Bei der schlechten Bahn zerbrachen Schlitten und mußten instand gesetzt werden. Einmal ließ der Sturm fast das Zelt einstürzen. Wegener machten erfrorene Fingerspitzen zu schaffen, an denen sich Blasen bildeten. Gleichwohl hatte er ein Auge für die herrliche hocharktische Landschaft und die imponierenden Eisbildungen. Mehrfach beobachtete er Luftspiegelungen, die nicht vorhandene Gletscher mit Steilabstürzen vortäuschen können und daher schon manche Expedition genarrt hatten. Erstmals in der Geschichte der Wissenschaft gelang es ihm, diese Phänomene zu fotografieren.

Mit zunehmender Entfernung von Danmarks Haven ergriff immer stärker die Spannung Besitz von den Männern, wann endlich der stetig nach Nordost gerichtete Küstenverlauf nach

Westen umbiegen und dem von Peary erreichten Kap zustreben werde. Wieder und wieder wähnten sie, die Stelle erreicht zu haben, aber stets zeigte sich, daß lediglich das nordöstliche Kap einer Insel oder die Südküste eines Fjords, dessen anderes Ufer nicht auszumachen gewesen war, umrundet waren.

Wo es möglich erschien, gingen Koch und Wegener, um Fossilien zu bergen, die dem Geologen Hinweise auf das Alter der angetroffenen Steine geben würden.

Erst nach 3 Wochen besserte sich das Wetter. Vor ihnen lag jetzt ein Felsgebilde, das sich als Schlüsselpunkt der ganzen Nordroute erweisen sollte.

Längs eines öden Landes, das, soweit die Männer sehen konnten, mit unübersteigbaren Felsböschungen zum Meer abfiel, hatten sie sich tagelang durch Schraubeis schlimmster Art durchgearbeitet, da endete der Weg in breiten Waken und schließlich im offenen Meer. Das Land reckte sich hier weit hinaus ins Meer und hörte plötzlich auf, in einem steilen Felssporn endend, dessen gewaltige senkrechte Zinnen von Tausenden großer Seevögel umschwärmt den Tieren Platz zum Nestbau boten. Ein mächtiger Klotz, bedeckt mit dem Vogelkot von Jahrhunderten. Die Männer nannten ihn Mallemukfjeldet (Sturmmöwenfels). Tagelang lagen sie dort bei stürmischem Wetter fest und suchten vergebens, an der inneren Seite des Felsens herumzukommen, in dem Glauben, daß er auf einer Insel läge, bis sie schließlich einen schmalen Weg zwischen dem Land und dem Meer fanden und sich dort hindurchzwängten. Vier der Schlitten brachen, und es kostete viel Arbeit, sie wieder in brauchbaren Zustand zu bringen. Als die Männer weiterreisten, sahen sie am Eis, daß in jedem Sommer hier offenes Meer bis ganz an die steile Küste heranreicht. Sie wußten, daß die am weitesten nach Norden Vorstoßenden erst nach Wochen zu dieser Stelle zurückkehren würden. Ihnen war klar, was das hieß. Würden sie je aus dieser Falle wieder herausschlüpfen? Das war nicht gewiß, das war der dunkle Punkt der Reise, eine stete Drohung, die sie immer im Rücken hatten.

Am 23. April, unmittelbar nach Passieren des Mallemukfelsens, kehrten Bistrup und Ring, die jetzt ihre Transportaufgabe erfüllt hatten, bei 80° 09′ um. Den Küstenverlauf mit seinen vorgelagerten Inseln und die Fjordenden erkundend, zogen sie wieder gen Süden und trafen am 13. Mai nach 47tägiger Abwesenheit beim Schiff ein. Wegener zog mit den anderen weiter.

Nach einer 28 km langen Reise mit voller Last machten sie bei einer Halbinsel halt. »Unterwegs sahen wir vielfach Geröll«, berichtet er, »das vom Wind transportiert war. Die Windgeschwindigkeiten müssen hier also bedeutend stärker sein als bei Kap Bismarck. Damit stimmt auch das Wetter überein: Obgleich klar und warm, doch ein unangenehmer Wind. Wir kamen an mehreren Sandsteinpyramiden vorüber (vergleiche Sächsische Schweiz). Solange wir in Lee waren, war es windstill. Zwischen zweien solcher Berge hindurch bekamen wir einen merkwürdigen Luftwirbel, und als wir freikamen, kamen wir sehr plötzlich in Schneefegen, das wir schon von weitem als Rauch hatten stehen sehen. Ich bekam zu spät Windzeug angezogen, daher Schnee in den Kleidern und Schlafsack sehr naß.« Wieder einmal hofften die Männer, daß sich an dieser Stelle endlich das Land nach Westen wenden würde, aber wieder sahen sie sich getäuscht. Tatsächlich hatten sie nur das Nordostkap von Holms Land erreicht. Es öffnete sich hier ein neuer Fjord, was kartographische Arbeit bringen würde, während die Küste auf der anderen Seite im Gegenteil mehr denn je nach Nordosten bog. Dafür war die Stelle in anderer Hinsicht bemerkenswert. Zum einen fanden sich hier viele Fossilien, die von Wegener geborgen wurden, zum anderen gab es viel Arbeit für den Eskimoforscher Mylius-Erichsen, denn in reicher Zahl fanden sich die Spuren früherer Bewohner dieses Landstrichs in Gestalt von Hausruinen, Fleischgruben, Fuchsfallen und Zeltringen. Er sammelte Speere, Messer, Fragmente von Schlitten und Kajaks, Kinderspielzeug. Die Männer nannten die Stelle Eskimonaes (Eskimo-Spitze). Ihre Kollektionen verstauten sie in einem Depot, um sie beim Rückweg mitzunehmen.

Dann wurde es Zeit, an Wegeners und Thostrups Umkehr zu denken, denn es war jetzt nur noch Proviant für zwei Abteilungen und ihre Hunde für 17 Tage da – neun Tage vorwärts und acht zurück. Am 24. April schoß Koch einen Bären. Das gab Futter und entschied die Frage zunächst zugunsten der beiden. Bei schönem Wetter und ausgezeichneter Schlittenbahn machten die Männer 43 km und erreichten bei 80° 43′ die Küste am Nordostzipfel von Amdrups Land, wo man Moschusochsen zu finden hoffte. Als indes ein von Mylius-Erichsen und Brønlund unternommener Jagdversuch keinen Erfolg hatte, wurde Wegeners und Thostrups Hilfe für den weiteren Transport entbehrlich. Beide hatten sich an diese Jagd als die letzte Hoffnung geklammert, weiter mit nach Norden vorstoßen zu können. Nun jedoch war ihre Umkehr unvermeidlich.

Am 26. April nahmen sie Abschied von den anderen. Sie gaben den Kameraden ein Paar ihrer besten Hunde für ein Paar schlechtere; in gleicher Weise tauschte Wegener mit Bertelsen einen Schlitten. Sie hielten im Zelt ein letztes kleines Abschiedsfest, und dann waren sie auf sich allein gestellt. Vor ihnen lagen etwa 500 km bis zum Schiff. Ihre Aufgabe während des Heimwegs war es, den bei 80½° gequerten, zwischen Amdrups und Holms Land sich auftuenden Fjord (von ihnen Ingolfsfjord genannt) sowie auch den südlich davon gesichteten, zwischen dem Holms Land und der Hovgårds Insel gelegenen Fjord topographisch aufzunehmen, den inneren Teil der Inselreihe zu vermessen, die die bei 78½° n. Br. entdeckte Jøkelbugten (Gletscherbucht) begrenzte, sowie ethnographische und geologische Untersuchungen vorzunehmen.

Fürs erste fuhr Wegener am 27. zu der Schärengruppe der Henrik-Krøyers-Inseln, die sich 13 km östlich der Küste etwa 25 m hoch aus dem zugefrorenen Meer erhoben. Er hielt diese Inselgruppe für den östlichsten Punkt Grönlands, denn bei einer Erkundungstour vor der Trennung hatte Mylius-Erichsen geglaubt, das Umbiegen des Küstenverlaufs nach Westen bemerkt zu haben. Tatsächlich freilich sollten die Nordwärtsreisenden noch fast 100 km von dieser Stelle trennen. Wegener führte auf den Schären eine Anzahl Messungen aus und sammelte Gesteinsproben. Von der Höhe aus bemerkte er im Osten in einer Entfernung von nur wenigen Kilometern vollständig offenes Wasser, das sich so weit nach Norden und Süden erstreckte, wie das Auge reichte. »Fast keine Vegetation«, notierte er. »Im Sommer ist das ganze Vorland völlig schneefrei. Schon jetzt mehr als halb, Sonne wirkt stark. Ein Vogel wurde gehört, aber nicht gesehen.«

Auf dem Rückweg setzten die von Depot zu Depot bemessenen Vorräte dem Tatendrang von Wegener und seinem Begleiter die Grenzen. Der Forscher wußte daher nur zu gut, daß der wissenschaftliche Ertrag der Tour davon abhängen würde, inwieweit es gelang, durch erfolgreiche Jagd zusätzliche Furage zu gewinnen.

Als sie am 29. die Zelte an der Nordseite des Ingolfs Fjords aufschlugen, hatten sie nur noch Hundefutter für zwei Tage. Sie bestimmten die geographische Position des Ortes, konnten aber die Vermessung des Fjords wegen ungenügend klaren Wetters nicht beginnen. Als Wegener eine geologische Erkundungstour ins Land machte und einem cañonartigen Flußbett folgte, das tief in die ebene Sedimentlandschaft eingegraben war, gewahrte er am Rande der Schlucht plötzlich frische Spuren von Moschusochsen. Er folgte der Spur und stieß bald darauf auf eine kleine Herde, die indessen die Flucht ergriff, sobald die Tiere ihn sahen. Auf dem Bauch kriechend kam er jedoch in Schußweite und erlegte 2 erwachsene Tiere und ein Kalb. Das Jungtier gaben sie sofort den Hunden mit Ausnahmen der Beine, die sie sich selbst reservierten. Die beiden Alten wurden abgehäutet und zerlegt und die Hunde mit den Eingeweiden und Abfällen gefüttert, während alle guten Fleischstücke zurückgelegt wurden. Auf einen Schlag hatten sie jetzt wieder genügend Futter für sieben Tage.

Erst am 3. Mai klarte es auf. Mit leeren Schlitten zogen die beiden Polarforscher zu einer inmitten des Fjords gelegenen kleinen Insel, um von der Höhe die Messungen des umliegenden Geländes vorzunehmen. Indem Wegener geologische Profile anfertigte, beendeten sie am nächsten Tag ihre Untersuchungen im Fjord.

Das unverhoffte Jagdglück hatte ihnen die erstmalige kartographische Aufnahme des Ingolfs-Fjords ermöglicht, was etwa 80 km Schlitten- und Fußreise erforderte. Nun aber war es das Petroleum, das knapp wurde. Und schon wieder dachten sie an die Jagd. »Bei unserer Ankunft hier (am alten Zeltplatz – U. W.) sahen wir eine frische Bärenspur«, notiert Wegener, »eine Alte mit zwei Jungen. Wären wir Grönländer, so würden wir auf der Spur die Verfolgung aufnehmen, da eine Alte mit zwei Jungen nie sehr schnell und weit läuft und die Spur höchstens von gestern ist. Als zivilisierte Europäer legen wir uns lieber schlafen.«

Am 5. Mai erreichten sie wieder den Sturmmöwenfelsen, das Nadelöhr der Route. Bei schlechter Bahn verursachte Bertelsens ramponierter Schlitten ihnen mancherlei Aufregung. Als Thostrup ihn reparieren wollte, zeigte sich, daß ein Querholz geknickt und mehrere Bindungen gebrochen waren. Wegener notierte sich an diesem Tag: »Ich nahm gestern nur eine Auswahl der Versteinerungen mit, die wir auf der Eskimo-Halbinsel gesammelt hatten. Trotzdem habe ich eine recht schwere Kiste mit Steinen auf meinem Schlitten, und dabei sollen doch nun noch mehr kommen! Ich denke, ich werde heute meine letzte

Farbplatte exponieren und unterwegs die Geröllhalde unter dem einförmig gelben Sandstein, der uns zunächst ansteht, geologisch untersuchen ... Die Sonnenstrahlung ist jetzt schon so stark, daß sie lästig wird, wenigstens wenn man angestrengt arbeitet. Man muß des Mittags mit Schneebrille laufen, und der Schnee ist an der Oberfläche sehr weich. Es kann noch kommen, daß uns der Rückweg schwer wird. Thostrup ist ein sehr schweigsamer Reisebegleiter, aber ein angenehmer Charakter und eine zuverlässige Arbeitskraft, oft etwas eigensinnig, aber das stört nicht unser gutes Verhältnis.«

Während die Männer durch die erfolgreiche Jagd noch immer einigermaßen mit Proviant für die Hunde versorgt waren, gingen nun die eigenen Vorräte bedenklich zur Neige. Als sie der alten Spur durch das Schraubeis folgend am nächsten Tag ohne nennenswert Schaden genommen zu haben das Depot am Südzipfel der Hovgårds Insel erreichten, hatten sie gerade noch den Rest einer Erbswurst übrig behalten, von der sie tags zuvor schon gezehrt und dazu einen Aufguß aus Fleischschokolade und Kaffeesatz getrunken hatten. Zur Feier des Tages verspeisten sie daher einen Blutpudding aus einer neuen Proviantkiste, die sie vereinbarungsgemäß dem Depot entnahmen.

Wegener und sein Begleiter lagen nun am Ausgang des zweiten Fjords, den sie erforschen und kartieren wollten. Sie rasteten zwei Tage, während sie die Schlitten reparierten und eine Reihe Beobachtungen vornahmen. Als sie am Nachmittag des 9. Mai aufbrachen, stießen sie nach kurzer Zeit auf ganz frische Bärenspuren. Sofort nahmen sie die Verfolgung auf, und als sie nahe genug herangekommen waren, ließen sie die Hunde los, die die Raubtiere schnell stellten. »Es ist interessant, so einen Bären aus unmittelbarer Nähe zu betrachten«, kommentiert Wegener das Geschehen und setzt fort: »Alle seine Bewegungen werden mit einer so starren Kopfhaltung ausgeführt, daß es aussieht, als mache er sie vollkommen geistesabwesend. Wir kamen bis auf etwa 20 Meter heran. Es war schwierig, zum Schuß zu kommen, ohne einen der Hunde zu treffen.« Einige der Hunde wurden durch die schnaubend um sich schlagenden Bären übel zugerichtet, bis es den Männern gelang, die drei Tiere zu erlegen. Während sie die Bären auf ihre Schlitten luden, um sie zum Depot am letzten Lagerplatz zurückzubringen, entdeckten sie einen vierten, der sich von seiner Neugier getrieben näherte. Die Männer hatten keine Neigung, auch diesen zu töten, doch die unbändigen Hunde, sowohl die Unverletzten wie die Verwundeten, warfen sich mit aus den Mäulern hängenden Zungen auf das Tier; und als die Meute ihre Zähne in seine Lenden zu schlagen begann, bereitete Wegener dem Schauspiel durch eine Kugel ein Ende.

Wieder hatte das Jagdglück ihnen einen Futtervorrat beschert, der ihre wissenschaftlichen Arbeiten sichern würde, und mehr noch: es war mehr, als sie mitnehmen konnten. Die Jäger transportierten drei der Bären zum Zeltplatz. Nachdem sie die Beute gehäutet und zerlegt und die Hunde gefüttert hatten, krochen sie erschöpft in ihre Schlafsäcke. Seit sie aufgestanden, waren 36 Stunden vergangen. Erst nach Verlauf eines weiteren Tages brachen sie endgültig auf, nachdem sie zuvor auch den vierten Bären zerlegt und sein Fleisch, für das sie selbst keine Verwendung hatten, in dem Depot verstaut hatten. Mögen die später heimkehrenden Kameraden ihren Nutzen davon haben!

Über unbekanntes Terrain zogen die beiden Forscher nun, der Südküste von Holms Land folgend, bei sehr schwerer Bahn und einfallendem Nebel in den Dijmphna Sund benannten Fjord hinein und erreichten am 14. einen Punkt, wo sich dieser gabelte. »Es will und will nicht aufklaren«, schreibt Wegener an diesem Tag in sein Tagebuch. »Abends wieder dicker Nebel und Schneefall. Unsere Hoffnungen auf Messungen werden immer kleiner. Wir liegen hier am Teilungspunkt des Fjords, den wir heute früh 3 Uhr bei Schneefall, leichtem Wind und Nebel erreichten, also scheußlichem Wetter. Wir waren nach dem Kompaß gefahren, unter Benutzung der Windstreifen auf dem Schnee ... Die gewiß großartige Umgebung ist uns bisher nur zum allerkleinsten Teil enthüllt worden. Das Schlimmste ist, daß unser Proviant so knapp ist. Er soll bis zu den Bäreninseln (Bjørneskørene – U. W.) reichen, was beinahe unmöglich ist. Wir sparen so viel wie möglich. Viel Beef à la Tartare, viel Moschussuppe. Werden wohl den ganzen Moschusfleischvorrat in den Menschenproviant wandern lassen. Die Proviantkiste, die wir im Depot bekamen, enthielt weder Milch noch die kleine Pemikanbüchse. Für uns jetzt ein sehr empfindlicher Verlust.«

Einen Tag später notiert Wegener: »Noch immer nicht richtig gutes Wetter! Wie ärgerlich, bei diesem Wetter könnte man sehr gut reisen, aber kartographieren kann man nicht. Immerhin haben wir heute hier Detailmessungen ausgeführt.«

Trotz des von Wegener erwähnten, durch die Schlechtwetter-Liegetage verursachten schon wieder spürbaren Proviantmangels fuhren sie am 15. Mai in den nördlichen Fjordarm, den Hekla Sund, und führten topographische Messungen aus. Am 16. dann fuhren sie längs der Südküste des neugefundenen Landes in den südlichen Arm, den Dijmphna Sund, hinein. Angekommen am nach Norden umschwenkenden Westende des Landes erkannten sie plötzlich, daß es eine Insel war und nannten sie Lynn-Insel (dän. Lynn Ø). Sie beschlossen, sie ganz zu umrunden. Wegener berichtet über diese Tour: »Als wir die Nordecke unserer Insel passierten, kamen wir in buchstäblich grundlosen Schnee, das Schlimmste, was wir bisher auf dieser Expedition gesehen haben. Die Skier sind doch ganz unentbehrlich. Im letzten Teil der Tour froren wir sehr stark, ich besonders an den Füßen, da meine Kamikker gleich im Anfang naß geworden waren.« Nach insgesamt 72 km, während denen der ganze Hekla Sund mit seinen 7 Gletschern kartiert wurde, erreichten sie wieder ihr Depot. Bewegt dankte Thostrup Alfred Wegener, dessen Verdienst an der schönen Entdeckung er nicht zu Unrecht der Ausdauer und dem Forscherdrang des jungen Wissenschaftlers zurechnete.

Vom Südzipfel der Lynn-Insel aber hatten sie weit in den südlichen Arm des Dijmphna Sunds hineingeblickt, und es war ihnen aufgefallen, daß sie im Hintergrund keine Berge sahen, wie sie sonst das Innenende jedes Fjords abschließen. Ob es möglich ist, vielleicht auch in dieser Richtung, also westlich um die Hovgårdsinsel (d. h. innen herum) und quer über den mehr als 40 km messenden Gletscher des Nioghalvfjerdsfjorden (Neunundsiebzig-Grad-Fjord), einen gewaltigen Ausläufer des Inlandeises, Lamberts Land und damit die altbekannte Route der Nordtour wieder zu erreichen, fragte sich Wegener. Und sie faßten den kühnen Entschluß, sich über den unbekannten Gletscher zu wagen, um auf diese Weise wertvolle Informationen aus dem Hinterland der Hovgård Insel und von Lamberts Land zu gewinnen. In Anbetracht ihres knappen Proviants und des vor ihnen liegenden gänzlich unbekannten Weges war dieser Entschluß nicht ohne Risiko, denn wenn die bei schlechtem Wetter gemachte Wahrnehmung auf einer Täuschung beruhte und sie wieder umkehren mußten, dann war es ausgeschlossen, daß ihr Proviant reichte. Waren sie aber erst tief in den unbekannten Fjordarm eingedrungen, dann bestand überhaupt keine Möglichkeit der Rückkehr »außen herum« mehr, dann mußten sie weiter und durchkommen oder umkommen.

Am 19. fuhren die beiden Männer vom Eis des nach Süden durchmessenen Sundes auf den Gletscher hinauf. Die Schwierigkeiten, die sich einstellten, waren größer als erwartet. Der Versuch, über den in den Sund mündenden Inlandeislappen die Höhe des Gletschers zu erreichen, scheiterte im Spaltengewirr. Sie mußten erst, die Spaltenzone querend, zur Hovgårds Insel, um einen brauchbaren Aufstieg zu finden. Es waren nur 3 km, aber als man die Höhe des Inlandeisausflusses endlich erreichte, waren Menschen und Hunde durch Anstrengung und Nahrungsmangel aufs äußerste erschöpft. Wegener, auf den das Phänomen des Inlandeises zeit seines Lebens einen verführerischen Zauber ausgeübt hat, erzählt: »Die erste Tages-(eigentlich Nacht-)reise (wegen der besseren Eisverhältnisse und niedrigen Sonnenstands fuhren sie bevorzugt in den Nachtstunden – U. W.) verlief ausgezeichnet. Herrliche Bilder im Innern des Fjords, Hochgebirgsgletscher. Leider keine Photos: Beleuchtung zu wechselnd und ungünstig, dazu unzulässig zu pausieren wegen unserer kritischen Lage. Zackige Grate, prächtige Gletscher, im Meereis verschwindend. Eine gewaltige, aber absolut tote Natur. Gegen Ende der Tagesreise war der Fjord durch Schraubung versperrt. Es stellte sich heraus, daß es eine Inlandeiszunge war, die sich von Süden her in den Fjord hineinschiebt. Thostrup blieb diesseits, und wir zelteten am Lande. Äußerst anstrengende Rekognostizierungstour. Dabei zu wenig Schlaf und zu wenig Essen. Auf meinen Rat ging die Reise am nächsten Tag auf dem Inlandeis weiter. Am Rande knolliges Eis, schwer vorwärtszukommen. Schneebrillen und Augenschmerzen trotz Mitternacht und bewölktem Himmel. Immerhin gute Tagesreise, aber sehr aufreibend. Das Schlimmste aber war doch der unzureichende Proviant. Man muß auf Schlittenreisen unbedingt reichlichen Menschenproviant haben. Machten wieder Meßstation. Mein rechtes Auge war sehr mitgenommen, ich konnte nur mit Mühe die Uhr ablesen.«

Noch immer wußten die Männer nicht, ob das Land, von dem sie im Süden einen Schimmer sahen, überhaupt Lamberts Land mit seinem rettenden Depot war. Dennoch machten sie auf der Höhe des Gletschers Station, um die einmalige geographische Situation wissenschaftlich auszunutzen, indem sie von dort aus trigonometrische Vermessungen aller charakteristischen Bergformationen ringsherum vornahmen – ein schönes Beispiel für wissenschaftliches Verantwortungsbewußtsein selbst noch im Zustand äußerster Erschöpfung.

Unerwartet gerieten die Männer dann, am dritten Tag nach ihrem Aufbruch, in ein gewaltiges Bruchsystem im Gletscher. Sie schätzten die Tiefe der Spalten zu 15–20 m, ihre Breite zu 30 m, und in der Tiefe erblickten sie das Meereis. Erst nach großen Schwierigkeiten fanden sie einen gangbaren Weg und hielten auf das schon nahe Land zu, das sie aber von dieser Seite her (d. h. von Westen) nicht kannten. Es erwies sich daher als eine Täuschung, als sie glaubten, Kap Bergendahl, den Ort des so dringend ersehnten Depots vor sich zu haben, von dem sie tatsächlich noch 30 km trennten. Selbst jetzt noch hätte daher ein mehrere Tage lang anhaltender Schneesturm den beiden leicht zum Verhängnis werden können.

Am 21. 5. erreichten Wegener und G. Thostrup, von Strapazen und Entbehrungen gezeichnet, das Depot an der Ostecke von Lamberts Land. Vorher waren sie auf die Spuren von Bistrup und Ring gestoßen, die 24 Tage früher hier entlanggezogen waren, und die Spuren hatten ihnen endgültig angezeigt, auf dem richtigen Weg zu sein. Sie entnahmen dem Depot Proviant, Hundefutter, Petroleum und Tabak, und bei einer Pfeife findet Wegener Zeit, Tagebuch zu schreiben: »Wir haben eine interessante Reise hinter uns. Infolge unzureichender Ernährung sind meine Kräfte in den letzten Tagen sehr zurückgegangen. Wichtige Erfahrung für später. Man muß so viel essen, wie man nur hinunterbringen kann. Ich hoffe auf einen Bären, dann will ich mir ein riesengroßes Beef à la Tartare machen, um wenigstens einmal ordentlich satt zu werden!«

Dem Reiseplan gemäß folgte man von Kap Bergendahl der Westseite der großen Inselreihe am Ausgang der Gletscherbucht südwärts. Nach dem einmaligen Erlebnis der so überaus erfolgreichen Erkundung empfand Wegener den weiteren Rückmarsch von etwa 300 km bis Danmarks Havn auf der vom Hinweg her bekannten Route und gesichert durch mehrere Depots nur mehr als ermüdend. Am 22. schrieb er daher: »Solch eine Rückreise ist doch etwas Langweiliges. Man sollte sich immer so einrichten, daß man nur einmal dieselbe Strecke passiert. Man hat alle Arbeiten und ... Entbehrungen einer Schlittenreise, ohne doch dabei etwas anderes auszurichten als nach Hause zu gehen ... Ich bin auch ärgerlich darüber, daß ich in dem neuentdeckten Fjord gar nicht photographiert habe. Aber Thostrup war so ängstlich besorgt um meine Zukunft, daß ich nicht gern haltmachen wollte. Auch war das Wetter ja scheußlich die ganze Zeit über. Die Hauptsache war aber doch, daß ich überanstrengt und verhungert war. In solchem Zustand spart man sich natürlich alle freiwillige Arbeit. An dem einen Tage war es auch wirklich schlimm mit meinem rechten Auge. Immerhin lerne ich aus all dem. Man muß sich beim Reisen Zeit lassen auszuschlafen; die Reise soll nicht länger als sieben Stunden dauern, aber hurtig gehen (daher muß ein Grönländer vorfahren). Rechnet man dann sieben Stunden Schlaf, so bleibt reichlich Zeit für Trocknen, Reparieren usw.«

Tags darauf begann der Kummer mit Wegeners Schlittenhund »Gamle Ajungpok« (der elend-Alte). Es war jener, den er von Hagen im Tausch gegen einen besseren erhalten hatte. Er war mager, taub und blind, und ihm fehlten alle Zähne. Die forcierte Reise vertrug er daher nicht mehr und brach zusammen. Seinetwegen machten die Männer halt und schlugen die Zelte auf. Den nächsten Tag lief er hinter den Schlitten, indem er ihrer Spur folgte. Vergebens versuchte er die ganze Zeit über, zu seinem alten Platz im Gespann zu kommen. Da legte ihn Wegener auf den Schlitten. Dort fühlte er sich aber auch nicht wohl und wollte zu den anderen Hunden. Als die Männer am 25. Mai nach einer langen Reise von 46 Kilometern, die sie in 12 Stunden bewältigten und die auch die anderen Hunde erschöpfte, am »Norddepot« anlangten, war Ajungpok neben Wegener auf dem Schlitten gestorben. »Wie viele Meilen hat dieser Hund sich nicht im Dienste des Menschen abgearbeitet?« dachte Wegener. »Man konnte es ihm ansehen, daß er einmal vor vielen Jahren ein starker, guter Hund gewesen war. Jetzt war er fertig, taugte er zu nichts mehr – und wurde dann endlich von dem anstrengenden Dienste befreit, indem er krepierte.« Man senkte ihn in eine Spalte des Meereises hinab.

Auch die beiden Männer waren erschöpft. In den letzten Nächten hatten sie nur wenig Schlaf gehabt, einmal fünf und einmal nur drei Stunden. Aber die kartographische Arbeit und die physikalischen Beobachtungen waren ihnen vorgegangen. Wegener berichtet dazu: »Am ›nördlichen Depot‹ waren wir nachmittags angekommen, und der Abend war mit den üblichen Arbeiten, wie Hundefüttern usw. vergangen. Am nächsten Tage dann Photographie, Hundefutter, Station messen, De-

Alfred Wegener und Gustav Thostrup nach der Heimkehr

pot herrichten, Hundegeschirr reparieren. So blieb für mich im Laufe des Tages keine Zeit zum Schlafen. Am Abend brachen wir um ½ 10 Uhr auf und fuhren bis 6a (6 Uhr früh – U. W.); ich war so schläfrig, daß ich fortwährend auf dem Schlitten einschlief. Dreimal fiel mir die Peitsche aus der Hand. Beim Übergang über eine Schraubung kam ich mit meinen durchlöcherten Kamikkern ins Wasser und fror infolgedessen die ganze Fahrt an den Füßen ... Wenn nur meine Platten (Fotoaufnahmen – U. W.) vom Norden gut geworden sind! Es wird meine erste Arbeit sein, wenn wir nach Haus kommen, Platten zu entwickeln. Ich muß die Zeit benutzen, wo Koch noch nicht da ist und Hagen und Mylius-Erichsen, die ja alle Photographien haben. Hier liegen wir nun bei dem Proviant (dem Depot auf der Hagens Insel – U. W.), den die Zugschlitten unter gewiß ganz unglaublichen Anstrengungen für uns hergeschleppt haben, und haben es gut. Man fühlt sich ordentlich gemütlich, obwohl man seit mehr als zwei Monaten weder das Zeug gewechselt noch sich gewaschen hat.«

Die letzten Tage wurden Wetter und Schlittenbahn so gut, daß man nicht einmal mehr die Hunde anzutreiben brauchte, und Wegener, bequem auf dem Schlitten sitzend, seinen Gedanken nachhängen konnte. »Heute bläst es, aber es ist so warm, daß man nicht die Spur friert. Ich glaube, heute würde sich auch Kurt hier wohlfühlen. Gott ja! Wenn man doch den einen oder andern von Hause heute auf dem Schlitten haben könnte und ihn bei diesem herrlichen Wetter ein wenig spazierenfahren könnte!«, schrieb er am 29. 5., und einen Tag später: »Ich kann jetzt mit Muße diese Landschaft betrachten, an der wir bei der Herreise im Schneetreiben vorbeigekommen sind. Sie ist mir also ganz neu, aber längst nicht so interessant wie die Inlandeiszone mit ihren imponierenden Eisbildungen und weiter nördlich die Sediment- und Urgesteingebirge.«

Am 31. Mai 1907 kamen Wegener und Thostrup nach 65tägiger Abwesenheit wieder im Basislager am Danmarks Havn an.

Triumph und Unglück. Inzwischen hatte der Frühling seinen Einzug gehalten. Als Wegener und Thostrup zum Danmarks Havn kamen, fanden sie die zum Schutz gegen den Wind entlang der Luvseite errichtete Schneemauer niedergerissen. In der Messe hatte man Decke und Wände vom Winterschmutz gesäubert sowie den Fußboden gründlich gescheuert und den Raum so wieder in einen gemütlichen Zustand versetzt. Ruhig nahmen die beiden Männer ihre wissenschaftlichen Routinearbeiten auf. Abends erzählten sie den anderen von der Reise.

Tag für Tag kam die nun wieder ständig oberhalb des Horizonts kreisende Sonne höher, brachte den Schnee zum Tauen, der schmelzend über die Felswände tröpfelte. Winzige Rinnsale liefen von allen Seiten zusammen, Bächlein bildend, die glucksend dahinhüpften, um schließlich unter den Schneemassen zu verschwinden, die noch die breiteren Flußbetten bedeckten und Land und Meer zu einer einzigen Fläche zusammenfließen ließen. Tief unten aber, am Grunde des Firns, begannen die Bäche doch ihre Arbeit zu tun, bis eines Tages die alte Schneemauer krachend barst.

Loch neben Loch bildete sich so. Im Meereis dagegen entstanden Spalten, die sich zu offenen Waken weiteten. – Nun würde es bald Sommer werden. Die Zugvögel kündigten ihn schon an. Wann würde Kochs Abteilung heimkehren?, fragte man sich am Danmarks Havn bei schlechter werdenden Reiseverhältnissen längs der Küsten mit zunehmender Besorgnis.

Wake am Schiff

Oder würde offenes Wasser die Passage am Vogelfelsen vereiteln und sie zum Übersommern jenseits des Berges zwingen? – Da, eines frühen Morgens, auf den Tag genau dem letzten, den man ein Jahr zuvor im heimatlichen Dänemark verbracht hatte, waren die drei Männer plötzlich da. Und in Windeseile verbreitete sich die Neuigkeit, daß sie bis ans Ziel aller Wünsche, bis zu Grönlands Nordspitze vorgestoßen waren. Mit einer mehr als 2000 km langen Schlittenreise hatten sie die wichtigste Hauptaufgabe der Expedition erfolgreich gelöst. Der Anschluß zum nördlichsten von Forschern erreichten Punkt war hergestellt, volle 6 Breitengrade, die auf den Karten bislang fehlten.

Nachdem sie sich von Wegener und Thostrup verabschiedet hatten, berichtete Koch, waren sie zu sechst weitergezogen, nach den wiederholten Enttäuschungen hoffend, daß ihnen die nächste Ecke das langersehnte Umbiegen der Küste nach Westen bescheren würde. Jede der beiden Partien führte für 15 Tage Proviant und Hundefutter mit sich.

Aber erst am 29. April erreichten sie Nordostrundingen, Grönlands östlichsten Punkt, und umrundeten ihn. Von hier aus wendete sich Mylius-Erichsen mit seinen Begleitern nach Westen. Koch, der mit seiner Partie den nordwestwärts gerichteten Weg über das Meereis in Richtung Peary Land einschlug, machte zwei Tage später Bilanz mit dem Ergebnis, die Tagesrationen ab sofort zu halbieren. Bei knappster Bevorratung würde der Proviant durch diese Maßnahme noch für 17 Tage reichen. Koch rechnete, daß sich in dieser Zeit das Ziel erreichen ließ, wenn nicht Nebel, Schneesturm oder Unfälle irgendwelcher Art sie aufhielten.

Aber was hieß schon reichen! Ausgemergelt schleppten die Hunde sich sechs Tage über das von Spalten durchzogene Eis. Sie schlangen alles in sich hinein, was ihnen vor die Schnauzen kam, Schlittenbänder, Zurringe, Zelttaue, und nicht einmal die eigenen Exkremente verschmähten sie.

Am 7. Mai erreichten Koch, Bertelsen und Gabrielsen das Land, wo sie ein Depot für den Rückweg anlegten. Keiner wußte, wie viele Tagesmärsche bis ans Ziel noch vor ihnen lagen. Nur eine glückliche Jagd konnte ihre Situation verbessern. Indes waren die Aussichten dafür gering. Im Notfall würde man sogar einige Hunde schlachten müssen.

Da erblickten sie in der Ferne eine Moschusherde, die in aller Ruhe das dürre Zeug des Vorjahres weidete, das sie unter dem Schnee hervorgescharrt hatte. Sofort fuhren die Männer los und erbeuteten 17 Tiere. Ihre Zukunft war damit gesichert.

Am 12.5. kamen die Forscher zu Pearys Warte beim Kap Clarence Wyckhoff. Tief bewegt standen sie an der Stelle, wo der berühmte amerikanische Forscher sechs Jahre zuvor halt gemacht hatte. Altem Expeditionsbrauch folgend, nahm Koch dessen Bericht an sich und legte seinen eigenen an diese Stelle. Da seinerzeit Nebel den Amerikaner an der Vermessung der Strecke zwischen seiner vorletzten Station, Kap Bridgman, und der Warte gehindert hatte, beschloß man, die Reise nach Nordwesten fortzusetzen, um die Messungen zu vervollständigen. Sie erreichten den nördlichsten Punkt Grönlands, das Endziel ihrer Reise, am 15. Mai 1907.

Den Rückweg wählte das Trio durch den Frederic E. Hyde Fjord, den nördlichsten Fjord des Erdballs. An einer Stelle dort verloren sie fünf Hunde, die über einen Abhang von 550 m Höhe stürzten. Noch schlimmer war, daß Bertelsen erkrankte. Der ständige Verzehr des wegen des knappen Petroleumvorrats nur halbrohen Fleisches sowie des rohen, gefrorenen Knochenmarks hatte ihn ernstlich geschwächt. Auch Koch wurde arg mitgenommen und hatte bei Ankunft an den Zeltplätzen oft Fieber. Trotz Krankheit und Erschöpfung jedoch führte er unter Bertelsens Beistand jeden Tag viermal seine Beobachtungen aus.

Als sie am Abend des 27. Mai das jenseits des Independence Fjords gelegene Land erreichten und ein Stück an dessen Küste entlangfuhren, stießen sie ganz unerwartet auf Mylius-Erichsen, der ihnen mit seinem Schlittenzug entgegenkam. Während Mylius-Erichsen, Hagen und Brønlund am nächsten Tag nach Westen weiterzogen, um ihre Erkundungen noch einige Tage fortzusetzen, begaben sich Koch, Bertelsen und Gabrielsen auf eine zügige Rückreise nach Süden. Unterwegs schossen sie mehrere Seehunde, einen Bären und ein Walroß und deponierten das Fleisch für Mylius-Erichsen und seine Begleiter. Nicht ganz ungefährdet retteten sie sich um den gefürchteten Mallemukfelsen herum, wobei ihr grönländischer Begleiter Tobias ein Meisterstück verwegener eskimoischer Fahrkunst vorführte, und sie ließen auch das von Wegener und Thostrup südlich des Felsens deponierte Bärenfleisch unberührt. Die letzten drei, so schloß Koch seinen Bericht über die 88tägige Tour, wären ihnen dicht auf den Fersen und würden bald da sein.

Indes schwanden die Tage dahin, und eine Woche folgte der anderen, ohne daß sie kamen. Hatte der Felsen sie aufgehalten?, fragte man sich, als die Hoffnung geschwunden, weil das Land gänzlich schneefrei und das Meereis unfahrbar geworden war. Lagen sie jetzt jenseits des offenen Wassers und warteten auf das Kommen des nächsten Winters? Oder hatte die für sie lebenswichtige Jagd sie gezwungen, so weit nach Westen zu gehen, daß sie schließlich nach Kap York an Grönlands Westküste zu gelangen suchen mußten? Man wußte es nicht, wußte nur, daß es hoffnungslos war, sie zurückzuerwarten, bevor die neue Eisdecke kam; und vorher war es auch unmöglich, ihnen zu Hilfe zu kommen.

Am Danmarks Havn erwachte der Sommer. Die Männer genossen das allenthalben frisch sprießende Grün. Schmetterlinge flatterten umher. Überall reckten die Blumen ihre Kelche zur Sonne, und dicke Hummeln taumelten nektarschwer von Blüte zu Blüte.

Die wissenschaftlichen Arbeiten beim Hafen und in der Umgebung wurden mit ungeschwächter Kraft fortgesetzt. Lundager streifte botanisierend durchs Gelände, und Jarner sah man des öfteren mit einem Rucksack voller Steine heimkehren. Manniche und Johansen hatten das ganze Jahr hindurch die Tierwelt untersucht, Exemplare der verschiedenen Tiere in den verschiedenen Jahreszeiten und Entwicklungsstufen gesammelt und biologische Beobachtungen über sie angestellt, die sie nun systematisch fortsetzten. Der Expeditionsarzt Jens Peter Johannes Lindhard (1870–1947) und Unterbootsmann Christian Bendix Thostrup (1876–1945) führten topographische Detailvermessungen des Hafengeländes aus, während Koch den ganzen Tag in der »Villa« über seinen Papieren hockte und sein umfangreiches Material von der großen Nordreise auswertete. Nur zu den feststehenden Zeiten, regelmäßig wie ein Pendel, sah man ihn vom Haus zu den astronomischen Beobachtungsgeräten und zurück wandern. Wegener setzte seine Ballon- und Drachenaufstiege fort. Die Männer am Danmarks Havn hatten sich allmählich an die merkwürdigen Gebilde gewöhnt, die früh und spät hoch über ihnen schwebten. Am 3. August 1907 erreichte Wegener mit 3110 Metern eine Höhe, die weder zuvor schon noch später nochmals von ihm erreicht werden konnte. Zum Antrieb der Winde wurde dabei der Motor des Automobils eingesetzt, das die Expedition zu Versuchszwecken mitführte.

Dagegen konnten die von den Forschern geplanten Bootsreisen ebensowenig stattfinden wie die Fahrt mit dem Schiff entlang der Küste nach Süden. Das Eis im Hafen und im Fjord war mürbe und von Waken durchsetzt, so daß Schlittenreisen nicht möglich waren, aber es blieb, wo es lag, und es war zweifelhaft, ob sich daran während des Sommers noch etwas ändern würde. Die Verhältnisse waren somit viel ungünstiger als ein Jahr zuvor, als die »Danmark« bei offenem Wasser in den Hafen gesegelt war. Aus gleichem Grunde ließen auch die Jagdergebnisse zu wünschen übrig, und der Vorrat an Hundefutter nahm bedenklich ab. Dabei waren gutgenährte, kräftige Hunde die einzige Möglichkeit, den drei Menschen, die vermutlich jenseits des tückischen Felsens lagerten, zu Hilfe zu kommen.

Eines Tages im August brachten Lindhard und Bertelsen Kunde, die für große Aufregung im Standlager der Expedition sorgte. Oben in den Bergen nördlich des Hafens hatten sie im ewigen Firn ein gähnendes Loch entdeckt, ein Tor, aus wel-

Automobil als Motor

chem der Fluß hervorsprudelte, der sich, zwischen Steinen und Eisblöcken dahinplätschernd, beim Hafen in die Bucht ergoß. Da sie nicht wußten, was sie vor sich hatten, waren sie hineingekrochen, und als sie wieder herauskamen, hatten sie gesehen, was noch keines Menschen Auge sah: ein bizarres Schloß aus Eis, eine Kathedrale aus Farben und Glanz. Sie kehrten heim und erzählten von der großen Eishöhle, die auf den Namen Gnipahöhle getauft wurde. Sofort brachen einige Männer auf, und auch sie wurden stumm bei dem Anblick, bezaubert von dem Mysterium der Finsternis und des Lichtes.

Wieder erscholl das Zugvogelgeschrei über den Köpfen der Männer, und sie sahen die Schwärme dort oben vorüberziehen. Aber wieder ging diesmal ihr Flug nach Süden.

Wegener und einige Helfer zimmerten bei der »Villa« aus vorhandenen Holzvorräten einen Drachenschuppen, der dem Meteorologen fortan gute Dienste leistete. Hier konnte er die Drachen in gebrauchsfertigem Zustand unterstellen, ohne daß stürmischer Wind oder tobende Hunde ihnen etwas anhaben konnten. Und die Drachen mußten nicht erst vor jedem Aufstieg im Freien aufgebaut und nach Beendigung desselben wieder zusammengelegt werden, was nicht mit Handschuhen geschehen konnte und daher bei tiefen Temperaturen wegen der unvermeidlichen Frostschäden stets zu einer Plage ausartete.

Die Kälte nahm zu. Neueis bedeckte die Bucht, wurde von Tag zu Tag stärker, und die Zeit rückte näher, zu der auch das Meereis für Hundeschlitten passierbar sein würde. Mitte September waren die Vorbereitungen für eine Hilfsexpedition zur Suche der ausgebliebenen drei Kameraden, die schon seit längerem in vollem Gange waren, abgeschlossen. Sie sollte aus einer Haupt- und einer Hilfsabteilung, jede mit vier Schlitten, bestehen. Die Wahl der Teilnehmer war von vornherein so gut wie gegeben, denn es mußten der Arzt und die besten Schlittenfahrer sein. Lindhard, G. Thostrup und Gabrielsen bildeten daher die erste und Hansen, Ring und der Grönländer Hendrik Ole Jacob Olsen (1884–1917) die zweite Abteilung, die die erste bis Lamberts Land begleiten sollte. Hagerup mit einem weiteren Schlitten sollte dem Konvoi die ersten Kilometer assistieren.

Am 22. September hielten alle 9 Schlitten reisefertig an der Schiffsseite. Wenig später setzten sie sich, von den wärmsten Wünschen der Zurückbleibenden begleitet, in Bewegung, dann sausten sie hin über das blanke schneefreie Eis.

Vorbereitung der Hundeschlittenreise

In den folgenden Wochen war Wegener damit beschäftigt, die Vorbereitungen für ein weiteres wissenschaftliches Vorhaben der Expedition voranzutreiben. Im Innern der Dovebucht (Dove Bugt), etwa auf gleicher geographischer Breite wie die meteorologische Station am Danmarks Havn, aber näher am Inlandeis und ferner der Außenküste gelegen, sollte eine zweite meteorologische Beobachtungsstation eingerichtet werden. Bereits im August waren Proviant und die Vorräte an Nutzholz, die für den Bau eines Hauses reserviert und bisher unangetastet geblieben waren, mit dem Boot aus dem Hafen heraus und um die schwierigsten Geländeabschnitte herum bugsiert und auf halbem Wege an der Küste deponiert worden. Und am 25. August hatte sich Wegener zu Fuß für zwei Tage an dieselbe Stelle begeben, um die Bedingungen für die umfangreichen Transporte zu untersuchen; ihn begleitete Marine-Oberleutnant Alf Erik Martin Jens Carl Trolle (1879–1949), der Schiffskommandant und Stellvertreter des Expeditionsleiters, der von diesem vor der Abreise nach Norden die Leitung der Expedition übertragen bekommen hatte.

Indes zeigte sich, daß der ursprünglich verfolgte Plan, die Station am innersten Ende des Fjords nahe beim Gletscher anzulegen, aufgegeben werden mußte. Statt dessen wurde die kleine Bucht an seiner Südseite, Pustervig genannt, zum Standort der Station gewählt, die damit, am Fuße der dort über 800 m hohen Felsen, immerhin 25 km vom Eisrand entfernt lag.

In der ersten Hälfte des Oktobers arbeiteten fünf Mann an der Ausführung des Hauses. Am 18. kehrten sie zurück. Das Haus war fertig und konnte in Besitz genommen werden. Es maß 3 m in der Länge, 2 m in der Breite, 1,9 m in der Höhe und bot Schlafgelegenheit für 3 Mann.

Am Nachmittag desselben Tages senkte sich das Fähnchen der kleinen Kolonie zu Ehren der heimkehrenden Hilfsgruppe der Entsatzabteilung. Aber es geschah um ziemlich trostloser Kunde, die aus dem Norden kam. Auf ständig schlechter werdender Schlittenbahn hatten sie ihre kraftlosen Hunde durch Packeis und anhaltenden Schneefall vorwärts gepeitscht, soweit sie konnten. Dann mußten sie die anderen, viel früher als vorgesehen, allein ziehen lassen. Und der Schnee, so erzählten sie, liege im Norden weich und meterhoch.

In den letzten Oktoberwochen herrschte auf der Strecke zwischen dem Schiff und Pustervig rege Geschäftigkeit. Fast ständig waren Schlittenreisende mit Gütertransporten unterwegs. Am 25. waren die Vorbereitungen so weit gediehen, daß Freuchen, der ausgewählt worden war, im Winter das Ablesen der Registrierinstrumente zu besorgen, sich an seinen Bestimmungsort begeben konnte. Zur gleichen Zeit wurde von Wegener, Koch und Bertelsen die Gnipahöhle gründlich erforscht. Zur Zeit ihrer Entdeckung hatte der Höhlenbach so viel Wasser geführt, daß er dem Eindringen Schwierigkeiten bereitete. Indes nahm der Wasserreichtum von Tag zu Tag ab. Da konnten die drei Männer alle Hohlräume vermessen und die Bedingungen der Entstehung der Eishöhle sowie die Firnschichtung an ihren Wänden untersuchen. Der Hohlraum wies eine Länge von mehr als 2 km auf und maß 8–15 m in der Höhe. Wegener fertigte eine große Zahl beeindruckender Fotos des Naturobjekts an, Bilder, die unter schwierigsten Umständen gemacht, von sehr guter Beherrschung der Fotografie zeugen.

An den letzten Tagen des Monats lag ein feiner Nebel über

Eisgebilde in der Gnipa-Höhle

dem Land am Hafen, und als er sich wieder verzog, war die Sonne zum zweitenmal verschwunden und die Zeit der Finsternis angebrochen. Da kehrten Thostrup, Lindhard und Gabrielsen zurück. Am Abend des 2. November langten sie beim Schiff an. Von den Vermißten hatten sie nichts gehört oder gesehen, keine Spur von ihnen, keine Nachricht. Ihre zermürbende Reise war in jeder Beziehung eine der schlimmsten von allen, die ausgeführt wurden. Fast Fuß für Fuß hatten sie sich vorwärtsgeschunden, mit knappem Proviant und elend schwachen Hunden, deren zerschundene Pfoten an jedem Lagerplatz ihre blutigen Spuren hinterließen. Als sie den berüchtigten Felsen erreichten, trafen sie auf offenes Wasser; der Weg war gesperrt, ein weiteres Fortkommen unmöglich. Sie mußten umkehren. Mit ihrer Ankunft beim Hafen zerrissen die letzten Hoffnungen.

Am Abend desselben Tages zogen Wegener, Bertelsen, Koch und B. Thostrup mit einem Handschlitten nach Pustervig, um verschiedene Untersuchungen auszuführen. »Klein, aber gemütlich eingerichtet ist Freuchens Station«, kommentiert Alfred Wegener bei seiner Ankunft. »Wenn nur die Lage besser wäre. Weit vom Inlandeis und vom Fjordende liegt die Station nur einigermaßen brauchbar zum Studium von schnellen Temperaturschwankungen, Föhn usw.« Als die Gruppe nach neun Tagen wieder zurück ist, haben sich die Pläne der Wissenschaftler trotz eines fünftägigen Schneesturms zum größten Teil erfüllt. Über die für ihn neue Reisemethode schreibt Wegener: »Diese Zugschlittenreise war ein ganz interessantes Erlebnis für mich. So habe ich doch auch diesen Betrieb einmal kennengelernt. Übrigens glaube ich, daß es viel bequemer sein müßte, wenn jeder seinen eigenen Schlitten zieht, als wenn vier Mann vor denselben gespannt sind, wie es bei uns der Fall war.« Über die Ergebnisse resümiert er: »In den drei Tagen, wo wir in Pustervig waren, haben wir folgendes ausgerichtet: Detailkarte über Pustervig nebst einigen Tonungen (Bertelsen) (d. h. Geländeskizzen von Künstlerhand – U. W.), Barometervergleich, Einrichtung der Zeitbestimmung mit Hilfe von Beteigeuze (d. h. geographische Längenmessung mit Hilfe des hellsten Sternes im Sternbild Orion – U. W.), Festlegung der vier Himmelsrichtungen, Verteilung von vier Schneepegeln quer über die Meeresbucht, Rekognoszierung für Temperaturmessung in verschiedenen Höhen am Abhange des Monumentberges (der die

Bucht von Pustervig im Norden begrenzende, 810 m hohe Berg – U. W.), Bestimmung der Länge und Breite der Station (Sternenbeobachtung).«

Der zweite Polarwinter im Basislager am Danmarks Havn war eine Zeit voller Entbehrungen. Die Expedition war in tiefer Sorge und konnte nur durch rastlose wissenschaftliche Tätigkeit einer immer mehr um sich greifenden Depression Einhalt bieten. Da die Jagd so viel schlechter als im Vorjahr ausgefallen war und überdies Bären und Füchse die Walroßdepots des Vorjahres heimgesucht hatten, mußte ein Teil der Hunde getötet werden, um den übrigen als Futter zu dienen. Die stärksten mußten überleben, denn vor dem Taubruch des nächsten Jahres mußten noch unbedingt zwei Schlittenreisen ausgeführt werden: eine letzte Fahrt nach Norden, zur Aufklärung des Schicksals der Verschollenen, und eine zu den Depots auf Bass Rock und der Insel Shannon, um ihren Inhalt im Hinblick auf die Möglichkeit einer durch die Eisverhältnisse erzwungenen dritten Überwinterung präzise zu ermitteln.

Auch Wegener ist von der allgemein schlechten Stimmung betroffen. Er registriert, daß bei ihm der psychische Eindruck dieser zweiten Winternacht sehr viel schwächer ist und er, obwohl viel weniger arbeitend als im ersten Winter, viel gleichgültiger gegen den Eindruck ist. Über die Situation am Basislager der Expedition berichtet er: »Es ist schlimm, wenn Menschen, die an energische Arbeit gewöhnt sind, weder irgendeine Arbeit noch eigene Interessen haben. Die Folge ist eine unaufhörliche Reihe von Stänkereien.« Dennoch bleibt er stets ein aufmerksamer Beobachter. »Auch über die Eisverhältnisse sind mir jetzt die Augen richtig aufgegangen«, notiert er sich. »Wir haben im letzten Winter außerordentlich gute Schlittenbahn gehabt, mit wenig und festem Schnee und dickem Eis darunter, das den Schnee trockenhielt. Jetzt haben wir dünnes Eis; in dem ganzen Gebiet, im Fjord und zwischen den Koldewey-Inseln und dem Festland steht jetzt, Ende Januar (!), Wasser auf dem Eise ... Man lernt ja nicht so viel aus den Glücksfällen wie aus den Unglücksfällen.« Zu dem Gelernten gehörte für Alfred Wegener die Erkenntnis, daß es ein Fehler war, in die Berechnung des Hundefutters unbedenklich den Ertrag einer erfolgreichen Jagd einzukalkulieren, sowie der Vorsatz, bei einer künftigen mehrjährigen Expedition unbedingt einen Projektionsapparat mitzuführen und die wissenschaftlichen Teilnehmer zu

Reifansatz an der Überdachung

Vorträgen mit Lichtbildern zu verpflichten. Auf diese Weise hätten die Teilnehmer die Eindrücke, derer sie am meisten entbehrten.

Am 1. Februar 1908 schreibt der Forscher in sein Tagebuch: »Seitdem Mylius-Erichsen mich auf die Nordreise nahm, habe ich keine Hundepeitsche mehr in der Hand gehabt. Auch dies Frühjahr wird mir nichts bringen als ein bißchen persönliche Erfahrung. Wenn Mylius-Erichsen zurückgekommen wäre und wir Jagd bekommen hätten, so wäre ich entweder mit Koch nach Kap York (an der grönländischen Westküste – U. W.) oder mit Mylius-Erichsen über das Inlandeis gegangen. – Da kommt mir nun der Gedanke, im Fall es nichts mit meinen Südpolarplänen wird, so könnte man eine Durchquerung Grönlands durchführen. Das würde nicht soviel kosten und auch nur wenig mehr als ein Jahr in Anspruch nehmen«.

Die Versorgung der Station Pustervig mit Proviant und Brennstoffen, namentlich Kohle, wurde zu einem ernsten Problem. Wegener begann, sich um das Bestehen der Station zu sorgen.

Die Rückkehr der Schlittenpartie nach Süden nach 60tägiger Abwesenheit brachte neue Enttäuschungen ins Lager. Zwar hatte man die Depots in gutem Zustand gefunden und ihren Inhalt genauestens inspiziert, aber Post, wie von manchem beim Schiff mit berechtigter Hoffnung vermutet, brachten die Teilnehmer nicht mit und schlimmer noch, nicht einmal die eigene für die Heimat bestimmte Post war abgeholt, die Mylius-Erichsen im Herbst des vorletzten Jahres in einer zugelöteten Blechdose dort deponiert hatte. Zwar hatte ein Schiff die bekannte Stelle angelaufen, die Post aber nicht mitgenommen und lediglich eine Visitenkarte hinterlassen, auf der nur das eine Wort stand: »Waidmannsheil«.

Unmittelbar nach der Rückkehr des Schlittenzugs begannen die Vorbereitungen für die Entsatzexpedition. Bis auf 28 wurden alle noch vorhandenen Hunde getötet. Das so gewonnene Futter reichte gerade aus, diese die nächsten Wochen am Leben zu erhalten. Vor Beginn der Reise mußten nochmals die 20 besten Schlittenhunde ausgewählt und für zwei Wochen mit dem Fleisch der anderen kräftig angefüttert werden. Mit diesem Gespann sollten sich zwei Mann auf die letzte Reise nach Norden begeben. Zweier Männer Leben, dessen war man sich gewiß, würde auf dem Spiel stehen, um drei andere zu retten, und man war sich auch einig, daß es unabhängig von anderer Verantwortung die besten sein mußten. Die Wahl fiel auf Koch und Gabrielsen. Koch war gewillt, Aufklärung über das Schicksal von Mylius-Erichsen zu erlangen und entschlossen, nötigenfalls die Suche nach den Verschollenen bis Kap York, der nördlichsten Siedlung an der Westküste, fortzusetzen.

Am 1. März begann eine seit langer Zeit geplante Handschlittenreise, an der Wegener, Bertelsen, Lindhard und der erste Maschinist der »Danmark«, Ivar Kjerulff Weinschenck (1882–1963), teilnahmen. Ihr Ziel war es, möglichst weit ins Reich des Inlandeises vorzudringen. Insbesondere sollte nach Möglichkeit das von der Station aus mehrmals gesichtete, etwa 150 km entfernte, schätzungsweise 1500–2000 m hohe Gebirgsland inmitten des Inlandeises erreicht und erkundet werden, das man einfach Großer Nunatak nannte, bevor es den Namen Dronning Louise Land (Königin-Louise-Land) erhielt. Der Rückweg sollte an der meteorologischen Station Pustervig vorbeiführen. Begrenzt wurde der Aktionsradius der Gruppe durch den Umstand, daß das gesamte Gepäck einschließlich Proviant, Zeltausrüstung und Instrumenten auf einem einzigen Zugschlitten verstaut war.

Ohne große Schwierigkeiten, wozu das Ziehen des 350 kg

schweren Schlittens nicht gerechnet wurde, kamen die vier Männer in zwei Tagen bis zum Lakseelven (Lachsfluß). Sein Tal bildete den Ablauf des Sælsø (Seehundsee), der als Aufstiegsroute bestimmt war. Auf dem See, dessen Eis über weite Strecken völlig schneefrei war, fanden die vier gute Bedingungen. Sie querten in fünf Tagen den schmalen und fast 50 km langen See, den Wegener als Fjord erkannte, der die Verbindung zum Meer verloren hatte, und erreichten am 7. März sein Westende. Hier mündete in Gestalt eines kleinen Gletschers ein Abzweig des Inlandeises. Dieser kleine Gletscher bot den Reisenden einen Aufstieg zum Eis, das ansonsten in einer schwer besteigbaren Steilwand von 15 bis 20 m Höhe gegen das Land endete. Die Front des Gletschers war während des Winters offenbar erheblich vorgerückt, denn sie hatte die etwa 2 m mächtige Eisdecke des Sees vor sich in große Falten gelegt. Aufmerksam untersuchten, zeichneten und fotografierten die Forscher das Terrain , bevor sie sich am nächsten Tag auf den von der Natur gebahnten Weg begaben. Obwohl der einzig gangbare, mußte man die Schlittenlast in zwei Teilen den Abhang des Gletschers hinauffahren. Dann blickten die Männer über den etwa 35 km breiten Inlandeis-Arm, Storstrømmen genannt, der sich zwischen dem Küstenland und Dronning Louise Land hinzog.

Es zeigte sich, daß die Oberfläche des Plateaus uneben, von Schmelzhöckern bedeckt und zudem am Rand von Spalten durchsetzt war, die oft unter einer dünnen Schneeschicht verborgen waren. Mehrmals entgingen die Männer dem Sturz in metertiefe Spalten nur, weil sie in den Zugriemen hängenblieben. An ihren Zeltplätzen konnten sie des Nachts ein aus dem Eis dringendes leises Knistern vernehmen, das Wegener als erste Anzeichen beginnender Spaltenbildung deutete.

Obwohl die Zahl offener Spalten allmählich abnahm, wurde der Weg über das Eis immer beschwerlicher, da die Eisoberfläche nach Westen zu immer unebener wurde und die infolge verschiedenartiger Abschmelzprozesse entstandenen Schmelzhöcker an Größe und Zahl zunahmen.

Nach weiteren fünf Tagen hatten sich die Forscher dem Land auf 10 km genähert. Da der Höhenunterschied zwischen den Eiskämmen und den Dellen hier über 10 m erreichte, und es mehrere Tage gebraucht hätte, ans Ziel zu kommen, ließ man den Schlitten stehen. Wegener und Weinschenck begaben sich am 14. März zu dem schneefreien Land, während Bertelsen und

Rand des Inlandeises

Lindhard die Gegend vermaßen und skizzierten und die Moränenbildungen in der Umgebung des Zeltplatzes untersuchten.

Der von Wegener und seinem Begleiter betretene Teil von Dronning Louise Land, das Kap Bellevue, bildete eine nach Norden vorspringende Halbinsel, um die das Gletschereis eine 25 m hohe, fast senkrecht abfallende Eismauer bildete. Wegener fertigte eine Anzahl hervorragender glaziologischer Fotos vom Abbruch dieser gewaltigen Firnmasse und der Schichtung des Eises an. Er entdeckte ferner im Nordwesten des Kaps einen größeren See, der dicht mit Eisbergen erfüllt war.

Am 15. März begann die Gruppe ihren Heimweg; am Abend des 17. war man wieder am Sælsø.

Zum See hinabgekommen, wurden die Männer am 19. 3., während sie im Zelt lagen, von einem orkanartigen Föhnsturm überrascht, der vom Inlandeis herkam und mit unwiderstehlicher Gewalt durch den engen Schlauch zwischen den Felsen jagte. Obwohl sie mehrere Kilometer vom Land entfernt lagen, führte der Sturm Steine von dort mit sich, die gegen die Zeltwände schlugen. Schließlich brachen zwei der Zeltstangen. Das Zelt schlug über den vier Männern zusammen und wurde mit ihnen mehrere Meter über das Eis getrieben. Den ganzen Tag über mußten sie liegen bleiben, während der Sturm über sie dahinraste. Erst am nächsten Tag konnten sie das Zelt ausbessern.

Eine wichtige Entdeckung machte die Schlittenabteilung am 21.; beim Eindringen in eine Talsenkung an der Nordseite des Sees, gegenüber der sie das Zelt aufgeschlagen hatten, gewahrten die Forscher, daß diese ein altes Flußbett ist. Als sie diesem weiter folgten, gelangten sie an seinem anderen Ende zu einem zweiten gewaltigen See, der sich in Richtung Nordwest erstreckte und ebenso wie der Seehundsee ein ehemaliger Fjord zu sein schien. Zwar gingen sie nur wenige Kilometer hinauf und führten nur ein paar vereinzelte Messungen dort aus, aber die Entdeckung war von so großer Bedeutung, daß sich Koch später entschloß, diesen See – Annekssøen genannt – als Weg zu einer weiteren Reise zum Inlandeis zu benutzen.

Am 22. März erreichte die Gruppe Pustervig. Trotz Nebels und Schneesturms wurden in den nächsten Tagen hier wie in der weiteren Umgebung erfolgreich eine Reihe von Beobachtungen und Messungen ausgeführt. Nachdem Charles Sophus Poulsen (1888–1952), der letzte Mitarbeiter Freuchens, und Bertelsen die Plätze getauscht hatten, wendete die Gruppe am 1. April heimwärts und erreichte das Schiff am 3. April, beladen mit Kollektionen von Pflanzen, Gesteinen und Fossilien.

»Wir haben jetzt unsere Messungen von der Zugschlittenreise ausgerechnet und in die Karte eingesetzt«, notierte sich Wegener einige Tage später. »Im ganzen sind sie ziemlich systematisch ausgeführt, wenn man bedenkt, unter wie ungünstigen Verhältnissen wir gearbeitet haben. In einigen Einzelheiten habe ich doch wieder Erfahrungen gesammelt: Wir waren vier Mann im Dreimannzelt. Das ist zuviel. Gerade wenn es so kalt ist, daß man es nirgends außer im Schlafsack aushält, muß man soviel Platz haben, daß man sich frei bewegen kann, ohne die andern zu genieren ... Besonders charakteristisch für Zugschlitten im Gegensatz zu Hundeschlitten ist der Umstand, daß man so viel Zeit am Zeltplatz hat ... Zeltbauen und -abbrechen geht sehr schnell, und so bleibt viel mehr Zeit zum Photographieren, zu Messungen, Zeichnen, Tagebuch. Nimmt man dazu, daß man die ganze Zeit unterwegs mit der Natur vor Augen geht und Betrachtungen über sie anstellt, so ist klar, daß sich Zugschlittenreisen besonders gut zur genaueren Erforschung eines engeren Terrains eignen, also namentlich eines solchen Seen- und Fjordsystems, wie wir es hier haben ... Eine Zugschlittenreise, die wie die unsrige Anfang März beginnt, kann nicht länger als einen Monat draußen bleiben, da dann alle Sachen naß sind. Sonst jedenfalls Depot nötig mit trockenen Schlafsäcken, Fußzeug namentlich. Aber ein Monat wird ja auch zur Erforschung eines bestimmten Gebiets ausreichen.«

Beim Schiff angekommen, trafen sie auf den bereits aus dem Norden zurückgekehrten Koch und erfuhren vom Tode Mylius-Erichsens, Hagens und Brønlunds.

Viel eher als erwartet hatten Koch und Gabrielsen Gewißheit über das Schicksal der Kameraden erhalten. Schon am Depot Kap Bergendahl auf Lamberts Land fanden sie die Leiche ihres eskimoischen Kameraden Jørgen Brønlund. Mit dem letzten Rest seiner Kräfte hatte er sich bis zu dieser Stelle geschleppt, nur von dem einzigen Gedanken erfüllt, daß die Papiere, die er mit sich hatte, hier gefunden werden würden. Ein in Dänisch geschriebener Zettel besagte, daß Hagen am 15. November 1907 und Mylius 2 Tage später umgekommen waren. Sein in grönländischer Sprache abgefaßtes Tagebuch wurde erst nach Kochs Rückkehr entziffert.

Demnach waren die drei Männer nach ihrem Abschied von Kochs Schlittenzug im Mai 1907 weiter nach Westen gezogen. Auf der Suche nach dem von Peary vom Navy Cliff aus auf der anderen Fjordseite gesichteten Kap Glacier hatten sie zunächst einen neuen großen Fjord, Hagens Fjord genannt, entdeckt. Erst danach erreichten sie ihr Ziel, den Independence Fjord, und bekamen das gesuchte Kap in Sicht. Am Freitag, dem 14.6. begaben sie sich auf die Rückreise, doch die Schlittenbahn schmolz ihnen förmlich vor den Kufen weg. Am Danmarks Fjord war ihnen endgültig der Rückweg abgeschnitten, und sie waren zur Übersommerung gezwungen.

Von nun an traf die drei eine Reihe von Unglücksfällen, an die sie zuvor nicht gedacht hatten. Sie ernährten sich ausschließlich von Fleisch gelegentlich erbeuteter Moschusochsen, Hasen, Schneehühner und Gänse. Wenn sie nichts vor die Büchsen bekamen, schlachteten sie einen der immer magerer werdenden Hunde, deren Zahl sich stetig verringerte. Sie zerlegten einen Schlitten und benutzten ihn zusammen mit Moschusochsentalg als Brennmaterial. Später verzehrten sie das Fleisch roh.

Es war mühsam und einförmig. Sie sehnten sich danach, daß es beginnen würde zu frieren, aber wider Erwarten gab es keine Nachtfröste, und bis in den August hinein herrschte milde Witterung. Gemeinsam errichteten sie auf den Erhebungen ringsum Steinwarten, die ihnen zum Vermessen und Zeichnen des Landes dienten. Wegen ihres ramponierten Schuhzeugs hatten sie öfter unter geschwollenen Füßen zu leiden.

Im September verließen die drei Männer mit nur sieben Hunden und einem Schlitten Danmarks Fjord. Im Oktober erreichten sie den Ingolfs Fjord, wo offenes Wasser nördlich des verhängnisvollen Vogelbergs ihren Vormarsch stoppte. Es war dasselbe offene Wasser, das zur selben Zeit G. Thostrups, Lindhards und Gabrielsens Vorrücken nach Norden vereitelte. Ohne es zu ahnen, hielten sich beide Gruppen an den gegenüberliegenden Seiten des Berges auf.

Am 15. 10., demselben Tag, an dem Thostrups Schlittentruppe sich zur Umkehr entschloß und zugleich Hagens 30. Geburtstag, begannen Mylius-Erichsen, Hagen und Brønlund das Inlandeis zu erklimmen, um die gefährliche Stelle auf der Landseite zu umgehen. Als sie am 19. die Hochfläche erreichten, hatten sie noch vier Hunde.

Tatsächlich gelang es den Männern, bei ständiger Dunkelheit noch mehr als 150 km nach Süden vorzurücken. Sie erreichten im November den 79-Grad-Gletscher, denselben, den Wegener und G. Thostrup ein halbes Jahr zuvor erkundet hatten. Auf dem Weg über das spaltenzerfurchte Eis kamen Mylius-Erichsen und Hagen durch Entkräftung und Nahrungsmangel ums Leben. In der richtigen Absicht, die wissenschaftlichen Ergebnisse der Expedition zu retten, nahm Brønlund Hagens Kartenskizzen an sich und schlug sich bis zum Depot auf Lamberts Land durch. Dort hielt er sich noch etwa sechs Tage auf, den sicheren Tod vor Augen, bevor er sich in einer Felshöhle zum Sterben niederlegte. Sein Tagebuch und Hagens Karten legte er so, daß sie sofort entdeckt werden konnten.

So fanden Koch und Gabrielsen den Leichnam vier Monate später. Gemeinsam bestatteten sie den Grönländer. Die Stelle wurde fortan »Brønlunds Grav« genannt. Da es aussichtslos war, nach den Leichen von Mylius-Erichsen und Hagen zu suchen, begaben sie sich unverzüglich auf den Rückweg.

Der Umstand, daß Koch mit den beiden letzten Hundegespannen wohlbehalten zurückgekehrt war und aus den nun nicht mehr benötigten Depots längs der Küste Hundefutter mitgebracht hatte, gab während des anbrechenden Frühjahrs Spielraum für neue wissenschaftliche Untersuchungen. Eine um die andere Expeditionsgruppe verließ Danmarks Havn, um die allerorts erzielten Resultate zu vervollständigen und auszuweiten. Es war ein ständiges Kommen und Gehen beim Schiff. Dagegen mußte das Vorhaben des Expeditionsleiters, quer über das Inlandeis nach der Westküste zu ziehen, aufgegeben werden.

Am 22. April kehrte Freuchen von Pustervig zurück, nachdem er sich fast sechs Monate in der Erdhöhle aufgehalten hatte, die den Namen »Haus« trug und als meteorologische Station diente. Nacheinander hatten sich Weinschenck, B. Thostrup, Johansen, Knudsen, Lundager, Poulsen und Bertelsen abgelöst, ihm bei seiner Arbeit zu assistieren. Aber nur dem von wissenschaftlicher Verantwortung geprägten Durchhaltewillen Freuchens war es zu danken, daß die Station nicht, wie Wegener bereits befürchtet hatte, aufgegeben werden mußte. Mehrmals hatten Freuchen und sein jeweiliger Kamerad längere Zeit ohne Proviant und Brennmaterial, einmal sogar eine Zeitlang ohne Licht ausgeharrt, bis die Schlitten Nachschub von Danmarks Havn brachten.

Vom 19. April bis 8. Mai wurden die meteorologischen Terminbeobachtungen auf Pustervig von Johansen und Trolle fortgeführt. Am 8. Mai begab sich Wegener dorthin, um sie abzulösen und für die nächsten Wochen die Station allein zu betreuen. »Es ist ein eigenes Gefühl, so mutterseelenallein zu sein unter diesen Verhältnissen. Heute hörte ich auf einem kleinen Skiausflug ein Schneehuhn schreien, das war mein einziger Zusammenstoß mit der organischen Welt unseres Planeten. Das ist nicht viel!«, bemerkt er schon am nächsten Tag. Zwischen den zu bestimmten Terminen fälligen Beobachtungen erklomm Wegener mehrfach die sich mehr als 800 m hoch erhebenden steilen Felswände der Umgebung, was ihm mit Hilfe seiner Tiroler Bergstiefel, Steigeisen und Eispickel stets zur Zufriedenheit gelang. »Man kann unter einem unglaublich steilen Winkel wie auf einer Treppe hinaufgehen«, notierte er, und »natürlich, in Kamikkern kann man nicht bergsteigen.« Soweit es das Wetter erlaubte, kartierte Wegener außerdem die Umgebung und fertigte Fotos von Berg- und Wolkenformationen an. Mitunter zwangen ihn Schneewetter oder Nebel, im Hause zu bleiben. Bei einer solchen Gelegenheit schrieb er: »Ich wundere mich oft über mich selbst, wie ich so stundenlang sitzen kann, ohne mir etwas vorzunehmen. Ich rauche, höre auf das behagliche Fauchen der kleinen Spiritusflamme, die mein Ofen ist, und die Phantasie läuft von einem Ende der Welt zum andern, vom Südpol mit seinem unerforschten Kontinent nach Zechlinerhütte, wo jetzt der Flieder blüht, nach Berlin zu den Eltern, nach Lindenberg. Wie das wohl alles aussehen mag, wenn ich nach Hause komme? Wo ist Kurt? Wie geht es den Eltern? Und dann wieder hinaus, die Anden von Chile, Südafrika, Neuseeland. Unangenehm werden mir wohl in Zukunft Gesellschaften und ähnliches zu Hause sein. Es muß furchtbar sein, so als Polarbär mit einem Ring in der Nase präsentiert zu werden. Ich werde jedenfalls sehen, mir alle öffentlichen Vorträge sowie Zeitungsberichte soweit als möglich vom Halse zu halten.

Als am 31.5. Lundager mit einem Hundeschlitten nach Pustervig kam, um Wegener abzuholen, wurde die Station aufgegeben. Gemeinsam verpackten die Männer die Instrumente und traten am nächsten Tag die Heimreise an. Am 4. Juni waren sie wieder beim Schiff. Als sie mit ihrem Schlitten um die Hafenspitze schwenkten, sah Wegener mit Erstaunen, daß die »Danmark« schon vollständig für die Seereise getakelt war.

Das Wetter war mild und die Aussichten, daß die Eisdecke vor der Küste in diesem Jahr aufbrechen würde, daher ausgezeichnet. Messungen hatten erbracht, daß das Eis in diesem Jahr $\frac{3}{4}$ m stark war an Stellen, wo es im vorigen $1\frac{1}{2}$ m erreichte. Im Hafen selbst wurde es schon morsch und morscher. Überall bildeten sich große Waken und Wasserpfützen, die von Tag zu Tag wuchsen. Es herrschte ein reges Treiben. Während die Männer der Wissenschaft mit dem Einpacken ihrer umfangreichen Sammlungen beschäftigt waren und eine mächtige Kiste nach der andern vernagelten, hatten sich ihre Helfer wieder in Seeleute verwandelt. Wanten und Taljenreeps, soweit sie durch Sonne und Frost mitgenommen waren, wurden erneuert und Stag und Pardunen des Fock- und Großmastsegels gesetzt. Viele Tage vergingen damit, die 40 Tonnen Kohle, die durch in den beiden Jahren eingedrungenes Wasser zu einem einzigen

Urkunde über die Verleihung der Verdienstmedaille

Efter allerhøjeste befaling udfærdiget i

De kongelige danske Ridderordeners Kapitel

Undertegnede kansler for De kongelige Ridderordener gør herved vitterligt, at det har behaget Hans Majestæt Kongen under 24. August 1908

at tildele Dr.phil. Alfred W e g e n e r

fortjenstmedaljen i sølv, med tilladelse til at bære samme, og saaledes at Medaillens Baand forsynes med et Sølvspænde med følgende Indskrift: "Danmark-Ekspeditionen 1906-1908".

København, den 22. September 1908.

sign. Hans.

Prs. af Glücksborg.

Rigtigheden attesteres.

Den 26 juni 1970.

Knuth

Sekretariatschef.

sign. H.M. Knuth.

steinharten Klumpen zusammengefroren waren, mit Hilfe von Brecheisen und Hacken zu lockern und vom Lastraum des Schiffs in die Kohlebunker neben der Maschine zu schaffen. Danach wurde Ballast genommen.

Eines Tages war plötzlich Besuch da. Drei norwegische Schiffer, die guter Fänge wegen Grönlands Küsten befuhren, kamen zum Hafen. Die ersten Fremden nach zwei Jahren! Sie wurden überschwenglich begrüßt, bewirtet und nach Neuigkeiten befragt. Die größte Überraschung aber war, daß sie Post von zu Hause mitbrachten. Alfred Wegener erhielt einen Brief seiner Eltern und erfuhr, daß alles zum Guten stand.

Am 21. Juli 1908 verließ das Schiff Danmarks Havn, und am Sonntag, dem 23. August, ging die »Danmark« auf der Reede von Kopenhagen vor Anker. Die Expeditionsteilnehmer wurden mit großen Ehren empfangen. Alle wichtigen Aufgaben waren hervorragend gelöst. Drei Menschen hatten dafür ihr Leben gegeben.

Auf »Allerhöchsten Befehl« des dänischen Königs erhielt Alfred Wegener in Anerkennung seiner Verdienste am 22. 9. die »Verdienstmedaille in Silber mit Medaillenband und Silberspange« verliehen.

Privatdozent in Marburg. Nach seiner Rückkehr aus Grönland hatte sich Wegener entschlossen, die Hochschul-Laufbahn einzuschlagen. Seine Wahl fiel auf die kleine, von regem wissenschaftlichem Leben erfüllte hessische Universitätsstadt Marburg an der Lahn, wo er als Privatdozent seinen wissenschaftlichen Ideen ungestört nachgehen zu können hoffte. Er habilitierte sich mit einer Arbeit über »Die Drachen- und Fesselballonaufstiege der Danmark-Expedition.«

Ganz so unbeachtet wie er es gewollt hätte, war Wegeners Rückkehr nach Europa indes nicht geblieben, galt er doch, der er erstmals systematische Aufstiege im Polargebiet ausgeführt hatte, als Sachverständiger. Wohl lehnte Wegener manchen allgemeinen Lichtbildervortrag über die Expedition ab, aber den Fachkollegen mußte er die Ergebnisse seiner meteorologischen Arbeit in der Arktis zugänglich machen. Gelegenheit dazu bot die Tagung der Deutschen Meteorologischen Gesellschaft im September 1908 in Hamburg, die der Vorsitzende des dortigen Zweigvereins der Gesellschaft, W. Köppen, organisierte.

Eine besonders interessierte Zuhörerin fand Wegener in der damals 16jährigen Else Köppen, der Tochter des Professors, die seinerzeit ein Lehrerinnenseminar besuchte und sich vom Direktor der Schule eigens für die Veranstaltung hatte beurlauben lassen. »Was für schöne Lichtbilder Dr. Wegener zeigte«, schrieb sie schwärmend, »und wie klar er sprach! Er war noch ganz braungebrannt von der arktischen Sonne und der Seeluft. Sehr hell leuchteten die graublauen Augen aus dem dunklen Gesicht.«

Am 12. 2. 1909 schrieb Wegener aus Berlin-Halensee, Georg-Wilhelm-Straße 15: »Der philosophischen Fakultät der Universität Marburg gestatte ich mir die Bewerbung um die licentia docendi zu unterbreiten.

1. Ich erlaube mir, 2 Exemplare meines Lebenslaufes beizulegen,
2. sowie das Reifezeugnis und das Doktordiplom.
3. Ich bitte um die licentia docendi für folgende Lehrfächer:
   a. Meteorologie.
   b. Astronomie, speciell praktische Astronomie.
   c. Kosmische Physik.

Marburg. Institutsgebäude am Renthof

4. Zugleich erlaube ich mir, meine hauptsächlichsten bisherigen Publikationen vorzulegen.«

In Marburg hatte man unterdessen Gutachten über Wegeners wissenschaftliche Befähigung eingeholt.

Professor Richard Assmann (1845–1918), der Direktor des Lindenberger Observatoriums, schrieb: »Dr. Wegener ist ein in jeder Beziehung ausgezeichneter Mensch, den für mein Observatorium verloren zu haben ich außerordentlich bedauere. Gründlich vorgebildet, mit scharfem Verstande und reichen Gedanken begabt, fleißig, energisch und zäh, ist er das Prototyp eines strebsamen, den höchsten Zielen zugewandten Gelehrten, der, wenn nicht alles täuscht, einmal recht Bedeutendes leisten wird. Dabei ist er persönlich ein reiner, vornehmer, sympathischer Mensch, der jedem Kollegium zur Zierde gereichen wird. Der Grund seines Abganges vom Observatorium (1906) war allein sein Drang, sich bei Expeditionen zu bestätigen, und er hat das, soweit man bis jetzt wissen kann, bei der Mylius-Erichsen'schen Ostgrönland-Expedition recht erfolgreich getan. Nach meiner Ansicht ist die Periode des jedem strebsamen jungen Manne zu wünschenden expansiven Ehrgeizes bei ihm noch nicht geschlossen, ich erwarte vielmehr, ihn bald wieder an anderen Expeditionen tätig zu sehen, wozu er mit seiner Zähigkeit und Kaltblütigkeit der rechte Mann ist. Unter allen Umständen glaube ich Ihnen den Genannten mit wärmster Überzeugung als einen Über-Durchschnittsmenschen empfehlen zu können.«

Und W. Foerster, einer der Doktorväter Wegeners, schrieb: »Meine Erinnerungen und deren Ergänzung und Bestätigung durch Urteile meiner Fachgenossen geben mir das volle Recht, die Habilitation des Dr. Alfred Wegener an der Universität Marburg für Astronomie und Meteorologie lebhaft zu befürworten. Nicht nur seine Dissertation über Geschichte und Entwicklung der Alphonsinischen Tafeln, eine durchaus gediegene und wertvolle Arbeit, sondern überhaupt was von Bestrebungen und Leistungen bei ihm vorliegt, berechtigt zu der Hoffnung, daß Alfred Wegener etwas sehr Tüchtiges als Forscher und Lehrer leisten wird.«

Am 8. 3. 1909 fand Wegeners Probevorlesung statt. Vor der Fakultät sprach er über »Ergebnisse und Ziele der neueren aerologischen Forschungsmethoden in der Meteorologie«. Er erhielt die Venia (Vorlesungsberechtigung) für Meteorologie, praktische Astronomie und kosmische Physik, wobei der Wunsch ausgesprochen wurde, daß die seit Ende des Jahrhunderts in Marburg nicht mehr vertretene Astronomie nun wieder gepflegt werde. Am Freitag, dem 7. 5. 1909, lud Wegener »ergebenst« zu seiner mit »Genehmigung einer Hohen Philosophischen Fakultät« um 6 Uhr nachmittags im Hörsaal No. 10 stattfindenden Antrittsvorlesung über »Die Entwicklung des astronomischen Weltbildes bis zur Gegenwart.«

Zunächst wohnte der Privatdozent im Marbacher Weg 26a, dann für 4 Jahre in der Wilhelm-Roser-Str. 9.

Privatdozent, – das bedeutete für Wegener, von privatem Vermögen leben zu müssen, das er freilich gar nicht hatte! Daher standen ihm nur ein Stipendium, das er insbesondere dem Bemühen seines uneigennützigen Förderers, des Experimentalphysikers Franz Richarz (1860–1920) verdankte, sowie die Vorlesungsgelder zumeist weniger Hörer zur Verfügung.

Nach Auskunft der alten Vorlesungsverzeichnisse las Wegener erstmals im Wintersemester 1909/10, und zwar »Astronomisch-geographische Ortsbestimmung für Forschungsreisende, mit Uebungen zu näher zu bestimmender Zeit, Mittwoch 5 Uhr«; im Sommersemester 1910 las er »Physik der Atmosphäre«, im Wintersemester 1910/11 wieder die »Astronomisch-geographische Ortsbestimmung«, im Sommersemester 1911 »Optische Erscheinungen der Atmosphäre«, im Wintersemester 1911/12 »Allgemeine Astronomie (mit Lichtbildern und Demonstrationen auf der Sternwarte)« und im Sommersemester 1912 »Die Bewegungserscheinungen der Atmosphäre«.

Einer der Hörer war Johannes Georgi (1888–1972), später Teilnehmer zweier Grönlandexpeditionen mit Wegener. Er berichtet, daß die Vorlesung Wegeners keinen professoralen Charakter trug. Im Gegenteil: »Der Dozent stellte sich ganz auf das Niveau seiner Hörer ein und entwickelte mit ihnen zusammen seine Gedanken, die er soeben erst in seinem Epoche machenden Buche niedergelegt hatte.« Und über die Übungen an der kleinen Sternwarte des Physikalischen Instituts berichtet der Student Georgi: »Oben auf der kleinen Sternwarte des alten Instituts trafen die drei oder vier Teilnehmer einen mittelgroßen, kräftig-frischen jungen Mann als ihren Dozenten, der rasch ihre Herzen gewann durch die bestimmte, aber doch bescheiden zurückhaltende Art, wie er mit ihnen sogleich in medias res eintrat. Nur hie und da spürten wir ›ex ungue leonem‹, wenn er kritisch auf besondere Vorsichtsmaßnahmen hinwies, deren es unter extremen klimatischen Verhältnissen bedürfe, und die man in den gebräuchlichen Anleitungen nicht finde.«

Im Winter 1909/10 fuhr Wegener im Auftrag der Internationalen Kommission für wissenschaftliche Luftfahrt mit einem Schiff nach Südamerika. Während dieser Reise führte er von Bord aus Pilotballonaufstiege aus und verfolgte mit optischen Hilfsmitteln die Bahnen der hochsteigenden Ballons. Wegener, der regelmäßig wiederkehrende Schichtgrenzen zwischen warmer und kalter, bewegter und unbewegter Luft gefunden und im November 1909 an Köppen »... ich stolpere jetzt auf Schritt und Tritt über diese typischen Schichtgrenzen!« geschrieben hatte, ermittelte aus den Bahnen die Strömungsverhältnisse in höheren Luftschichten und lernte so aus eigener Anschauung die Luftschichtung in den Tropen kennen. Die Ergebnisse aber konnten niemals veröffentlicht werden, da die Beobachtungsmethodik noch zu ungenau war.

Bei seinen Vorlesungen in Marburg hatte Wegener die Grundzüge einer Physik der Atmosphäre entwickelt, deren erster Teil ein Lehrbuch zur Thermodynamik werden sollte. Nach der Rückkehr aus Südamerika verwendete der Wissenschaftler einen Großteil seiner Zeit für die Ausarbeitung des Manuskripts. Er stand in ständigem wissenschaftlichem Briefwechsel mit Köppen, der ihm auf seine Bitte hin ältere wissenschaftliche Literatur zugänglich machte; als Wegener seine Arbeit im Herbst 1910 mit der Bitte um Durchsicht an den Nestor der wissenschaftlichen Meteorologie schickte, lud dieser ihn in sein Haus in Großborstel nordwestlich von Hamburg ein.

Nach Marburg zurückgekehrt, schrieb Wegener: »Hochverehrter Professor! ... Wahrscheinlich werde ich Sie schon in kurzem mit neuen Fragen belästigen, aber es drängt mich, Ihnen und Ihrer Familie schon jetzt meinen herzlichen Dank auszusprechen für Ihre so überaus freundliche Aufnahme und für alle Mühe und Arbeit, die Sie sich meinetwegen gemacht haben. Ich habe ein ganz schlechtes Gewissen, daß ich alle diese Freundlichkeit so hinnehmen muß ohne Aussicht, sie Ihnen vergelten zu können ...«

Die mehrfach neu aufgelegte »Thermodynamik der Atmosphäre« erschien zuerst 1911 in Leipzig. Im Vorwort gab der Autor dem Wunsch Ausdruck, »daß der meteorologische Fachmann darin Anregung für seine Forschungen, der Physiker eine willkommene Zusammenfassung eines mächtig aufstrebenden jungen Forschungszweiges, der Luftschiffer Belehrung über sein Element und der gebildete Laie eine zwar nicht populäre, aber doch leicht verständliche Darstellung des modernsten Zweiges der Meteorologie« finden möge. Ausdrücklich bedankt er sich bei Köppen: »Die kurzen Tage, die ich in seinem Hause in Großborstel bei Hamburg weilen durfte, wurden mir zu einer fast unerschöpflichen Quelle von Anregungen.«

Aber der Wissenschaftler hatte in Großborstel noch mehr gefunden. Einen Tag vor Pfingsten 1911 verlobten sich Alfred Wegener und Else Köppen. Gemeinsam fuhren sie zu Wegeners Eltern nach Zechlinerhütte. Unterwegs stieg auch Alfreds Bruder Kurt in den Zug, der von den Samoa-Inseln zurückgekehrt war, wo er 1909/10 am dortigen Observatorium im Auftrage der Kgl. Gesellschaft der Wissenschaften zu Göttingen Drachen- und Pilotballonaufstiege durchgeführt hatte. »Wie verschieden waren diese Brüder«, schrieb Else später, »die im Leben so treu zusammenhielten! Alles an Kurt war schlank und schmal, er überragte Alfred um ein beträchtliches. Lebhaft erzählte er von seiner Reise, dabei oft hart über Menschen und Zustände urteilend. Kurts schmale, lange Hände suchten nervös in seinen Taschen nach der Fahrkarte. Wie ruhig wirkte Alfred dagegen! Seinen breiten Händen sah man an, daß sie zupacken gelernt hatten, wenn sie jetzt auch weiß und glatt waren von der Arbeit am Schreibtisch. Alfred wirkte in seiner Mittelgröße muskulös und kräftig. Diese Schultern konnten sich wohl gut gegen einen Schlitten stemmen, um ihn aus einer Spalte herauszuschieben. Aber bedachtsam würde er gehen, ohne Hast und ohne ein Wort des Vorwurfs gegen einen ungeschickten Kameraden, mit einem Scherz den Fehler zudeckend, wie er jetzt im Gespräch auch immer wieder die guten Seiten von Menschen und Dingen betonte.« Und W. Köppen, nachdem seine Tochter nach Hamburg und ihr Verlobter nach Marburg zurückgekehrt waren, schrieb nach Zechlinerhütte: »Unsere Else ist ganz entzückt von der herzlichen Aufnahme, die sie in Ihrem Hause gefunden hat. Auch meine Frau und ich möchten Ihnen dafür warmen Dank sagen. So spinnen sich die so früh verknüpften Fäden unerwartet schnell und fest hinüber und herüber, und aus dem längst von mir hochgeschätzten jungen Gelehrten ist mir im Handumdrehen ein lieber Sohn geworden! ... ich halte ihn für einen der Tüchtigsten aus der jungen Meterologengeneration ... Alfred ist in meiner Achtung nicht gesunken dadurch, daß er meine Tochter glücklich machen will, und ich hoffe, es gelingt ihm weiter so gut wie bis jetzt!«

In Marburg fand Wegener auch Zeit, mit einigen Mitarbeitern die wissenschaftlichen Ergebnisse der »Danmark«-Expedition zu bearbeiten, die in den Grönländischen Mitteilungen in Kopenhagen im Druck erschienen. Zugleich veröffentlichte er eine Reihe wissenschaftlicher Beiträge in Fachzeitschriften. Bei den bescheidenen Einkünften des Privatdozenten war es für Wegener lebensnotwendig, seine finanzielle Lage durch Artikel und Vorträge aufzubessern. Sein eigentliches Fachorgan aber, die in Braunschweig erscheinende »Meteorologische Zeitschrift«, wo in Wegeners Marburger Zeit 18 Beiträge veröffentlicht wurden, zahlte – wie bei vielen wissenschaftlichen Zeitschriften üblich – kein Honorar, bei den »Geophysikalischen Beiträgen« in Leipzig erhielt er ganze 1,50 bis 3,– Mark pro Druckseite. Und über seine Vortragstätigkeit schrieb er an Else

Alfred Wegeners Luftschifferausweis

Fédération Aéronautique Internationale (F.A.I.)
Deutschland No.

Die unterzeichnete von der F.A.I. für Deutschland anerkannte Sportbehörde ernennt hiermit

Nous soussignés, pouvoir sportif reconnu par la F.A.I. pour l'Allemagne certifions, que

Herrn Privatdozent Dr. phil.
Alfred Wegener
geb. zu Berlin, den 1. Nov. 1880

nach Erfüllung aller von der F.A.I. vorgeschriebenen Prüfungsbestimmungen zum Freiballonführer

ayant rempli toutes les conditions imposées par la F.A.I. a été breveté Pilote d'Aérostat

Marburg i. H. den 11. Oktober 1909.
Der Kurhess. V. f. Luftschiffahrt.
Der Vorstand
Prof. Dr. F. Richarz

Berlin den 6. März 1911.
Deutscher Luftschiffer Verband
Der Vorstand

Unterschrift des Inhabers
Dr. Alfred Wegener

Köppen: »Ich glaube, ich werde nächstens ›totgehen‹. Mittwoch hatte ich einen Vortrag über Wolkenbildungen, der – wenigstens mir – so gefallen hat, daß ich ihn am Tage darauf einer Tippmamsell diktierte (ein Manuskript hatte ich wie gewöhnlich nicht). Die Hauptsache soll aber noch kommen: Am 13. (März 1911 – U.W.) Vortrag in Marburg über ›Luftschiffahrt‹, am 17. in Köln über ›Danmark-Expedition‹, mit Farbphotographien und Berücksichtigung der Drachenaufstiege, am 18. nochmals ohne ›Berücksichtigung‹, am 20. in Kassel über ›Fahrten im Freiballon‹. Ob ich das überleben werde?«

Erholung in dieser Zeit waren für Wegener Fahrten im Freiballon, während derer er wohl wissenschaftliche Beobachtungen machte, aber »im ruhigen Dahingleiten oft stundenlang Ausspannung hatte« (Else Wegener). Gemeinsam mit F. Richarz, dem Direktor des Physikalischen Instituts der Universität, hatte Wegener am 11. Oktober 1909 den Kurhessischen Verein für Luftschiffahrt mit Sitz im Institutsgebäude gegründet, dessen stellvertretender Vorsitzender des Fahrtenausschusses er wurde. Wegener war ferner Mitglied des Berliner und des Frankfurter Vereins für Luftschiffahrt, des am 28. Dezember 1902 gegründeten Deutschen Luftschifferverbandes und seit April 1906 der in Paris ansässigen Fédération Aéronautique Internationale. Bis zum Sommer 1912 absolvierte er 19 Freifahrten, davon 14 als Ballonführer. Er leitete am 8. Mai 1910 die Tauffahrt des neuangeschafften Vereinsballons, der den Namen »Marburg« erhielt, fuhr am 4. September von Griesheim nach Karlstein bei Prag und eine Woche später nach Wasserbillig in Luxemburg. Im selben Jahr konstruierte Wegener gemeinsam mit dem Physiker Karl Stuchtey (1880–1950) für wissenschaftliche Untersuchungen während der Ballonfahrten ein Albedometer, das durch Vergleich der von der Wolkenoberfläche mit jener von einer Gipsplatte reflektierten Strahlung die Bestimmung von Albedowerten erlaubte und erprobte das Gerät viermal.

Als außerordentlich fruchtbar gestaltete sich die wissenschaftliche Zusammenarbeit Wegeners mit seinem Schwiegervater. »Daß eine gemeinsame Arbeit für mich mindestens ebenso anregend würde wie für Dich, brauche ich Dir wohl nicht zu sagen«, urteilte er. »Du hast den Punkt, in dem wir uns ergänzen, ja mit großer Deutlichkeit hervorgehoben. Erinnerst Du Dich noch an die stümperhafte erste Fassung der Thermodynamik?«

Alfred und Kurt Wegener in der Uniform der Einjährig-Freiwilligen

Mitten aus seiner Arbeit gerissen wurde Wegener im Sommer 1911 durch eine Militärübung, die ihn nach Jüterbog brachte. Er versuchte zwar wissenschaftlich zu arbeiten, aber zumeist fehlte es ihm an Zeit. »Allem Patriotismus zum Trotz«, schreibt er nach Hamburg, »bin ich heute der Instruktion über Maul- und Klauenseuche ferngeblieben und habe statt dessen die Meteorologie auf den Dienstplan gesetzt. Und da bei dieser das Warten und Zeitvertrödeln eine geringere Rolle spielt, so ist überraschenderweise noch Zeit für private Korrespondenz übriggeblieben. Ich komme am 17. oder 18. August nach Hamburg (die Rückkehr aus dem Manöver ist nicht so genau festgesetzt) und werde dort stramm arbeiten müssen.«

Die epochale Idee. Am 6. Januar 1912 erregte ein Vortrag, gehalten vor der in Frankfurt am Main tagenden Jahreshauptversammlung der Geologischen Vereinigung, beträchtliches Aufsehen. Der in jenem Kreis so gut wie unbekannte Referent, Universitätsdozent Dr. Alfred Wegener, trat an diesem Tag erstmals mit völlig neuartigen Gedanken über die Dynamik der Erdkruste an die Öffentlichkeit; sein Thema: »Die Herausbildung der Großformen der Erdrinde (Kontinente und Ozeane) auf geophysikalischer Grundlage«. Die irdischen Kontinente sollten demnach spezifisch leichtere, mit den chemischen Elementen Silizium und Aluminium (daher: Sial) angereicherte Schollen sein, die in der tieferen (aluminiumärmeren aber magnesiumreicheren Sima) Krustensubstanz mit größerem spezifischem Gewicht »schwömmen«; demzufolge, und das war eine revolutionäre Idee, sollten sie horizontal gegeneinander verschiebbar sein. Während der Vortrag in Frankfurt auf Unverständnis, ja Empörung stieß, fand Wegener 4 Tage später in Marburg mehr wissenschaftliche Toleranz, als er für die Gesellschaft zur Beförderung der gesamten Naturwissenschaften unter dem Titel »Horizontalverschiebungen der Kontinente« zum gleichen Thema sprach. Gleich anschließend begann er mit der Ausarbeitung eines größeren Aufsatzes über diese seine Überlegungen, über den er am 24.2. an Wladimir Köppen in Hamburg gewandt berichtet: »Der Urkontinent (69 Schreibmaschinenseiten!) ist heute in einem Exemplar an Professor Langhans (Paul Max Harry Langhans, 1867–1952, langjähriger Herausgeber der renommierten und heute noch in Gotha erscheinenden

Fachzeitschrift »Petermanns Geographische Mitteilungen« – U. W.) abgegangen, von wo er wohl bald mit dem Bescheid: zu lang! zurückkommen wird«. Diese Befürchtung erfüllte sich indes nicht, und der Beitrag erschien in drei Teilen im April-, Mai- und Juniheft der traditionsreichen Zeitschrift. Er beginnt mit den bescheidenen und zugleich folgenschweren Worten: »Im folgenden soll ein erster roher Versuch gemacht werden, die Großformen unserer Erdoberfläche, d. h. die Kontinentaltafeln und die ozeanischen Becken, durch ein einziges umfassendes Prinzip genetisch zu deuten, nämlich durch das Prinzip der horizontalen Beweglichkeit der Kontinentalschollen.« Wenig später schließlich erschien auch in der von der Geologischen Vereinigung herausgegebenen »Rundschau« ein Auszug der Arbeit.

Erste Gedanken über Verschiebungen (Drift) von Kontinenten müssen Wegener zumindest schon Ende 1910 erfaßt haben. Schon im Januar 1911 jedenfalls schrieb er an Else Köppen: »Mein Zimmernachbar Dr. Take (Emil Take, 1879–1925 – U. W.) hat zu Weihnachten den großen Handatlas von Andree bekommen. Wir haben stundenlang die prachtvollen Karten bewundert. Dabei ist mir ein Gedanke gekommen. Sehen Sie sich doch bitte mal die Weltkarte an: Paßt nicht die Ostküste Südamerikas genau an die Westküste Afrikas, als ob sie früher zusammengehangen hätten? Noch besser stimmt es, wenn man die Tiefenkarte des Atlantischen Ozeans ansieht und nicht die jetzigen Kontinentalränder, sondern die Ränder des Absturzes in die Tiefsee vergleicht. Dem Gedanken muß ich nachgehen.« Er tat es in der ihm eigenen Art, und Hans Cloos (1885–1951; Professor der Geologie in Breslau und Bonn; Nationalpreis der DDR) berichtet fast 40 Jahre später aus seiner Marburger Zeit darüber: »Eines Tages kam zu mir ein Mann, dessen feine Züge und graublaue, durchdringende Augen ich schon nach der ersten Begegnung nicht wieder vergessen konnte. Er entwickelte einen höchst sonderbaren Gedankengang über den Bau der Erde und fragte, ob ich ihm, dem Physiker, geologische Tatsachen und Vorstellungen beizutragen bereit sei. So sehr mich die Idee befremdete, so sehr befreundete mich der Mensch ... Der Mann hieß Alfred Wegener«.

Wegeners Hypothese war freilich keine wurzellose Neuschöpfung. Überschaut man die Entwicklung der Ansichten über Bau und Entwicklung der Erde, so schälen sich deutlich zwei große Erkenntnislinien heraus, die ständig miteinander in Zwist und Hader liegen, gelegentlich in einer vorübergehenden Synthese verschmelzen, aber durch neues, weiteres Tatsachenmaterial stets wieder in ihre alte Konfrontation zueinander geraten. Gemeint ist der Gegensatz zwischen jenen Anschauungen, die eine im großen und ganzen starre und unbewegliche Erdkruste voraussetzen, auf der sich alles geologische Geschehen vollzieht, und jenen Anschauungen, die Bewegungen von Krustenteilen einzuräumen bereit sind.

Bis ins 19. Jahrhundert zeigte sich dieser Zwist im Gewande des Widerstreits zwischen den Neptunisten und den Plutonisten.

Neptun war bei den Römern der mit dem Dreizack ausgestattete Gott des Meeres. Für die Neptunisten, die sich seinen Namen liehen, war allein das Wasser das allesbeherrschende geologische Agens. Aus den Fluten eines »Urozeans« hatten sich nach dieser Auffassung sämtliche Gesteine abgesetzt, auch solche, deren magmatischer Ursprung heute jedermann offensichtlich ist.

Abraham Gottlob Werner (1748–1817), Sohn eines sächsischen Eisenhütteninspektors und seit 1775 Lehrer an der gerade begründeten Bergakademie Freiberg, Mitglied von nicht weniger als 20 Akademien, Gesellschaften und wissenschaftlichen Vereinigungen, entwickelte den Neptunismus zu einer Universallehre, mit deren Hilfe sich praktisch alle geologischen Erscheinungen erklären ließen. Dabei war Werner durchaus kein Freund pseudowissenschaftlicher Spekulationen. Vielmehr gehörte er zu denen, die mit dem Geologenhammer in der Hand in die Schächte einfuhren oder das Land durchstreiften, um aus Geländebeobachtungen wissenschaftliche Schlüsse zu ziehen.

Dadurch kannte Werner zwar das heimatliche Sachsen ganz ausgezeichnet, darüber hinaus aber keines jener Gebiete, in denen Vulkane (im Gegensatz zu Sachsen) bei der Formung der Landschaft eine dominierende Rolle gespielt haben. Den Vulkanismus tat er daher als unbedeutende Erscheinung ab und führte ihn auf lokale Entzündungen von Kohlelagerstätten zurück.

Anders die wissenschaftlichen Gegner seiner Konzeption, die Plutonisten (nach Pluto, dem Gott der Unterwelt), von denen so mancher aus Gegenden vulkanischen Ursprungs stammte und daher dessen Erscheinungsformen tagtäglich vor Augen hatte.

Besonders tat sich der Geologe Leopold von Buch (1774–1853) hervor. Ehemals ein Schüler Werners und daher zunächst wie dieser Neptunist, wurde er unter den Eindrücken einer Reise durch die Auvergne mit ihren erloschenen Vulkanen zu einem energischen Verfechter des Plutonismus. Vor einseitigen Auslegungen indes war auch er nicht gefeit; so führte er die Zerkleinerung von Gesteinsmaterial durch Verwitterung und die anschließende Verfestigung zu Sandsteinen fälschlich auf eine Durchsetzung der Gesteine durch feine und feinste Lavaäderchen zurück.

Es liegt auf der Hand, daß sich der Streit zwischen beiden Lagern immer wieder an der Entstehung von Basaltgestein entzündete; eine Zeitschrift rief 1787 sogar zu einem Preisausschreiben auf: Ist Basalt vulkanischen Ursprungs oder ein Absatzprodukt des Wassers? Einige Berühmtheit erlangte in diesem Zusammenhang auch ein kleiner Vulkan im Nordböhmischen, der Kammerbühl. Johann Wolfgang von Goethe (1749–1832), von Weimar aus enge Beziehungen zu vielen namhaften Wissenschaftlern seiner Zeit (so auch zu Werner) unterhaltend, stellte am Kammerbühl eigenhändig Untersuchungen an und kam dabei zu der – freilich unzutreffenden, neptunistischen – Auffassung, dessen geschichtete Vulkanschlacken seien durch angeschwemmte und in Brand geratene Kohleflöze entstanden.

Auch am Gegenstand von Hebungsvorgängen erhitzten sich die Gemüter. Der schon erwähnte L. v. Buch nach einer Skandinavienreise und auch Alexander von Humboldt nach Rückkehr von den südamerikanischen Anden bekannten sich einmütig dazu. Bemerkenswert in diesem Zusammenhang ist noch, daß sich wiederum der ansonsten so weitblickende Geheimrat aus Weimar gegen die Existenz von Hebungsvorgängen aussprach.

Offensichtlich enthalten beide Lehrsysteme, Neptunismus wie Plutonismus gleichermaßen, neben unzulässigen Verabsolutierungen von Einzelerscheinungen auch solche Elemente, die nach Überwindung der Kontroverse als brauchbar fortbestehen.

Schon aus früheren Zeiten gibt es Beispiele für dieses Phänomen, ging doch der Neptunismus Werners aus dem mittelalterlichen Diluvianismus (der »Sintflutlehre«) hervor, den er anhand von Naturbeobachtungen von Überbleibseln allzu platten Bibelglaubens befreite. Bot nicht aber die bereits im babylonischen Gilgamesch-Epos erwähnte Sintflut eine zunächst befriedigende Erklärung für die vielerorts von alters her bekannten Zeugen großer Überschwemmungen?

Auf gleicher Basis entstand eine langwährende Kontroverse zwischen Anhängern von Katastrophentheorien, nach denen von Zeit zu Zeit die gesamte Lebewelt der Erde völlig ausgelöscht würde, um nach dem Inferno – vom »Krankhaften« befreit – gestählt wieder zu erstehen, und Anhängern des Entwicklungsgedankens, der schließlich in der seinerzeit kühnen Konzeption des Charles Darwin (1809–1892) gipfelte, die ihre Gültigkeit bis in die Gegenwart bewahrt hat.

Im Grunde lebt bis zum heutigen Tag der alte Gegensatz im Gewand des wissenschaftlichen Meinungsstreits von Fixismus (mit feststehenden Kontinenten in bezug auf das Gradnetz der Erde) kontra Mobilismus (horizontal und vertikal bewegliche Krustenteile und Kontinente) fort, in den die Drifttheorie einzuordnen ist.

Die auffallende Kongruenz der südatlantischen Küstenlinien, die der Ausgangspunkt von Wegeners Überlegungen wurde, war schon wiederholt Gegenstand wissenschaftlicher Interessen gewesen. Während aber der bekannte englische Staatsmann Francis Bacon (1561–1626; gelegentlich auch Baco von Verulam genannt), in dessen 1620 veröffentlichtem Werk »Novum Organum« mitunter der Keim der Idee der Kontinentaldrift gesehen wird, auf die korrespondierende Form der *West*küsten Afrikas und Südamerikas hinweist, die er seiner naturalistisch-materialistischen Philosophie entsprechend als Beispiele für naturgeschichtliche Analogien anführt, und Johann Reinhold Forster (1729–1798), Begleiter von James Cook (1728–1779) auf dessen zweiter Weltumsegelung 1772–1775, sich mit der bloßen Feststellung der pyramidalen Form aller südlichen Endspitzen der Kontinente begnügt, schreibt A. v. Humboldt, der ebenfalls in diesem Zusammenhang genannt wird, in seinem 1845 veröffentlichten »Kosmos« wörtlich: »Unser atlantischer Ozean trägt alle Spuren einer Thalbildung. Es ist, als hätten fluthende Wasser den Stoß erst gegen Nordost, dann gegen Nordwest, und dann wiederum nordöstlich gerichtet. Der Parallelismus der Küsten nördlich von 10° südl. Breite an, die vor- und einspringenden Winkel, die Convexität von Brasilien dem Golf von Guinea gegenüber, die Convexität von Afrika unter einerlei Breiten mit dem antillischen Meerbusen sprechen für diese gewagt scheinende Ansicht.« Der bald wieder in Vergessenheit geratende Antonio Snider-Pellegrini war 1858 der erste Naturkundler, der unzweideutig das Aneinanderliegen der Kontinente postulierte und eine entsprechende Illustration veröffentlichte; als Ursache der Driftbewegung gibt er vulkanische Aktivitäten entlang entstehender Bruchlinien an. Alfred Wegener und zu gleicher Zeit aber unabhängig von ihm der Amerikaner Frank Burley Taylor (1860–1938) dagegen entwickelten erstmals eine umfassende, konsequent durchdachte Hypothese von weltweiter Gültigkeit über die Dynamik der Erdkruste, wobei bei Taylors Arbeit im Vordergrund die Suche nach einem gestaltenden Prinzip für die Anordnung der jungen Faltengebirgsgürtel steht.

Wegeners Veröffentlichung fand keine ungeteilte Aufnahme in der Fachwelt. An W. Köppen, der den Meteorologen zunächst gewarnt hatte, sich auf »Nebengebiete« zu begeben, da es doch auch in seinem Fach noch genug zu klären gäbe, hatte er schon am 31. 12. 1911 voller Zuversicht geschrieben: »wenn es sich zeigt, daß jetzt Sinn und Verstand in die ganze geologische Entwicklungsgeschichte der Erde kommt, warum sollen

Aus einem Brief Wegeners an Wladimir Köppen vom 31. 12. 1911

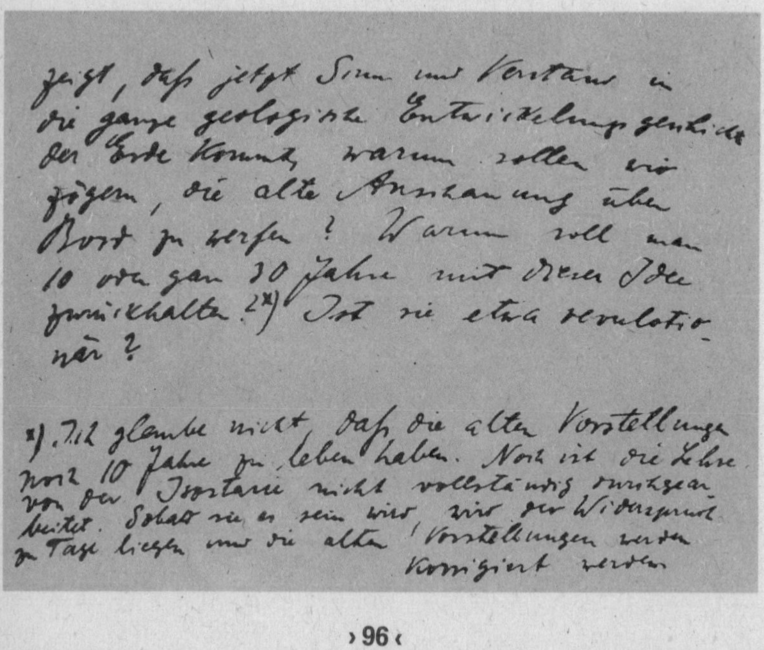
zeigt, daß jetzt Sinn und Verstand in die ganze geologische Entwickelungsgeschichte der Erde kommt, warum sollen wir zögern, die alte Anschauung über Bord zu werfen? Warum soll man 10 oder gar 30 Jahre mit dieser Idee zurückhalten? *) Ist sie etwa revolutionär?

*) Ich glaube nicht, daß die alten Vorstellungen noch 10 Jahre zu leben haben. Noch ist die Lehre von der Isostasie nicht vollständig durchgearbeitet. Sobald sie es sein wird, wird der Widerspruch zu Tage liegen und die alten Vorstellungen werden korrigiert werden

wir zögern, die alte Anschauung über Bord zu werfen? Warum soll man 10 oder gar 30 Jahre mit dieser Idee zurückhalten? Ich glaube nicht, daß die alten Vorstellungen noch 10 Jahre zu leben haben.«

Am wenigsten ernst wurde der »Nichtfachmann« seinerzeit von den Geologen genommen, die in ihrer Mehrheit an der ihnen liebgewordenen Hypothese von der Schrumpfung des Erdkörpers infolge seiner Abkühlung hingen, die in ihrem Ursprung schon von Descartes (1596–1650) begründet und von dem Geologen Eduard Sueß (1831–1914) engagiert vertreten wurde und für Lageänderungen der Kontinente keinen Platz ließ. Für die unleugbare Verwandtschaft von lebenden oder fossilen Floren- und Faunengesellschaften bestimmter Erdteile huldigte man mehrheitlich der von dem Paläontologen Hermann von Iherin (1850–1930) erneut belebten alten Vorstellungen von versunkenen Landbrücken, für die sich Namen wie Archatlantis (zwischen Mittelamerika und Nordwestafrika postuliert), Archhelenis (zwischen Südamerika und Südafrika) oder Archinotis (zwischen Südamerika und Antarktika) eingebürgert hatten. Die heftigsten Gegner neben Sueß waren die Geologen Wolfgang Soergel (1887–1946) und Carl Diener (1862–1928). H. v. Ihering, der zu Darwins Abstammungslehre meinte, »sie eroberte im Sturm die Welt, weil ihr jede gesunde Basis fehlte«, nennt Wegeners Idee »Phantasiegebilde des Geophysikers«, »welche wie eine Seifenblase vergehen«, und der Geologe Fritz Kerner-Marilaun (1866–1944) spricht von den »Fieberphantasien der von Krustendrehkrankheit und Polschubseuche schwer Befallenen«. Max Semper (1870–1952, Großneffe des Baumeisters Gottfried Semper) urteilt, »daß der Versuch, die Tatsächlichkeit der Kontinentalverschiebung« zu belegen, »mit unzureichenden Mitteln unternommen und völlig mißglückt ist«, um dem Autor zu empfehlen, »doch künftig die Geologie nicht weiter zu beehren, sondern Fachgebiete aufzusuchen, die bisher noch vergaßen, über ihr Tor zu schreiben: Oh heiliger Sankt Florian, verschon' dies Haus, zünd' andre an!« Gerade über die letzte Stellungnahme hat Alfred Wegener selbst jedoch sich nur amüsieren können, war es doch auch Semper, der wenige Zeilen weiter die unwissenschaftliche Auffassung äußert: »Wenn im Rahmen der bisherigen Kenntnisse für sie kein besserer Ersatz zu schaffen ist, so müssen die Probleme eben als unlösbar stehenbleiben«.

Weniger ablehnend standen die Geophysiker Wegeners Ideen gegenüber, denn eine Abkühlung der Erde in einem der Kontraktionstheorie genügenden Maße hatten sie nicht nachweisen können. Köppen konnte daher am 24. 9. 1912 notieren: »Gestern habe ich anläßlich der Tagung der ›Internationalen Erdmessung‹ mit den Geodäten Helmert, Albrecht und Förster über Alfreds Kontinentalhypothese gesprochen. Es hat mich gefreut, wie ernst sie sie nehmen ... Die Konferenz hat denn auch beschlossen, die Frage der Längenänderungen in ihr Programm aufzunehmen, und Albrecht sprach die Hoffnung aus, daß nach ein bis zwei Jahren die beabsichtigten Bestimmungen der Längenunterschiede Potsdam – Cambridge eine bestimmte Antwort geben würden.«

Neue Pläne. Inzwischen hatten neue Expeditionspläne Besitz von Alfred Wegener ergriffen. Im April 1911 hatte Koch den Wissenschaftler in Marburg besucht, um mit ihm Einzelheiten der wissenschaftlichen Bearbeitung der Ergebnisse der »Danmark«-Expedition zu besprechen. Bei dieser Gelegenheit diskutierten die beiden Männer erneut den alten, zwei lange Polarwinter hindurch am Tisch der »Villa« erörterten Plan einer Durchquerung Nordgrönlands von Ost nach West, der seinerzeit durch den Tod des Expeditionsleiters undurchführbar geworden war und den beide seither unabhängig voneinander nicht aufgegeben hatten. Sie kamen überein, das Vorhaben aufzugreifen und gemeinsam zu verfolgen.

Ziel der neuen Expedition würde die Durchführung einer Überwinterung auf dem Inlandeis oder an einer rings von Inlandeis umgebenen Stelle und die nachfolgende Durchquerung des noch gänzlich unerforschten zentralen Teils von Nordgrönland sein.

Die Überwinterung würde es ermöglichen, endlich exakte Antworten auf die Frage nach den klimatischen Verhältnissen, die auf dem Inlandeis herrschten und es bedingten, zu erhalten und im speziellen erste Auskünfte darüber liefern, wie weit die Temperatur über dem Inlandeis in der Winternacht sinkt. Als Winterquartier hatte man das bis zu 2000 m hohe, sich bis 1000 m über die Eisoberfläche erhebende Dronning Louise Land ausersehen. Zweimal hatten Schlitten der »Danmark«-Expedition dieses Land erreicht, jedesmal staunend über den

Reichtum an Leben, der sich auf diesen von Eis umschlossenen Felsen fand. Wohl sah man seinerzeit die Grenzen dieses Landes gegen Osten und Norden, konnte aber nicht ermessen, wie weit westwärts sich die hohen Felsen mit ihren tiefen vereisten Schluchten ins Innere vorschoben.

Bei der Durchquerung sollte die Frage endgültig entschieden werden, ob das Innere Zentralgrönlands gänzlich mit Eis bedeckt ist, und die Höhe über dem Meeresspiegel, bis zu der es im Innern ansteigt, sollte ermittelt werden. Die Entfernung von der Winterstation zur Westküste belief sich auf 1000 km und war damit doppelt so lang wie die im Jahre 1888 von Fridtjof Nansen bei seiner Durchquerung Südgrönlands bewältigte Strecke.

Nachdem der Entschluß gefaßt war, galt es, Interesse für die Sache zu wecken und die nötigen Geldmittel zu beschaffen, die von Koch auf mindestens 60000 Kronen veranschlagt wurden. Um selbständig arbeiten zu können, wollte Wegener einen eigenen Beitrag in bestimmter Höhe beisteuern. Mit Rücksicht auf seinen Lebensunterhalt war er aber gezwungen, sich den Rücktritt von der Expedition vorzubehalten, falls diese nicht bis 1912 zustande käme.

Am 6. 2. 1912 konnte Wegener seinen Eltern indes mitteilen: »Koch hat jetzt doch noch die für die Grönlandreise nötigen 50000 Mark in Kopenhagen bekommen und wird also etwa am 1. Juni von Kopenhagen aufbrechen.« Damit waren die Weichen gestellt. Es spricht für das Verständnis von Else Köppen für die wissenschaftliche Arbeit ihres Verlobten, wenn sie ihre Heiratspläne unter diesen Umständen auf das folgende Jahr zu verschieben bereit war.

Schon im Mai 1911 hatte Wegener Else Köppen einmal vorgeschlagen, an einer Ballonfahrt von Marburg aus teilzunehmen. Die junge Frau war begeistert und gerne bereit, für den Kostenbeitrag von 100 Mark ihr erstes Gehalt aufzuwenden. Um so größer war die Enttäuschung, als die Fahrt abgesagt wurde. Am 18. April 1912 aber war es dann doch soweit, und der Ballon erhob sich in Göttingen zu einer Fahrt, die nach Leer in Ostfriesland führte. Teilnehmer war außer der Verlobten Alfred Wegeners und den beiden Brüdern auch deren ältere Schwester Tony Wegener (1873–1934), die darüber notierte: »Zuerst nach dem Aufstieg hatten wir ganz wolkenlosen Himmel u. im Dunst unter uns lag die Erde. Wir fuhren mit ziemli-

cher Geschwindigkeit (die man aber oben überhaupt nicht bemerkt) über die Porta Westphalica immer in ca. 2000 m Höhe. Kurz nach Minden fingen die Moore an, die gewöhnlich nicht mehr überflogen werden. Aber 2 Führer an Bord, noch 13 Sack Ballast, lauter leichte und nicht ungewandte Leute, wurde beschlossen, weiter zu fahren, da wir genau den Kurs nach Emden hatten. Inzwischen hatte sich der Himmel bewölkt, aus kleinen unscheinbaren Klößen erwuchs ein Meer von wild übereinanderstürzenden Wolkenwogen. Die gewaltigen Köpfe schlohweiß, unter sich den schwarzen Schatten, stürzten sie sich auf uns, ein unvergeßlich großartiges Bild. Der einzige Moment, wo mir ein Grausen kam! Trotzdem es ja ganz ungefährlich ist, denn sie tun einem ja nichts diese Riesen. Aber wie das aussieht, dieses wild schäumende Meer mit den überkämmenden Wellen! Wir gaben Ballast u. erhoben uns über unsere Bedränger, u. hatten nun das Bild auf den weißen Kumuliköpfen (Oberseite der Kumulus- oder Haufenwolken – U. W.) den Ballonschatten zu sehen umgeben von der leuchtenden Aureole. Wir stiegen u. stiegen, denn wir durften den Ballon nicht durch Abkühlung in d. Wolken zum Sinken bringen, weil unter uns brennende Moore mit unter Wasser stehenden Mooren wechselten.« Als man sich der Nordsee näherte, setzte Kurt Wegener den Ballon auf einer Wiese am Bahnhof Leer sanft auf und kommentierte: »Glatte Damenlandung«. Nachdem der Ballon verpackt und zur Rücksendung vorbereitet war, feierten Else Köppen und Alfred Wegener im Bremer Ratskeller Abschied von den Geschwistern. Nach einem Zwischenaufenthalt in Hamburg begaben sie sich nach Kopenhagen, wo das Expeditionsgepäck zusammenkam.

Der endgültige Plan sah vor, daß sich die Expedition mit ihrer gesamten Ausrüstung einschließlich des Überwinterungshauses am Kap Bismarck an Land setzen ließ, um von dort aus innerhalb von etwa drei Monaten das Gepäck etwa 150 km landeinwärts bis zu einem geeigneten Überwinterungsplatz zu schaffen. Wegen der wissenschaftlichen Ziele mußte dies das Königin-Louise-Land oder das zwischen diesem und dem Küstenland befindliche Eis sein. Der Transport der etwa 20000 kg umfassenden Ausrüstung von der Landungsstelle zunächst über

Johan Peter Koch

das schneefreie Küstenland und dann über das Eis bis zur Winterstation würde die größte derartige Unternehmung darstellen, die bis dahin in Polargebieten zur Ausführung gekommen war. Mißlang es aber in der gegebenen Frist, zumindest den Rand des Inlandeises zu erreichen, so mußte die Expedition in bezug auf ihre wichtigsten wissenschaftlichen Fragen als verfehlt betrachtet werden.

Als gewagtes Experiment wurde es von manchem Zeitgenossen bezeichnet, daß an Stelle der bewährten Hunde isländische Pferde als Zugtiere verwendet werden sollten. Obwohl entsprechende Erfahrungen im Südpolargebiet nicht zur Nachahmung lockten, war für die getroffene Wahl der Umstand entscheidend, daß für den Transport der riesigen Bagage über schneefreies Land, Fjordarme und blankes Gletschereis hinweg Hunde gänzlich unbrauchbar waren und Koch bei seinen jahrelangen Vermessungsarbeiten auf Island günstige Erfahrungen mit den dortigen kleinen und widerstandsfähigen Pferden gemacht hatte. Ferner sollte ein wesentlicher Teil der Transporte des ersten Jahres bis ins Innere des Fjords mit Hilfe eines Motorbootes ausgeführt werden.

Als Teilnehmer der Expedition waren vorgesehen: der 31jährige Wegener, der 42jährige Koch, ihr 43jähriger Expeditionskamerad von 1906–08, A. Lundager, und der isländische Bauer Vigfus Sigurðsson (1875–1950), der sich insbesondere zu Beginn bei der Betreuung der Pferde hervortun sollte. Die Kosten beliefen sich auf 60 500 Dänische Kronen und wurden zur Hälfte vom Carlsbergfond, darüber hinaus von privater Seite beigesteuert.

Von deutscher Seite wurde darüber hinaus zur Finanzierung von Wegeners Untersuchungen ein Kostenbeitrag von 15 100 Mark erbracht, der in erster Linie vom Reichsamt des Innern, dem Preußischen Kultusministerium und der Berliner Akademie der Wissenschaften zur Verfügung gestellt wurde. Koch erhielt folgerichtig die Leitung der Expedition, es war also eine dänische Unternehmung. Das Protektorat übernahm Seine Majestät der dänische König Christian X. (1870–1947).

Köppen sah seinen künftigen Schwiegersohn nur ungern wieder in Grönland. Im Plan der Expedition vermißte er eine Basisstation. Wegener beruhigte ihn: »Ich gebe gern zu, daß eine solche Basisstation sehr wichtig wäre, denn ich sehe gerade jetzt bei der Bearbeitung von Pustervig, wie interessant es ist,

Ballonausflug am 18. 4. 1912

die gleichzeitigen Registrierungen zusammenzuhalten. Ich habe deshalb auch an die Möglichkeit gedacht, daß wir uns teilen und zwei Mann am Danmarkshavn überwintern sollten. Indessen würden hierunter die andern Arbeiten sehr leiden, insbesondere die Kartographierung und geologische Untersuchung von Dronning-Louise-Land, die doch mit an erster Stelle steht ...

Wir kennen die Gegend dort wie unsere eigene Tasche. Das Haus am Danmarkshavn steht sicher noch, dort sind auch Proviant, Pelzsachen, Kohle und Petroleum. Auch das Depot auf Baßrock kennen wir. Ein anderes liegt auf der Walroß-Insel. Und dazu kann man ja zu jeder Jahreszeit, die in Frage kommt, sicher auf Bären und Seehunde rechnen. Nein, das ist sicher: eine Basisstation *brauchen* wir nicht. Es ist doch sehr unwahrscheinlich, daß wir gezwungen werden, umzukehren. Mich wundert es, daß Du immer nur an die Umkehr und nicht vielmehr an das Durchkommen denkst.«

In Kopenhagen angekommen, traf Wegener sofort mit Koch zusammen. Die meiste Zeit verbrachten die Männer im Hafenbezirk des »Grønlandske Handel«, wo sie das dort zusammenkommende Gepäck in Pferdelasten verpackten. Als das Überwinterungshaus fertig geworden war, fuhren Frau Koch und Else Köppen hinaus zum Exerzierplatz, wo Koch, Lundager und Wegener es aus den numerierten Brettern probeweise aufbauten. Frau Koch taufte es auf den Namen »Borg« (deutsch: Burg), dann krochen alle durch die schmale Tür hinein. Auch die Presse hatte sich zu diesem Ereignis eingefunden.

Ende des Monats erfuhr Alfred Wegener, daß sein Bruder Kurt nach ursprünglich erfolglosen Bemühungen nun doch nach Spitzbergen gehen konnte. An der meteorologischen Station am Krossfjorden sollte er mittels Drachen- und Ballonaufstiegen Daten für die geplanten Nordpolfahrten der Zeppelinluftschiffe gewinnen. Außerdem wollte er wie Alfred fotogrammetrische Messungen an Polarlichtern ausführen.

Sein Vorhaben teilte er Alfred mit, der seinerseits den Eltern schrieb: »Die Sache mit Kurt ist ja überhastet, aber zu Befürchtungen liegt deswegen wohl kein Anlaß vor, da ja im letzten Jahr dort eine Station tätig war und also lokale Erfahrung vorliegt. Auch Einrichtungsgegenstände usw. müssen bereits vorhanden sein ... Daß er bei der Abreise kaputt ist, glaube ich gern, denn er war sowieso nicht sehr obenauf, und die Vorbereitungen zu einer solchen Reise greifen stets die Nerven etwas an, selbst wenn sie mit solcher Besonnenheit durchgeführt werden, wie es bei der Kochschen Expedition der Fall war. Nun wird ihm die Ruhe in Spitzbergen wohltun, und ich denke, er wird von dieser Reise gesünder und kräftiger heimkommen als von Samoa«. Brieflich verabredeten die Brüder gemeinsame Nordlichtbeobachtungen von beiden Stationen aus, so daß Kurt den Eltern schreiben konnte: »Mit Alfred werde ich wenigstens einige Beobachtungen gemeinsam haben. Dieselben Polarlichter werden ihm und mir leuchten.«.

Wenige Tage später war für die Teilnehmer der Durchquerungsexpedition die Zeit des Abschiednehmens gekommen. Am 1. Juni verließen sie Kopenhagen. Else Köppen begab sich nach Kristiania (seit 1924: Oslo), wo sie für 11 Monate im Hause des Geophysikers und Meteorologen Vilhelm Bjerknes (1862–1951) als Hauslehrerin lebte. Der Professor hatte einen Ruf an die Universität Leipzig angenommen und wünschte deshalb, daß seine Kinder vor dem für Herbst 1913 vorgesehenen Umzug der Familie die deutsche Sprache gut erlernten. Die junge Frau ihrerseits hörte während dieser Zeit Vorlesungen an der Universität und machte sich so mit den skandinavischen Sprachen vertraut.

Probe auf Island. Nach kurzem Zwischenhalt im norwegischen Bergen traf die Expedition am 12. Juni 1912 in Akureyri, dem größten Hafen an Islands Nordküste, ein. Der Dampfer hatte Verspätung. Drei kostbare Tage waren verloren, so daß man schon fürchten mußte, das Programm nicht zu schaffen. Vorgesehen war eine Durchquerung der Insel mitsamt ihrer Eiskappe, um die Pferde zu erproben sowie die Teilnehmer der Expedition mit der besonderen Methode des Reisens mit Packpferden vertraut zu machen. In der Luftlinie betrug die Entfernung nicht mehr als 400 km; mit den unvermeidlichen Umwegen würden es aber wohl an die 600 km werden.

Am Morgen des 14. Juni brachen Wegener, Koch, Lundager und Sigurđsson mit 26 Pferden und in Begleitung zweier isländischer Führer auf. In zwei Tagesmärschen erreichten sie das kleine Gehöft Svartárkot am Nordrand des Ódáđahraun, Islands größtem Lavafeld. Dort traf man den durch seine Reisen mit dem berühmten isländischen Geologen Thorvaldur Thoroddsen (1855–1921) bekannten Führer Jón Thorkilsson, der trotz seiner 71 Jahre einwilligte, die Gruppe durch die 3500 km^2 große Lavawüste nach Hvannalindir zu führen, dem einzigen Platz, wo man Gras für die Pferde zu finden hoffte.

Es war ein glühendheißer Morgen, als man am 16. Juni das Anwesen Svartárkot verließ. Die Sonne brannte auf den schwarzen Boden und erzeugte wirbelnde Staubsäulen. Fliegen stürzten sich gierig auf Mensch und Tier. Nach sechsstündigem ununterbrochenem Marsch erreichte man den Fuß des 1500 m hohen, von dem riesigen Krater namens Askja gekrönten Berges Dyngjufjöll. Obwohl die Pferde Anzeichen von Erschöpfung zeigten, war an Rast nicht zu denken, da es nirgendwo Wasser gab. Erst an der Nordostecke des Berges fand man eine schmutzige Lache. Die Männer fütterten und hielten ein paar Stunden Rast. Der zweite Teil der Tagesreise ging über einen Strom von Blocklava, die einst der Askja entflossen war. Auf solchem Terrain war es selbst bei größter Vorsicht nicht zu verhindern, daß die Beine der Pferde einige Schrammen abbekamen. Allgemeine Erleichterung brachte es daher, als man die ausgedehnten Felder von Bimsstein erreichte, die dem großen Ausbruch von 1875 entstammten. Nach insgesamt 14stündigem Ritt schlugen die Männer schließlich im Süden des Dyngjufjölls das Zelt auf; sie hatten an diesem Tage 63 km zurückgelegt.

Am nächsten Morgen zog man weiter nach Süden, zunächst über eine trockengefallene Bucht des Bergsees Dyngjuvatn, dann über ausgedehnte Flächen von schwarzem vulkanischem Sand. Trotz Windstille und glühenden Sonnenscheins schritten die Pferde über das lose weiche Material rasch vorwärts. Einen Gletscherbach querend und entlang den parallelen Vukanketten Kverkhnúkaskard erreichte man Hvannalindir, eine freundliche Oase an beiden Ufern der Lindaá.

Am Nachmittag des 19. Juni reiste man mit 14 Pferden und Proviant und Furage für 8 Tage weiter in Richtung Vatnajökull, dem größten Gletscher Islands. Abends um 10 Uhr begann der Aufstieg. Der Marsch ging langsam in dem tiefen, weichen Schnee. Die Eiskruste, die sich des Nachts über die Schneedecke zog, konnte die Pferde nicht tragen, sondern schnitt sich in die Fesseln der Tiere, so daß die zu bluten anfingen. Um 2 Uhr morgens, nachdem sie 15 km auf dem Gletscher zurückgelegt hatten, machten die Forscher halt, da es nunmehr feststand, daß die Kruste in dieser Nacht nicht mehr hart werden würde.

Um 15 Uhr ging es anderntags weiter. Die Marschordnung war immer dieselbe. Vorn lief ein Mann, der sein Pferd hinter sich führte. Dann folgte der leichteste Reiter, zumeist Alfred Wegener, mit drei leichtbeladenen Packpferden, dann die schwereren Reiter und am Schluß die am schwersten beladenen Packpferde. Der erste Mann, der den Weg bahnte, hatte die schwerste Arbeit und mußte alle halbe Stunde abgelöst werden. Solcherart erreichten die Männer nach sieben Stunden den Zentralteil des Jökels, der sich über 1600 m hoch erhob, und schlugen das Zelt zur Nacht auf.

Am 21. brach man mittags auf. Nun ging es wieder leicht bergab. Der Schnee war tiefer denn je, und im Süden lauerte eine Nebelbank, die um die höchsten aus dem Eis ragenden Felsspitzen des Basaltkegels Esjufjöll spielte. Nach 10 bis 15 km Marsch kam man in eine große Senke, die den Weg zu den gletscherzerteilten Felsen der Südküste wies. Da kam Nebel auf. Während man Rast hielt und fütterte, legte er sich um die Reisenden und drohte, ihre Tour vorzeitig zu beenden. Als man schon zusammenpackte und die Pferde lastete, hob sich der Nebel und gab den Blick frei auf das Gebiet, das Koch durch seine Vermessungsarbeiten in den Jahren 1902 bis 1904 so wohlvertraut war. Man hielt abwärts und erreichte, die wenigen Spalten ohne Schwierigkeiten passierend, am Abend die östliche Moräne des Breiđamerkurjökulls.

Am 23. Juni begaben sich die Forscher kurz nach Mittag auf den Rückweg. Regen und Sturm peitschten ihnen ins Gesicht, und als sie höher kamen, klebte sich Tauschnee an Roß und Reiter. Gegen Abend hielten sie ein paar Stunden Rast auf ihrem alten Zeltplatz mitten auf dem Gletscher und zogen dann weiter. Um Mitternacht wurde der Himmel klar, und die Temperatur fiel auf einige Grade unter Null. Die schwach geneigte nördliche Hälfte des Jökels lag in reinem Kleide neugefallenen Schnees. Nach sieben Stunden erreichten die Männer am Morgen den Rand des Gletschers. Sie hatten den Vatnajökull vom Fuße des Esjufjölls bis zu seinem Nordrand – insgesamt 65 km – in 18 Stunden passiert; eine beachtliche Leistung im Juni, wenn der Schnee locker und tief ist. Zugleich machten sie damit die alten, zumeist skeptisch bewerteten Berichte über einen Reiseweg der Isländer über den Gletscher in alten Zeiten glaubhaft.

Nach einer ausgiebigen Rast in Hvannalindir brach die Gruppe um die Mitternachtsstunde zum 26. Juni erneut auf mit dem bis dahin noch unbestiegenen Vulkanberg Kverkfjöll als Ziel. Obwohl man durch 20 bis 50 m tiefe Schluchten mit senkrechten Wänden, die vom Gletscher kommende Bäche in die lockeren Ablagerungen des Hangs gerissen hatten, mehrfach zu unliebsamen Umwegen gezwungen war, bot die Reise keine größeren Schwierigkeiten. Vorbei an dampfenden Solfataren erreichte man nach über 8stündigem Ritt einen Platz auf dem westlichen Abfall des Berges in 1200 bis 1300 m Höhe, gerade unterhalb des größten Solfatarendistrikts. Er bot reichlich Wasser und gab daher einen ausgezeichneten Zeltplatz ab, zumal jenseits dieser Stelle die Steigung so stark wurde, daß man mit Pferden wohl kaum weiterkommen konnte.

Nach einer hastig eingenommenen Mahlzeit begannen die Männer mit dem letzten Teil der Besteigung. Eile war geboten, da sich schlechtes Wetter ankündigte. Jedoch erreichte sie der Regen, bevor die letzten Meter des über 1900 m hohen Berges erklommen waren. Als die Forscher um 4 Uhr nachmittags bei strömendem Regen vom Berg zurückkamen, waren sie daher durchnäßt bis auf die Haut. Unterwegs hatten sie die übereinanderliegenden Lavaströme studiert und dabei bestätigt gefunden, daß es auch in präglazialer Zeit Ausbrüche gegeben hat. Eine Strecke von mehreren Kilometern hatten sie in einem Maße von Fumarolen erfüllt gefunden, daß der Berg zu kochen schien. An den meisten Stellen war es schwefelwasserstoffhaltiger Wasserdampf, der aus feinen Öffnungen im vulkanischen Gesteinsboden austrat. Sie fanden aber auch Stellen, wo das Wasser in kleinen Geisern am Grunde wohlausgebildeter trichterförmiger Löcher stoßweise aufkochte; deren größtes zeigte einen Durchmesser von fünf Metern. Am eigentümlichsten war der Eindruck des unmittelbaren Aufeinandertreffens des brennenden Berges mit der Eisdecke des Vatnajökulls. Die Solfataren zogen sich nämlich bis unter den Gletscher selbst hin und hatten seine Eismassen an einzelnen Punkten durchschmolzen, so daß der Dampf durch Löcher aus dem Eis herausströmte.

Schon um 4 Uhr morgens verließen die Forscher am 27. Juni ihren Zeltplatz wieder. Alles war triefend naß, denn die ganze Nacht hatte es geregnet. Kurz nach Mittag erreichten sie den Dyngjufjöll. Sie ritten an der Südseite des Berges hinauf, passierten einen im Durchmesser 1000 m messenden Nebenkrater und erreichten schließlich den höchsten Teil des Kraters, gerade über dem Kratersee Öskjuvatn. Eine lotrechte Felswand trennte sie von dem 500 m tief unter ihnen liegenden See. Sie schlugen das Zelt auf und genossen die einzigartige Aussicht über den 50 km^2 großen Krater und die wie auf der Landkarte vor ihnen liegenden Landschaften Islands. Am folgenden Morgen zogen sie weiter; zunächst längs des Kraterrandes der

Askja westwärts, dann durch einen Paß hinein bis zum Kratersee, wo man einige Stunden rastete, dann weiter über ein Lavafeld des Vulkans – eine mühselige und beschwerliche Wegstrecke –, über den Dyngjufjöll hinaus und schließlich wieder durch das Ódádahraun zur Grasstätte bei Svartárkot, wo sie nach 17½stündigem Ritt Rast machten.

Am 1. Juli 1912 kamen die Männer wieder in Akureyri an. Die Probeexpedition auf Island hatte die Fähigkeit der Pferde erwiesen.

Im Hafen liegend wartete bereits das Expeditionsschiff »Godthaab«, um das Quartett mit dem Gepäck nach Grönland zu bringen. »Morgen werden die Pferde eingeladen und morgen abend dampfen wir ab«, schrieb Alfred Wegener drei Tage später in einem für daheim bestimmten Brief und fährt fort: »Meinen großen Koffer werde ich von hier aus an Eure Adresse senden. Er enthält unter anderem eine Anzahl vulkanischer Bomben vom Kverkfjöll, ein Stück schwarze gerippte Fladenlava von der Odá-Farauhn und eine Anzahl schwarzer und weißer gerollter Bimssteine, die ich auf einem Bach in der Lava schwimmend fand. Weiter ein kleines Messer mit eingelegtem Schaft und Scheide. Es stammt von den Färöern und ist für Else bestimmt als Weihnachtsgeschenk. Ein Brief liegt dabei. Wollt Ihr es bitte besorgen«.

Wieder Grönland. Nach 16tägiger Fahrt näherte sich die »Godthaab« am 21. Juli 1912 durch das der Küste vorgelagerte Treibeis dem Danmarkshavn. In der Ausgucktonne stehend verschlangen Wegener und Koch das Bild, das sich ihnen auftat. Eine Flut von Erinnerungen stürmte auf die beiden ein beim Wiedersehen mit der Stätte, die zwei lange Jahre ihr Heim gewesen war. Jede Kuppe, jede Schlucht, jeder Knick in der Küstenlinie der Fjorde grüßten wie liebe Bekannte herüber und schickten ihnen ein stummes aber betörendes »Willkommen!« zu.

Der Danmarkshavn selbst war voller Eis, aber die Einfahrt in die Dovebucht war eisfrei. Als man die »Villa«, die 1908 in gutem Zustand verlassen worden war, völlig verwahrlost fand, bat Koch den Kapitän, sie doch gleich erst am Sturmkap an Land zu setzen, und noch am selben Abend ankerte das Schiff in der Mündung des Stormelv.

Ausladen der Pferde

Am nächsten Morgen begann das Löschen des Expeditionsgepäcks, wozu der mitgeführte Prahm, die »Schachtel« genannt, diente. Derweil wurde auch das 4 PS starke Motorboot ausprobiert, das dabei infolge des Eisgangs mit Schraubwellenbruch havarierte und erst wieder mit Hilfe des Maschinisten der »Godthaab« repariert werden mußte.

Zunächst wurden mit dem Prahm die Heusäcke an Land gebracht. Mit der zweiten Ladung folgten die Pferde. Um ihnen nach der Seereise Bewegung zu verschaffen, ließ man sie laufen in der Annahme, sie würden sich gierig auf das frische Gras stürzen. Indes machten sie von ihrer Freiheit allzu reichlich Gebrauch und waren im Nu über alle Berge.

Am 23. herrschte Föhnsturm aus Westen, der das Eis der Dovebucht aufbrechen und aus dem Fjord hinaus driften ließ. Um nicht durch Eis abgesperrt zu werden, mußten die Löscharbeiten abgebrochen werden, und das Schiff kehrte schleunigst zum Danmarkshavn zurück, wo dann der Rest des Gepäcks an Land gebracht wurde.

Dann hieß es Abschied nehmen. »Liebe Eltern» schrieb Wegener noch, über die letzten Tage berichtend, nach Hause. Die

»Reise durch den Eisstrom war anfangs schwierig, ... am Lande aber haben wir so viel offenes Wasser gefunden, daß wir für die letzte Strecke anstatt drei nur einen Tag brauchen und unsere Arbeiten an Bord in aller Hast abgeschlossen werden müssen. Die Pferde haben die Seereise gut überstanden. Eine Anzahl Photos lege ich bei. An Else schicke ich eine andere Sammlung, die sie Euch ja gelegentlich schicken kann, wenn sie sie durchgesehen hat. Ein Bericht über die Islandreise soll in Petermanns Mitteilungen oder in der Umschau veröffentlicht werden. Bis jetzt ist also alles so günstig verlaufen, wie es konnte. Nun kommt der schwierigste Teil des Programms, der Riesentransport nach Dronning-Louise-Land. Der wird aber sicher gleichfalls glatt gehen! Herzliche Grüße an alle! Hoffentlich ist die Post eine gute, die ich in Jakobshavn vorzufinden hoffe. Euer Sohn Alfred.«

Die letzten Grüße von Danmarks Havn nahm die »Godthaab« mit nach Europa. Ein letztes Winken, dann war man allein. Lundager war nicht mehr dabei, weil er bei der Probereise auf Island festzustellen gemeint hatte, den Anstrengungen der Durchquerungsexpedition nicht mehr gewachsen zu sein; er war durch den 26jährigen Schiffer Lars Larsen (1886–1978) ersetzt worden. Bis sie im nächsten Sommer die Westküste Grönlands erreichten, waren die vier von aller Verbindung mit der Außenwelt abgeschnitten. Dazwischen aber lagen 1 200 Kilometer Fußmarsch und ein harter grönländischer Winter. Ihr einziger Begleiter – außer den Pferden – sollte ein kleiner isländischer Hund namens »Gloe«, genannt auch das »Kamiktier« werden, den man sich bei der Durchquerung der Insel zugelegt hatte.

Für den Transport der Riesenbagage an das westliche Ende des verzweigten Fjordsystems, der den ganzen August in Anspruch nahm, teilte man sich in zwei Abteilungen.

Koch und Larsen beförderten den Löwenanteil mit Motorboot und Prahm auf dem Wasserweg zunächst von Stormkap nach Pustervig und dann von dort nach einer verabredeten Stelle am Kap Stop, 10 km südöstlich des Storstrømmen-Gletschers, während Wegener und Sigurđsson mit den Packpferden den kleineren Teil auf dem Landwege ebendorthin führten.

Trotz seiner Länge von 10 Metern mußte der eiserne Prahm den Weg zweimal machen, um das Gepäck zu bewältigen. Durch eine nicht enden wollende Kette von Schwierigkeiten und Havarien wurde dabei die Geduld der sich Abplagenden auf eine harte Probe gestellt. Mehrfach hielt der streikende Motor des Bootes sie auf, dann hemmten wechselnde Winde das Fortkommen, Eisgang sprengte die Ankerkette, so daß der Wind den Konvoi auf das Land zutrieb und man nur knapp der Strandung entging. Wiederholt kam man völlig im Eis fest, einmal ganze 12 Tage; kostbare Zeit war verloren. Einziger Trost der Schiffer war, derart zu ausreichendem Schlaf zu kommen. Jedoch hinterließ das Eis sichtbare irreparable Spuren an beiden Fahrzeugen.

Aber auch die Landtransporte boten manche Schwierigkeit. Es begann damit, daß Wegener und Sigurđsson sich auf die Suche nach den entlaufenen Pferden begeben mußten. Vorsichtigerweise hatte man anfangs drei Tiere gebunden, die den beiden nun als Reitpferde dienten. Im Verlauf einer Woche wurden weitere 11 eingefangen; zwei aber blieben unauffindbar. Da sie auf ihrem Ritt kein Zelt mitgeführt hatten und draußen unter freiem Himmel schliefen, waren die Männer ganz von Mücken zerstochen, als sie nach Sturmkap zurückkamen.

Mit nunmehr nur noch 14 Islandponys begann am 31. 7. der Marsch nach Westen, durch schwieriges Gelände ohne Weg und Steg. – Es war keine leichte Aufgabe, die Wegener und Sigurđsson zugefallen war. Nur zu zweit sollten von ihnen täglich vierzehn Pferde aufgesattelt, abgesattelt, gefüttert, getränkt und nicht zuletzt mehrere Stunden lang in Marsch gehalten werden, während die Tiere jeden unbewachten Augenblick benutzten, um gierig über die Heusäcke herzufallen und sich so einen Extrabissen zu verschaffen. Über Nacht wurden ihnen Fußfesseln angelegt, wenn Gras in der Nähe des Lagers war; andernfalls wurden sie zu zweit zusammengebunden, immer den Kopf des einen an den Schwanz des andern. Darüber konnten, besonders wenn sich die Pferde störrisch zeigten, im Handumdrehen ein paar Stunden vergehen.

Fast jede Nacht gelang es einigen Pferden loszukommen. Wegener notiert am 5. August in seinem Tagebuch: »Morgens suchten wir eine Stunde lang die Pferde. Mit Suchen, Zusammentreiben und Füttern gehen stets etwa eineinhalb Stunden hin. Dann huldigten wir dem Seilerhandwerk und stellten, ›nach allen Regeln der Kunst‹ 25 Packschnüre für die Heusäcke fertig. Nach der Mittagspause kam dann der unangenehmste Teil: das Schnüren der 22 Heusäcke, die wir morgen mitnehmen wollen. Oha! Man hängt sich mit seinem ganzen Gewicht an das Seilende, das durch den Ring hindurchgezogen ist, und zieht, zieht, zieht. Die Hände reißen auf, der Rücken wird lahm, die Arme werden so überanstrengt, daß man sie zuletzt kaum noch heben kann. Zweiundzwanzigmal hintereinander seine ganze Lebensenergie in Ziehkraft umzusetzen, das ist etwas zuviel. Und besieht man sich nachher das Resultat, so sitzen die Schnüre zwar im Augenblick wunderschön stramm, aber wenn wir ... ankommen, sind sie locker.«

Zunächst war der Lakseelven (Lachsfluß) das Ziel der Transporte. Viermal mußten die Männer mit den Pferden den Weg vom Landungspunkt am Sturmkap bis zu diesem Zwischendepot bewältigen, bis alles am Flußufer beisammen war. Da sie dort auch das Zelt stehen ließen, schliefen sie auf den Reisen unter offenem Himmel. Und da sie nur die Kleidung hatten, die sie am Leib trugen, machten ihnen die starken Regenfälle mancher Tage erheblich zu schaffen. Einmal regnete es, für Grönland nicht eben typisch, zwölf Stunden lang ohne Unterbrechung.

Auf improvisierter Fähre über den Lachsfluß

Doch auch das Gelände selbst bot manche Schwierigkeit. Zunächst der Flußübergang. Sigurđsson ritt kühn hinein. Zu tief! Aber es war gerade Flut. Man wartete die Ebbe am nächsten Morgen ab. Und dennoch: Der Wasserstand erwies sich um 1 m höher als 1906/08. Die Pferde würden den Lachsfluß schwimmend passieren können, aber zusammen mit dem zu transportierenden Gepäck ging das natürlich nicht. Wegener kam auf die Idee mit einer Fähre, die er aus zwei leeren Petroleumkannen und einer Kiste als den Schwimmkörpern sowie aus im Dreieck darüber festgeschnürten Brettern zimmerte. Ein Tau wurde aufgedreht, so daß es 100 m lang wurde und über den Fluß hinwegreichte; daran sollte die Fähre hin- und hergezogen werden.

Am Abend des 10. August ruderte Wegener über den Fluß und befestigte die Fährleine an einem Stein. Anderntags sollte das Übersetzen beginnen. Das Wetter erzwang einen Aufschub.

»Regen und Nordwestwind. Es gießt mit Mollen«, schreibt Wegener, den heftige Zahnschmerzen plagten, über den Tag; »Vier Pferde haben sich losgemacht und sind noch gerade ganz in der Ferne als schwarze Punkte zu erkennen. Sie sind natürlich auf dem Heimweg (d. h. zum Stormkap – U. W.). Die anderen ›Paare‹ haben die ganze Nacht hindurch getanzt und tanzen zum Teil noch weiter. Ein Paar ist bis zum Meer herabgetanzt und steht nun auf dem Boden, der bei Hochwasser überspült wird. Ein anderes Paar ist zu unsern Heusäcken hingetanzt und hat Löcher in zwei derselben hineingefressen.«

Die Fährfahrt selbst ging dann recht gut. Erst wurden das Gepäck, dazu Heusäcke, Zelt und Proviantkisten hinübergezogen. Dann trieb man mit Hallo die Pferde ins Wasser. Schon vom Ostufer aus hatten sie gesehen, daß drüben Heu ausgebreitet worden war. Zuletzt schwamm Gloe auf die andere Seite, der anscheinend kein rechtes Vertrauen zu dem improvisierten Gefährt hatte.

Wegener und Sigurđsson waren bei der Landung total durchnäßt und mit Sand und Lehm verschmiert, zogen mit ihrer Karawane aber sofort weiter zum Rypefjeldet (Schneehuhnberg), wo sich reichlich Gras für die Pferde fand.

Dann mußte man 800 m steil hinauf, auf ein ausgedehntes Plateau, und jenseits wieder hinab. Und das Terrain westlich war keineswegs einfacher. Dazu kamen Regen und Schnee, die sich unangenehm bemerkbar machten; manchmal marschierte man in dichtem Nebel. Und dazu die körperliche Belastung, tagtäglich 24mal hintereinander die etwa 50 kg schwere Last zum Packsattel hinaufzuheben; die Männer fühlten abends ihre Muskeln!

Am 22. 8. trafen nach 23tägiger Trennung beide Gruppen am Ausgang des Pustervig-Fjords wieder zusammen. Auf dem Wege hatte Wegener die ehemalige meteorologische Station aufgesucht und sich gefreut, diese in bester Ordnung vorzufinden. Zwar pfiff der Wind durch die zusammengeschrumpften Bretter, aber eben deshalb war es in der Stube trocken und einigermaßen behaglich.

Unterwegs hatten sich beide Transportgruppen durch an markanten Stellen deponierte Botschaften gegenseitig über den Fortschritt der Arbeiten unterrichtet. Nun galt es, das weitere Vorrücken abzustimmen. Es gab mehrere Möglichkeiten, das Gepäck auf das Eis zu befördern; Wegener selbst war bei seinem Marsch bis zum Eisrand vorgestoßen und hatte mögliche Aufstiegswege erkundet. Jeder von ihnen bot gewisse Vorzüge, aber auch Risiken.

Da beide Gruppen für den bisherigen Weg viel Zeit benötigt hatten, entschied man sich den Versuch zu wagen, das Gepäck auf dem Seeweg bis zu dem unmittelbar an den Gletscher grenzenden Borgfjord zu bringen, um dort auf das Eis hinauf und über dasselbe hinweg zum verhältnismäßig nahen Dronning Louise Land zu kommen. Glückte dies, so wäre die verlorene Zeit mit einem Schlage wieder eingeholt.

Indes waren die Wasserfahrzeuge schon in einem erbärmlichen Zustand. Mehrere Spanten des Leichters waren infolge von Eisschraubungen erheblich verbogen, und der Kiel des Motorbootes zur Seite gedrückt. Am schlimmsten aber war, daß man während einer erneuten Maschinenhavarie leicht in die Dovebucht hinausgetrieben oder an einer der Inseln stranden konnte. Ein solches Mißgeschick hätte einen Zeitverlust von Wochen gebracht.

Jedoch war das Glück der Tüchtigen auf seiten der Expedition. Am 1.9. trafen die Land- und die Seepartie am Kap Stop an der Mündung des Borgfjords in die Dovebucht wieder zusammen, und am Abend desselben Tages lag das gesamte Expeditionsgepäck ordentlich schon fast 100 km von Grönlands Außenküste entfernt gestapelt.

Bei der fortgeschrittenen Jahreszeit war inzwischen der Fjord von – freilich noch dünnem – Jungeis bedeckt. Dazu hatte es in der vorhergehenden Nacht stark geschneit, und die ganze Landschaft war in Weiß gekleidet, – erste Achtungszeichen des nahen Winters. Den Forschern war klar, daß ihnen nur noch wenige Tage für Bootsfahrten blieben. Daher wollte man nun mit Gewalt versuchen, einen Kanal zu schaffen, um das Gepäck noch ein Stückchen weiterzubringen. Mißglückte dies, so würde man ohnehin warten müssen, bis die Kälte einsetzte und das Fjordeis tragen konnte.

Den ersten Teil ihrer Fracht bekamen die Männer noch mit dem Boot um das Kap herum zu einer Stelle, die ein ausgezeichneter Ausgangspunkt für Schlittenfahrten war. Doch am nächsten Morgen, dem 4. 9., war die von ihnen gebrochene Rinne schon so fest zugefroren, daß sich das Eis ebenso schwer wie auf der Herfahrt brechen ließ. Von dieser Arbeit aber blieben sie verschont. Sie hatten sich kaum 30 m vom Ufer entfernt, als das Boot zu sinken begann. Wo genau das Leck saß, wußte man nicht und hatte auch keine Zeit nachzusehen. Es gab eine mächtige Fontäne, als das schnell steigende Wasser den laufenden Motor erreichte, und gerade noch gelang es, Boot und Schachtel auf das Land zu setzen.

Damit hatten die Bootsfahrten ein Ende gefunden. Die Männer, denen also eine Wartezeit bevorstand, mußten ihre Hoffnungen auf den Frost und das Jungeis setzen.

Vom 8. September, man war damit beschäftigt, den restlichen Teil der Fracht über Land von der Landungsstelle südöstlich des Kap Stop zum neuen Lagerplatz am Borgfjord zu transportieren, berichtet Wegener: »Man merkt jetzt, daß die Winternacht näher rückt. Ab 10 Uhr abends ist es so dunkel, daß man im Zelt nicht mehr schreiben kann. Die Abendbeleuchtung nach Sonnenuntergang war prachtvoll. Besonders als wir um etwa 10 Uhr mit der letzten Last beim jetzigen Zeltplatz ankamen, von wo wir ohne Schraubeis die Schlitten direkt auf das glatte Neueis setzen können, lag das ›Gelobte Land‹ (Dronning-Louise-Land) in den prächtigsten violetten, roten und blauen Farbentönen unter einem rosenroten Himmel vor uns, und die Farben wurden von dem glatten Neueis der Jarnerbucht (auf der gegenüberliegenden Seite des Fjords – U. W.) herrlich reflektiert. Schade, daß man solche Stimmungen nicht festhalten kann ... Das Tagesgespräch dreht sich jetzt um Pferdegeschirr zum Ziehen der großen Schlitten. Es ist eine ganze Wissenschaft, der Urkontinent ist nichts dagegen.«

Der Transport über Land nahm drei Tage in Anspruch. (Der größte Teil des Gepäcks war ja schon zu Hause in Lasten von etwa 50 kg gepackt worden, so daß er ohne weiteres auf die Pferde geladen werden konnte.) Nur bei den großen Eichenschlitten, die je 300 kg wogen, war es nicht möglich gewesen, dieses Prinzip einzuhalten. Auch das Winterhaus war in Pferdelasten gepackt; aber einzelne davon waren sehr lang geworden, so daß man darauf achten mußte, daß die aus Sperrholz gefertigten Teile nicht auf dem Boden schleppten, wenn die Pferde sie trugen.

Inzwischen war es kalt geworden. Die Hufeisen der Pferde waren mit Eisspitzen versehen und auch alle anderen Vorbereitungen für den Beginn der Schlittenreisen über den Fjord getroffen worden. Zu den letzten hatte es gehört, vier Pferde zu erschießen, die nunmehr als Zugtiere nicht mehr benötigt wurden. Da die Tiere mager geworden waren, rechnete man, zehn von ihnen halten zu können, indem die tägliche Futterration pro Pferd auf 2,5 kg Heu und 2,3 kg Kraftfutter, bestehend aus einer

Transport der Hausteile

Mischung von Mais, Erbsen, Weizenmehl, Melasse und Talg, erhöht wurde.

Die ersten Schlittenreisen verliefen erfolglos. Obwohl man die Schlitten nur halb lastete und wegen offener Spalten lange Umwege in Kauf nahm, zeigte sich, daß das Eis – insbesondere an den Stellen mit starker Strömung – noch nicht ausreichend tragfähig war.

Am 14. 9. zogen Wegener und der Expeditionsleiter mit einem kleinen Zugschlitten zu Fuß über das Fjordeis, um einen geeigneten Aufstiegsweg zum Inlandeis zu erkunden. Ziel der Reise, die drei Tage beanspruchen sollte, war der Storstrømmen, ein gewaltiger Gletscher, der sich zwischen dem Königin-Louise-Land und dem eisfreien Küstenland herunterschiebt und in einer 40 m hohen, bei der Annäherung wie Marmor gleißenden Steilwand im Meer endet. In seinem südlichen, Brede Bræ (Breiter Gletscher) genanntem Teil besteht er aus stark gefaltetem Eis, das von tief eingeschnittenen Bachbetten zerfurcht war. Den beiden Forschern gelang es, in Gestalt einer schluchtartigen Einsenkung in der Eismauer, die etwa zwei km in den Gletscher hineinreichte und deren Boden nach und nach bis zur Höhe der übrigen Gletscherfront anstieg, einen einigermaßen brauchbaren Weg auf das Eis auszumachen. Auf dem Rückweg von einer Erkundungstour glitt Wegener am 16. auf dem blanken Eis aus und fiel hintenüber auf seinen Fotoapparat, den er auf dem Rücken trug. Er stand wieder auf und untersuchte, ob der Apparat Schaden genommen hatte. Unmittelbar darauf aber wäre er fast ohnmächtig geworden und mußte sich auf dem feuchten Eis hinlegen. Er selbst erlebt es so: »Ich liege hier mutterseelenallein in einer engen Kluft im kalbenden Steilrand des Islandeises im Borgfjord und kann mich nicht aufrichten, geschweige denn gehen. Koch ging heute früh (17. 9. – U. W.) ohne Bagage von hier nach Kap Stop zurück, um mich im Verein mit Vigfus mit einem Pferdeschlitten zurückzuholen ... Die Geschichte kam durch Ausgleiten auf dem glatten Meereise. Ich fiel dabei höchst unglücklich auf meinen Photoapparat, den ich auf dem Rücken trug, und dieser bohrte seine eine Ecke in meinen Rücken links oberhalb des Beckenknochens ein. Was dabei entzweigegangen ist, weiß ich nicht, vielleicht werde ich es auch nie erfahren ... Gott sei Dank scheint es ja, daß ich mit einigen Tagen Schlafsackarrest davonkomme. Wenn so etwas auf der großen Tour passiert, ist man wohl fertig und tut am besten, sich zu erschießen. Jetzt ist natürlich kein Anlaß zur Befürchtung vorhanden, daß die anderen drei durch meine Erkrankung in unmittelbare Gefahr kommen.« Schon wenige Tage später konnte Wegener wieder an leichteren Arbeiten teilnehmen; aber noch vier Wochen lang, während denen er sich

Gletschertor am Rande des Inlandeises

nur in gebückter Haltung und mit der Hand am Stock fortbewegen konnte, laborierte er an den Folgen des Unfalls.

Weitaus ernster war ein Zwischenfall, der sich zwei Wochen später ereignete und binnen weniger Minuten den spurlosen Untergang der gesamten Expedition mit Mann und Maus hätte bringen können.

Schon während ihrer Erkundungsreise an den Brede Bræ hatten Wegener und Koch aus der Beobachtung von einigen geneigten Wasserstandslinien an den Eiswänden schlußfolgern können, daß der Gletscher an dieser Stelle im Kalben begriffen war. Dies erregte sofort ihr größtes Interesse. Das Kalben eines Gletschers war zuvor erst zweimal von Wissenschaftlern beobachtet worden, aber jedes Mal aus bedeutender Entfernung. In der wissenschaftlichen Literatur war das Problem über das Loslösen der Eisberge vom Gletscherrand nur auf Grund von Schlußfolgerungen behandelt. Hier bot sich nun die Möglichkeit, den Vorgang aus unmittelbarer Nähe zu beobachten.

Am 25. September hatten die Männer jeden der Eichenschlitten mit einer Last von 1000–1300 kg beladen und die letzte Fracht vom Kap Stop geholt, das damit seinen Namen nur zu gut verdient hatte. Auf der anderen Seite fuhr man das Gepäck wie gewöhnlich so weit in das Aufstiegstal hinauf, wie es ohne neuerlichen Aufwand an Ingenieurarbeiten möglich war. Denn der Talboden wies zahlreiche Spalten auf, die erst passierbar gemacht werden mußten. Die kleineren wurden mit Eis und Schnee aufgefüllt, größere durch Loshacken mächtiger Eisklötze geschlossen, wobei eine Brücke entstand. Am Rande einer großen Spalte schoß Koch ein Pferd nieder, das auf beiden Vorderbeinen hinkte und nicht mehr gefüttert werden sollte. Der Leib stürzte in die Spalte und fror zu einem Eisklumpen, der eine solide Brücke bildete. Dicht am Lagerplatz hatte man einen Pferdestall gebaut. Boden, Krippe und Teile der Wände waren aus dem Eis herausgehauen. Die übrigen Wände wurden aus Proviantkisten, das Dach aus Brettern und Pferdedecken gebaut. Die Tiere hatten eine gewisse Bewegungsfreiheit und standen dicht genug zusammen, um sich gegenseitig zu wärmen.

Oberhalb des Lagers gab es weitere unangenehme Spalten im Eis, die überbrückt werden mußten. An der steilsten Stelle mußte gar ein Stufenweg ausgehauen werden, damit die Pferde an dem »gläsernen« Berg Fuß fassen konnten.

Es war also durchaus kein großes Vertrauen erweckender Ort, an dem sich Lager und Pferdestall befanden und das Gepäck zusammenkam. Aber man hatte keine andere Wahl. Obwohl jedoch die Wissenschaftler die Eiswände aufmerksam beobachteten und des Nachts auf das feine Knistern lauschten, das ununterbrochen aus dem Eis drang und beginnende Spaltenbildung anzeigte, brach das kaum Faßbare in der Nacht zum 30. September völlig unerwartet über sie herein.

Wegener erlebte den Vorgang, der insgesamt nur 10 Minuten anhielt, so: »Ich erwachte vom Krachen im Eise. Daran war nun zunächst nichts Merkwürdiges, das hatten wir ja hier alle Augenblicke tags und nachts, aber das Krachen dauerte an, und bald mischte sich ein anderer, früher noch nicht gehörter Laut hinein. Es war wie ein Sausen und Zischen und Knirschen, anscheinend von der ganzen Gletscherfront herkommend und lange anhaltend. Und in diesen höchst unheimlichen, wenngleich keineswegs ohrenbetäubenden Laut mischte sich das Poltern herabfallender Eisblöcke seitwärts und sogar hinter,

Alfred Wegener als Rekonvaleszent

also landwärts, dem Zelt. Jede Spur von Schläfrigkeit war wie weggeblasen, es war sofort klar: jetzt kalbte der Gletscher, und wir waren in Gefahr! Ich kroch aus dem Schlafsack, so schnell es meine Rückenschmerzen zuließen. Gleichzeitig eilten Koch und Vigfus aus dem Zelt, in Unterhosen und barfuß, Koch mit seinen Kamikkern in der Hand. Trotz größter Eile vergingen etwa zwei Minuten, bis ich ihnen folgte. Ich hatte inzwischen meine Kamikker angezogen und festgebunden, was wegen meiner Schmerzen nur langsam ging. Dabei fühlte ich, wie sich unsere Zeltscholle bewegte und das Zelt sich neigte. Währenddem hielt dieser unheimliche Laut an, mehrfach an- und abschwellend. Als ich ins Freie trat, galt mein erster Blick dem Mond. Er stand hoch am Himmel. Gott sei Dank, Mondschein, dachte ich, so kann man doch wenigstens etwas sehen. Aber wie sah die Umgebung unseres Zeltplatzes aus! Da, wo unser Fahrweg zum Meereis hinausgeführt hatte, ragte – 30 Meter vom Zelt und 20 Meter vom Pferdestall! – ein schwarzer Eiskoloß drohend überhängend in den Mondhimmel hinauf! (Höhe zirka 15 Meter). Auf der schräg nach unten gewendeten Seite sahen wir später unsere Spuren. Es war die äußere Hälfte unserer Scholle, die gekentert war. Der Rest der Scholle, auf der unser Zelt, Pferdestall, Petroleum und ein großer Teil unserer anderen Bagage standen, wurde mit Eisblöcken überschüttet, einige kleinere lagen unmittelbar vor der Zelttür. Dann sah ich, daß die südliche Seitenwand unseres Tales – ebenfalls 30 bis 40 Meter vom Zelt – seewärts fehlte. Aber im Meer davor wuchs eine Eismauer empor, höher und höher, brausend und zischend und im Mondschein glitzernd – ein faszinierender Anblick. Es war der an der Südseite losgelöste Eisberg, der sich nach dem Kalben wälzte und seine wassertriefende Seite hoch in die Luft hinauftrug.« Und immer wieder schwoll das unheimliche Sausen, die Begleitmusik des Berstens der Eiskolosse, an, den vier Menschlein fast den Atem raubend, die inmitten dieses Getümmels der entfesselten Elemente bei – 16 °C ungenügend bekleidet neben einem Zelt stehend dazu verurteilt waren, tatenlos abzuwarten, ob der nächste Augenblick auch sie vernichten würde.

Nach und nach flaute die Höllenmusik ab. Noch ein einzelnes rollendes Krachen, dann erstarb der Lärm und eine drückende Stille senkte sich über das Trümmerfeld. An Schlaf war in dieser Nacht nicht mehr zu denken. Bei einer Tasse Kaffee warteten die vier im Zelt auf das Tageslicht. Um 5 Uhr gab es die Morgenhafergrütze, dann gingen sie hinaus.

Wohin sie sich aber auch wandten, überall stießen sie auf die Spuren der Zerstörung. Der ganze äußere Teil des Aufstiegstals war auf einer Strecke von ein paar hundert Metern verschwunden und das Tal gegen den Fjord durch einen Wall von Eisblökken versperrt. Dort, wo der in mühsamer Arbeit gebaute Fahrweg hinaus geführt hatte, stand jetzt, kaum 20 m vom Pferdestall entfernt, ein 15 m hoher dunkler Eiskoloß. Ein 5 m hoher Eiswall, an dessen Fuß das Zelt stand, war zerborsten, und einige tausend Kilogramm Eisblöcke waren heruntergestürzt; der nächste lag 3 m vom Zeltgiebel. Von der Eisscholle, auf der Zelt, Pferdestall und Gepäck lagen, war eine Hälfte abgesprengt worden und an einer Spalte abgesunken, etwa 40 m vom Zelteingang. Der Fjord draußen war von neugebildeten Eisbergen und Kalbeis angefüllt. Auf einer Fläche von 800 m Länge und 600 m Breite war er so vollständig davon bedeckt, daß man an keiner einzigen Stelle Fjordeis oder offenes Wasser erblicken konnte. Die Männer zählten auf diesem halben Quadratkilometer 17 neue Eisberge, darunter 11 von erheblichen Dimensionen. Alle hatten sich gewälzt und wendeten die Unterseite nach oben, und einzelne waren gegen das starke Meereis bis zu einem Kilometer weit vorgedrungen.

Mit zunehmender Verwunderung registrierten die Reisenden, wie knapp sie der Vernichtung entgangen waren, ohne daß einer von ihnen zu Schaden gekommen war, ja anscheinend sogar, ohne daß es einen ernstlichen Verlust gegeben hatte. Die Pferde waren alle wohlbehalten. Die aus Proviantkisten gebaute Wand des Pferdestalls war eingestürzt, aber nicht nach außen, wo die Kisten verlorengegangen wären, sondern nach innen, ohne die Tiere zu verletzen oder ihnen einen Ausgang zu öffnen. Ein Teil des Gepäcks war an der Spalte abgesunken, würde sich aber wieder heraufholen lassen. Am wichtigsten war es daher, so schnell wie möglich die zerstörten Brücken über die beträchtlich erweiterten Spalten zu flicken und den gefährlichen Ort zu verlassen, da nun bereits die kleinste Kalbung die Katastrophe bedeuten würde. »Kommen wir mit dem Leben davon«, notierte Wegener, »so glaube ich, wir werden später auf dieses Erlebnis Wert legen, denn wir sahen, was nicht leicht einem Menschen zu sehen vergönnt ist, ohne daß er dafür mit dem Leben bezahlen muß.«

Schon am nächsten Tag wurde begonnen, den Platz zu räumen. Bis zum 2. Oktober bewältigte man den Transport von 7000 kg Gepäck, und drei Tage später lag alles oben auf dem Gletscher, etwa 750 m vom Gletscherrand entfernt.

Nach den vielen Verzögerungen war das Jahr nun schon so weit vorgerückt, daß man nicht mehr damit rechnen konnte, vor Einsetzen des Winters das Königin-Louise-Land zu erreichen. Das Thermometer zeigte bereits −25 °C. Dazu kam, daß sich der Gletscher als überaus höckrig erwies. Erst im Frühjahr, wenn der Winterschnee die Oberfläche des Eises geebnet hatte, konnte man mit geringeren Anstrengungen rechnen.

Am 7. Oktober machten Wegener und Koch daher einen Ausflug, um einen günstigen Platz für das Winterquartier auszumachen. Sie fanden ihn 3 km westlich ihres Depots, etwa 4 km vom Aufstiegsort und 15 km vom Dronning-Louise-Land entfernt, auf einem Rücken, der nach allen Seiten freie Aussicht bot. Nachdem die Männer am folgenden Tag die Bauteile zu dieser Stelle transportiert und eine genügend große Fläche geebnet und etwas unter die Oberfläche abgesenkt hatten, konnte man mit dem Bau des Winterhauses »Borg« beginnen. Es war 6,6 m lang und 5 m breit und bestand aus einem einzigen Raum, an dessen Längsseiten eine Vorratskammer und ein Pferdestall angeordnet waren. Gegenüber dem Fenster war Platz für die Dunkelkammer. Die Wände bestanden aus Sperrholzplatten, die beiderseits eines Holzrahmens angebracht waren, so daß ein Luftzwischenraum von ein paar Zentimetern blieb.

Die Stücke waren numeriert, schlossen mit Falz aneinander und wurden durch Haken und Ösen verbunden. In der Stube bildeten Holzbretter den Fußboden, im Stall und Vorratsraum das blanke Eis. Vier Bänke mit Polster und Keilkissen dienten tags als Sitzplätze und nachts als Betten. Geheizt wurde mit einem Petroleumofen, der in der Mitte der Stube stand. West- und Nordseite des Hauses erhielten einen Anbau aus Schnee.

Ganz so einfach wie in Kopenhagen verlief der Aufbau der Station indes nicht. Der Fußrahmen hatte sich verzogen und einige Platten waren schief. Auch konnte man sich nicht mehr genau an die Reihenfolge der Montage erinnern und war gezwungen, einzelne Teile mehrfach auszutauschen.

Am 10. Oktober waren die Forscher unter Dach. Sie versuchten, sich behaglich einzurichten in dem Heim, das für eine lange Polarnacht ihre Bleibe sein sollte. In den Fenstern wurden aus Europa mitgebrachte künstliche Blumen aufgestellt und an den Wänden Bilder von daheim angebracht. Vor dem Haus flatterte das Rot der dänischen Flagge im Sonnenschein.

Der Ofen rußte stark. Die beigegebene Gebrauchsanweisung versicherte, daß er nicht qualmen *kann*. Gleichzeitig stand dort, daß man ihn, wenn er *trotzdem* qualmen sollte, bloß ins Nebenzimmer zu setzen brauche. Dutzendemale lachten die Männer über den Witz: Stellen wir ihn doch ins Nebenzimmer! Hinzu kamen die Lampen, die nicht richtig brennen wollten. Es zeigte sich, daß das Haus zu dicht war. Die Verhältnisse besserten sich, nachdem man ein am Fußboden verlegtes Luftzuleitungsrohr und einen zweiten Schornstein installiert hatte. Die von den Wänden triefende lästige Feuchtigkeit blieb allerdings.

Einige Zeit noch waren die Männer durch Gepäcktransporte beansprucht, die durch Schlechtwettertage mit Sturm oder Schneefegen unterbrochen wurden. Befürchtungen aber, das unterwegs liegende Gepäck könne unter dem Schnee verschwinden, waren unnötig. Danach wurden die Pferde bis auf 5, die für die Durchquerung benötigt wurden, erschossen. Das Fleisch der getöteten sollte den übrigen als zusätzliches Futter dienen, da Versuche auf dem Herweg gezeigt hatten, daß die Islandponys auch Moschusfleisch annahmen und für Bärenspeck geradezu eine Vorliebe entwickelten.

Anfangs machte es Schwierigkeiten, die Pferde in den Stall zu bekommen. Sie scheuten vor dem blauen Lichtschein, der durch das Eis des Stallbodens drang. Dann aber, da das Haus entgegen der ursprünglichen Planung nicht auf Felsuntergrund stand, schmolzen die Tiere ziemlich rasch ins Eis ein, so daß sich zwei Gruben bildeten, in denen der Urin stand. Aus Brettern mußte daher ein Boden improvisiert werden.

Auch der Pferdestall hatte einen Abzugsschornstein. Als man aber eines Morgens in den Stall kam, war es darin so stickig, daß das Licht beim Betreten des Raumes erlosch und man sofort die Außentür öffnen mußte. Die Tiere waren halb erstickt. Man entdeckte, daß das Rohr im Dach so vollständig zugereift war, daß keine Luft mehr hindurchkam. Von da ab wurden die Öffnungen täglich von Reifansatz gesäubert. Der Wärme im Haus tat das keinen Abbruch. Mitunter mußte man den Ofen selbst bei strengem Frost für Stunden sogar löschen, weil es sonst zu warm geworden wäre.

Den letzten Rest des Tageslichts benutzten die Forscher, um

ihre wissenschaftlichen Arbeiten in Gang zu bringen. Der Umstand, daß sie auf dem Gletscher wohnten, wurde nun von großer Bedeutung für die glaziologischen Untersuchungen, insbesondere die Temperaturmessungen im Eis. Der freie Horizont nach allen Seiten versprach großen Vorteil für Wegeners meteorologische Beobachtungen und für die Untersuchung von Luftspiegelungen, Dämmerungsbögen und des Zodiakallichtes. Unter dem 14. 10. berichtet er: »Heute habe ich auch mit der Einrichtung der meteorologischen Station begonnen und die englische Hütte (»Wetterhütte« – U. W.) und die Windfahne aufgestellt.«; und einen Tag später: »Es wird noch lange Zeit dauern, bis wir mit unseren Einrichtungen soweit sind, daß nur noch die laufenden Arbeiten zu erledigen sind. Es ist ja etwas anderes, wenn man mit einem Expeditionsschiff überwintert oder wenn man wie wir gleich der Schnecke sein Haus mit sich führt und sich einkapselt, sobald man den Zeitpunkt für gekommen hält. Leider ist auch unsere Reisegeschwindigkeit bisher etwas schneckenhaft gewesen«. Außerdem entwickelte Wegener, der Expeditionsfotograf, in der Dunkelkammer die bisher belichteten Filme.

Auf dem Rücken des Gletschers. Am 27. Oktober sahen die »Männer von Borg« zum letztenmal die Sonne. Die obere Hälfte der roten Scheibe tauchte über dem Gletscher im Süden auf und kroch für ein paar Stunden an dem welligen und an diesem Tag außergewöhnlich klaren Eishorizont entlang.

Zwei Tage später begann eine Handschlittenreise nach Dronning-Louise-Land. Es war die erste, an der auch Wegener nach seinem Unfall wieder teilnehmen konnte. Ziel des Unternehmens war es, die Reiseroute für das nächste Frühjahr festzulegen und ein Depot auszulegen. Das Terrain erwies sich als überaus schwierig. Es gelang daher nicht, einen auch nur einigermaßen brauchbaren Weg für größere Transporte zu finden. Um überhaupt das Land zu erreichen, mußten die Forscher Schlitten und Zelt etwa 6 km davor auf dem Storstrøm stehen lassen. Man beschloß, im November beim nächsten Vollmond, anderswo einen erneuten Versuch auf einem freilich längeren Weg zu machen.

Aber es kam nicht dazu. Auf einer Skitour, während der er mit Larsen im Aufstiegstal Nivellements ausführte, stürzte Koch

12 m tief in eine unter einer Schneedecke verborgene Spalte und schlug sich an der Eiswand den Kopf blutig. Auf einem Vorsprung etwa 8 m über dem Boden der Spalte, wo er liegengeblieben war, mußte der Expeditionsleiter fast anderthalb Stunden lang bewegungslos ausharren, bis er von den eilends herbeigeholten Kameraden aus seiner mißlichen Lage befreit werden konnte. Zu Hause zeigte es sich dann, daß ein Unterschenkelknochen gebrochen war; bis Weihnachten blieb Koch dadurch ans Krankenlager gefesselt.

Bei seinem Unfall hatte Koch den Theodoliten, das für die Expediton zur Orientierung so wichtige Instrument, eingebüßt. Er konnte trotz intensiver Suche nicht mehr gefunden werden, zumal sich die Spalte nach einem 3 Tage dauernden Sturm stark mit Schnee füllte. »Nun ist der Theodolit endgültig weg«, schreibt Wegener nach ergebnislos abgebrochener Suche, »und damit unser einziges exaktes Winkelmeßinstrument, auf das auch ich für manche meteorologischen Zwecke gerechnet hatte. Zeitbestimmungen im Winter (die armen ›gleichzeitigen‹ Nordlichtbeobachtungen mit Kurt!), Kartographie, Messung der Gletscherbewegung, Navigation auf der großen Durchquerungsreise, Messungen an Sonnenringen und eventuell an Luftspiegelungen – alles dies wird jetzt ungenau, sofern es nicht überhaupt aufgegeben werden muß«. Wegener konstruierte daher ein Ersatzgerät, indem er einen Pendelquadranten zu einem Sextanten umarbeitete, der eine fabelhafte Genauigkeit brachte.

Die Polarnacht, Wegeners dritte in Grönland, bot den Leuten auf »Borg« die übliche Einförmigkeit. Die täglichen Arbeiten waren eingeteilt, und jeder erledigte sie nach eigenem Ermessen. Kein Mißton verstimmte die Harmonie.

Die wissenschaftliche Zusammenarbeit mit Koch bezeichnete Wegener als eine der schönsten Zeiten seines Lebens. Der Däne studierte die »Thermodynamik« und diskutierte mit Wegener vermeintliche oder tatsächliche Mängel des Buches. Auch las er die Abhandlung über die Entstehung der Kontinente und erging sich im Anschluß daran in Spekulationen mit dem Autor. Sonntags pflegten sich beide zu einer Partie Schach hinzusetzen.

»Wir diskutieren noch immer eifrig über die Mechanik der Gletscherbewegung«, schreibt Wegener am 12. Dezember, »und sind dabei endlich zu einer wichtigen Entdeckung gekommen: Die ›Blaubänder‹ sind Rutschflächen, genau dasselbe wie die ›Druckschieferung‹. Das Eis ist nämlich trotz aller modernen Strömungstheorie doch keine ›vollkommene Flüssigkeit‹ und springt daher bei zu starker Deformation. Diese einfache Erklärung – der Grundgedanke ist übrigens nicht neu – gibt, konsequent durchgeführt, eine überraschende Fülle von Aufschlüssen, und es ist eine wahre Freude zu sehen, wie jetzt alle unsere Bilder von der Danmark-Expedition, denen wir damals noch ziemlich unverstehend gegenüberstanden, verständlich werden. Es fällt einem wie Schuppen von den Augen! Inzwischen habe ich auch eine Reihe recht guter Nordlichtaufnahmen erhalten, so daß in dieser Hinsicht bereits alle meine Erwartungen erfüllt sind. Die gleichzeitigen Beobachtungen mit Kurt auf Spitzbergen haben zwar noch keine brauchbaren Photos gegeben, aber ich ersetze sie, wenn das Nordlicht zu schwach dazu ist, durch Zeichnungen und Messungen, so daß anzunehmen ist – wenn Kurt gleichgünstige Bedingungen hat –, daß wir schon jetzt einiges Material besitzen. Wie es ihnen wohl geht auf Spitzbergen? Ich muß so oft an sie denken.«

Währenddessen strichen Füchse und Raben um die Burg auf dem kalten Rücken des Gletschers, stets darauf bedacht, etwas Freßbares zu erhaschen. Gloe hatte viel zu tun, das Eigentum der Besitzer zu verteidigen, tags gegen die Raben, nachts gegen die Füchse.

Auch die Pferde überstanden den Winter gut. Während der ganzen Zeit, bis zu Außentemperaturen von −45 °C, wurden sie täglich einmal auf dem Eis herumgejagt. Zu fressen erhielten sie außer ihrer Heuportion und dem Kraftfutter auch das Fleisch der geschlachteten Tiere, das mit Säge und Axt in Stücke geteilt werden mußte. Daß es auch Sehnen und Knochen enthielt, machte nichts. Anstelle von Wasser mußten sie sich jedoch mit Eis zufriedengeben, wovon jedes täglich einen Eimer bekam. Später kam man auf die Idee, das fettige Abwaschwasser und den am wenigsten verunreinigten Teil des fotografischen Spülwassers zu verwenden.

Neben den Nordlichtfotografien gelang eine große Sammlung von Mikrofotografien von den wechselvollen Formen der Schneekristalle und des Reifs; man gewann Aufnahmen der Blaubänder in den Steilwänden des Storstrømmen sowie eine Reihe weiterer Bilddokumente. Das Entwickeln war unter den

Alfred Wegener auf »Borg«

gegebenen Verhältnissen keineswegs einfach. Dank Wegeners eingehender Kenntnis des Fotografierens sowie seiner Erfahrungen erzielte man jedoch hervorragende Aufnahmen.

Die Expedition war die erste, die direkt auf Grönlands Inlandeis überwinterte. Jedes ihrer Ergebnisse hatte daher hohen Wert, so die erstmaligen Beobachtungen des Zodiakallichts in so hohen Breiten. Auch war die Temperatur bei Borg beträchtlich tiefer als an dem in gleicher Breite gelegenen Danmarkshavn und fiel im Winter unter −50 °C. Von besonderem Interesse aber waren die Temperaturmessungen im Eis. Für diesen Zweck wurden Bohrungen abgeteuft. Die ganze erste Hälfte des Winters waren Larsen und Sigurđsson täglich mit Bohrarbeiten beschäftigt. Es zeigte sich aber, daß man nicht weiter als bis 8 m Tiefe kommen konnte, da sich die langen Bohrstangen beim Herausziehen verbogen. Da kam es den Forschern sehr zustatten, daß sie direkt auf dem Rücken des Gletschers wohnten. Von der Stube aus schlugen sie einen 7 m tiefen Schacht vertikal ins Eis hinein, in den sie mit der Strickleiter abstiegen. Vom Boden aus bohrten sie weiter und erreichten in zwei Bohrlöchern 18 und 24 m Tiefe.

Die von den jährlichen Temperaturschwankungen unabhängigen Messungen der Temperatur im Innern des Gletschers widerlegten die alte Auffassung, daß ein Gletscher, um fließen zu können, eine Temperatur nahe dem Schmelzpunkt haben müsse, und zeigten vielmehr, daß die Temperatur fast gleich der Jahresmitteltemperatur ist.

Das Weihnachtsfest auf »Borg« verlief still und freundlich. Am Heiligabend war es – 42 °C kalt. Nach dem Essen, das aus Labskaus und Kaffee mit einem Berg von Kuchen bestand, zündeten die Männer sich gute Zigarren an und leerten eine Flasche Sekt. Auch die Tiere wurden nicht vergessen. Die Pferde bekamen eine Extraration Heu und jedes – anstelle von Eis – einen ganzen Eimer Wasser und Gloe einen riesigen Blutpudding. Erstmals nach seinem Unfall konnte auch Koch sich wieder an leichten Hausarbeiten beteiligen.

Unter den Geschenken, die die Männer auspackten, befand sich auch ein Grammophon, das ihnen fortan gute Dienste tat.

Am 28. 12. notierte sich Wegener: »Nun ist Weihnachten, das Mittwinterfest, vorbei. Daheim stehen die Weihnachtsbäume noch geschmückt, und man macht und empfängt Besuche und zeigt sich gegenseitig die schönen Geschenke. Und Gedanken fliegen von Berlin und Hamburg nach Spitzbergen und Grönland und umgekehrt. Und alle hoffen ... Eine ganze Arbeit war es, all die Weihnachtspakete auszupacken. Ich allein hatte sechs! Und was kam da alles zum Vorschein! Wir brauchten einen ganzen folgenden Tag dazu, um alles zu besichtigen und zu probieren, und noch heute sitzen wir vor einem hoffnungslosen Stapel von Kuchen, Konfekt, Obst, Schokolade, Madeira und guten Zigarren, obwohl wir so hart gearbeitet haben, daß wir alle, einschließlich Gloe, an verdorbenem Magen leiden. Das unvermeidliche, hier aber sehr willkommene Grammophon ist auch da und spielt uns – nach einer kleinen Reparatur – Weihnachtschoräle und anderes vor – Und die Bilder! Jetzt habe ich doch endlich ein paar Bilder von Else. Und Elses zweiter Farbdruck ist an die Stelle des ersten getreten, der sich nach und nach mit einem schwärzlichen Nebel verhüllte. Auf dem neuen Bilde leuchten die Farben frisch, daß es eine wahre

Freude ist. Ich freue mich jedesmal darüber, wenn ich es ansehe.«

Sämtliche Geschenke wurden für gemeinsames Eigentum der ganzen Expedition erklärt. Nur bei Wegeners belletristischer Lektüre, über 20 Hefte in deutscher Sprache, war dies schlecht möglich. Damit auch Larsen und Sigurđsson etwas davon hatten, trug Koch sie auf dänisch vor, indem er den deutschen Text extemporierte; zunächst Humoresken von Mark Twain, dann »Eine Gutsgeschichte« der schwedischen Nobelpreisträgerin Selma Lagerlöf. Besonderes Vergnügen bereitete es dem Dänen, dem deutschen Wissenschaftler, dem dänischen Seemann und dem isländischen Bauern nach deutschem Text eine schwedische Erzählung auf dänisch vorzulesen. Mehr als eine Stunde indes konnte er das nicht durchstehen.

Im Januar war es bitter kalt. Am Morgen lag die Temperatur in der Stube fast niemals höher als – 10 °C. Jeder der Männer war froh, wenn er nicht an der Reihe war, die Morgengrütze zuzubereiten und statt dessen eine halbe Stunde länger im Schlafsack liegenbleiben konnte.

Quer durch Grönland. Der 14. Februar 1913 war der größte Festtag auf »Borg«. Die Sonne kam wieder! Zwei Stunden lang blickte sie verstohlen über den Horizont und zeigte ihren obersten goldenen Rand über dem Gletscher im Süden. Die Überwinterer standen alle vier draußen auf dem schneebedeckten und steifgefrorenen Abfallhaufen, dem höchsten Punkt im Umkreis vieler Kilometer, und freuten sich über den langentbehrten Anblick. Jetzt waren sie wieder richtige Menschen mit Schatten!

»Sonnenschein im Hause!« schrieb Wegener. »In dieser verräucherten, rußgeschwärzten Giftbude, deren einst weiße Decke längst nicht mehr grau, sondern schwarz, pechschwarz ist, – Sonnenschein!« Er nutzte das wiedergekehrte Licht, um eine Reihe vorzüglicher Aufnahmen von Luftspiegelungen anzufertigen, die eine Fortsetzung seiner Arbeiten während der »Danmark«-Expedition waren.

War schon während der Winternacht jede Gelegenheit mit erträglichem Wetter und Mondschein genutzt worden, um die Pferde im Freien in Bewegung zu bringen, wurden diese Touren jetzt häufiger und länger, und stets waren sie nach Westen gerichtet. Auf diese Weise erwarben sich die Forscher bald eine eingehende Ortskenntnis. Am 5. März fanden sie so während einer 10stündigen Fahrt bei – 40 °C durch das stark gefaltete Eis im südlichen Teil des Storstrømmen eine zwar sehr gekrümmte und immer noch sehr unebene, aber immerhin überhaupt fahrbare Route durch das Labyrinth der Gletscheroberfläche zum Fuße des Dronning-Louise-Lands. Während die Menschen Mühe hatten, sich gegen Frostschäden zu schützen, verursachten die tiefen Temperaturen den Pferden keine Beschwerden, denn sie waren im Winter langhaarig geworden.

Schon einen Tag später begannen die Schlittenreisen, die zunächst die Auslage von Depots im westlichen Teil des »gelobten« Landes zum Ziel hatten. Der Weg führte durch tiefen, lokkeren Schnee, in den die Pferde bis zum Bauch einsanken. Dann ging es die steile Stirn des nach Westen führenden Gletschers Borg Jøkel hinauf, vor dem sich eine Endmoräne von ungefähr 150 m Höhe befand. Er war so steil, daß die Männer sich am Schweif der Pferde festhielten, um nicht auszugleiten. Die Tiere hatten dank der unter die Hufeisen geschlagenen Spitzen einen festen Stand. Aber natürlich konnte man nur mit halber Last fahren.

Bis Ende März blieb die Winterstation auf »Borg« stets von einem Beobachter besetzt, der die meteorologischen Ablesungen weiterführte; danach ließ man bei Abwesenheit nur noch die Registrierinstrumente weiterlaufen, und persönliche Ablesungen erfolgten nur noch sporadisch.

Die Depotreisen blieben beschwerlich. Die größten Schwierigkeiten bot das Gelände, der Weg durch die unebene Randzone des Inlandeises und die sich anschließenden Bergketten des ganz von Inlandeis umgebenen Königin-Louise-Landes. Die tiefen Temperaturen taten ein übriges. Die Pferde konnte man nicht die ganze Nacht über ungeschützt stehen lassen. Die Männer mußten daher an jedem Zeltplatz einen Stall in den Schnee graben, der oben mit Brettern gedeckt und ganz mit Schnee geschlossen wurde. Diese Arbeit allein nahm jedesmal Stunden in Anspruch. Mehrfach wurde die Depotauslegung auch durch Havarien oder mehr oder weniger ernste Unfälle unterbrochen. Sobald es möglich war, nahmen Wegener und Koch wissenschaftliche Detailuntersuchungen vor. Wegener fotografierte die 10–30 cm hohen Reifwälle zu beiden Seiten der neugebildeten Spalten, die anscheinend von der Fjordoberfläche bis hinunter zum offenen Wasser reichten, und fertigte eine neue Serie Aufnahmen von Luftspiegelungen an. Das Motiv war fast immer das gleiche: ein kleiner Berg namens Gundahls Knold. »Dieser«, schrieb er daher, »wird uns verschiedene Pfund über das Inlandeis zu schleppen geben.«

Indes zeigte sich, daß der Borg Jøkel mehr und mehr nach Norden zog und zuletzt die Richtung Nordnordwest hatte, während der Generalkurs die Durchquerung Westsüdwest sein sollte. Als sich nach Passieren eines Klippenvorsprungs dem Blick nach Süden ein wildes tiefes Tal öffnete und man zwischen den Bergspitzen dahinter schon den Hochjökel an der anderen Seite des Dronning-Louise-Lands zu erkennen meinte, lenkte der Expeditionsleiter am 5. 4. kurzentschlossen in dieses Tal, dessen Grund von einem großen See erfüllt war. Er war 5 km lang, und an seinem südlichen Ende kamen zwei Gletscher zwischen den Bergen heraus, von denen der nähere, der Kursbræ, sein Ziel war. Aber Koch hatte »Lotterie gespielt« und sein Glück in einem schwierigen Gelände gesucht, ohne den Weg zuvor auszukundschaften. In früheren Jahren habe er diese Methode öfter mit Erfolg angewandt und dabei viel Zeit gespart, stellte er fest, diesmal jedoch »eine Niete gezogen«.

Wegen der schwierigen Wegverhältnisse gezwungen, die Strecke mehrfach zu gehen – was zu einem frühzeitigen Verschleiß der Pferde führte – brachten die Männer bis zum 11. April fast ihr ganzes Gepäck für die Durchquerung zum Depot am Kursbræ in mehr als 1000 m Seehöhe. Ein Rest, Proviant und Futter, lag verteilt an den anderen Zeltplätzen, gerade so viel, wie für die Reise nach »Borg« und wieder zurück gebraucht wurde. Auf der Winterstation selbst befand sich noch Proviant und Futter für sieben Tage.

Der nächste wurde ein langer Tag, denn 75 km trennten die Gruppe inzwischen von »Borg«. Dort sollte den Tieren vor Beginn der Durchquerung noch eine kurze Rast gewährt werden, und auch ein paar abschließende Arbeiten waren zu erledigen.

Vordringlich war, an geeigneter Stelle eine Nachricht über die glückliche Überwinterung und die Lage des Winterhauses zu deponieren, um im Falle eines Unglücks spätere Nachforschungen nicht in die Irre zu leiten, wie es im Moment der Fall war, da ein hinterlegter Bericht besagte, daß die Expedition auf dem Dronning-Louise-Land zu überwintern gedenke.

Zwei Tage lang hatte ein heftiger Schneesturm getobt, als

sich Wegener und Larsen am 17.4. per Ski nach Kap Stop begaben. Es war dies der letztmögliche Termin, denn in 3 Tagen würde man gezwungen sein, Borg aufzugeben. Wieder zog schlechtes Wetter auf, das die Männer auf dem Rückweg genau von vorn traf. Gerade als sie das Haus wieder erreichten, weitete es sich zu einem Schneesturm solcher Stärke aus, daß jedes Hinausgehen mit Lebensgefahr verbunden war. Massen von Neuschnee bedeckten am nächsten Morgen das Land, und Borg war bis über die Fenster verweht.

Während der Sturm anhielt, wurden am nächsten Tag die letzten Schäden ausgebessert und genäht, die Sachen sortiert und eingepackt, dann das Zimmer gefegt, der Stall gereinigt, aufgewaschen. Am Abend kamen die letzten Zigarren und der letzte Kognak auf den Tisch für ein letztes Fest, und zum letztenmal wurde das Grammophon in Gang gesetzt.

Am 20. April verließen die Männer mit 5 Schlitten und 5 Pferden endgültig das Winterhaus »Borg«, das, wie sie errechnet hatten, auf dem kalten Rücken des Gletschers in 5 Monaten um 735 m nach Südwesten gewandert war. Wann würde es, das ihnen trautes Heim gewesen war, Beute der sommerlichen Abschmelzungsprozesse und einer schließlichen Kalbung im Borgfjord werden?

Noch einmal wurde die Liste der mitzuführenden Gegenstände sorgfältig durchgesehen – denn ein kleines Versehen konnte verhängnisvoll werden –, dann wurden die Pferde vor den wohlgezurrten Schlitten in Bewegung gebracht. Mehr als 1000 km lagen vor ihnen. Wegener äußerte: »So, Koch, jetzt beginnt die Heimreise!« In seinem Tagebuch steht: »Ich bin froh, daß es nun endlich losgeht. Die Temperaturen sind jetzt wohl nicht mehr so tief, daß man darunter leidet – in ein paar Tagen haben wir ja Mitternachtssonne! Und mir ist der Aufenthalt hier in unserer Räucherkammer herzlich über. Ich will nun etwas Neues sehen.«

Bis zum Depot auf dem Borg Jøkel, das man nach fünfzehneinhalbstündigem Marsch erreichte, und weiter bis zum Kursbræ verlief alles wie vorgesehen; dann erwartete eine neue Überraschung die Reisenden. Man hatte gewähnt, schon die fast ebene Hochfläche des Eises erreicht zu haben, auf der man unbehelligt von Terrainschwierigkeiten den Kurs wählen konnte. Statt dessen eröffnete sich aber von der Höhe des Schneerückens der Blick auf ein reichgegliedertes, teilweise schneefreies Gebirgsland, dessen zackige Grate und Kämme man nicht einfach überqueren konnte, sondern in großem Bogen nördlich zu umgehen gezwungen war.

Es war eine harte Tour: fast jeden Tag Wind, der die Luft mit Treibschnee füllte. Günstigenfalls wirbelte er unter den Hufen der Pferde, wuchs aber bei stärkerem Wind hinauf an den Beinen der Tiere und den Körpern der Menschen, setzte sich in Kleidern und Haaren fest, stach in die Haut und brannte in den Augen. Die Männer kämpften sich durch das Treiben, das von einem durchdringenden Pfeifton begleitet war (er kam von den harten kantigen Schneekörnern, die bei ihrem rastlosen Streben über den Gletscher rundgeschliffen wurden). Sie sahen nicht mehr, wohin sie den Fuß setzten, glitten aus und fielen, standen auf, taumelten und fielen wieder auf den harten Eisboden.

Anfangs waren die Männer geneigt anzunehmen, mit dem Wetter Pech zu haben, und zogen es vor zu lagern, wenn das Schneetreiben zu stark war. Sie meinten, es wäre ökonomischer, auf gutes Wetter zu warten, weil die Pferde, ihre Last durch das Gestöber schleppend, schneeblind wurden, so daß ihre Augen sich entzündeten und eiterten. Erst allmählich wurde ihnen klar, daß Wind und Treibschnee der normale Zustand in der Randzone des Inlandeises waren. Wollten sie über Grönland hinweg, mußten sie diese Verhältnisse wohl oder übel in Kauf nehmen.

Manchmal gab es Schneefegen bei blauem Himmel, dem sich dann auch eine freundlichere Seite abgewinnen ließ. »Wenn man«, notierte sich Wegener zu dem für die örtliche Natur so charakteristischen Schauspiel, »dieses Heer von weißglänzenden Schlangen beobachtet, die in rastloser Jagd unter leisem Zischen über den Schnee eilen, dann fühlt man sich der Natur ganz nahe. Solche Augenblicke reinen Naturgenusses entschädigen für die vielen Widerwärtigkeiten, die unsere Reise mit sich bringt.«

Der Bau des Pferdestalls, der mit Hacken ins Eis geschlagen werden mußte, blieb harte Arbeit an jedem Zeltplatz. Dennoch nahm Wegener sich Zeit, alles ihm Interessante zu fotografieren. Am 29. April begab er sich zu dem einsam aus dem Eis ragenden Felsen Kaldbakur. Zu seiner Überraschung zeigte sich, daß er aus rotem Sandstein bestand, demselben, von dem – neben dem allerorts anzutreffenden Gneis – Bruchstücke in der

Grundmoräne des Inlandeises über das ganze Vorland verstreut waren. So gab es wieder einmal für ein Rätsel, das die »Danmark«-Expedition aufgegeben hatte, eine Lösung.

Erst nachdem ein zum Orkan angewachsener Wind, der die Gruppe eine ganze Woche lang stillzuliegen gezwungen hatte, abflaute, ging es weiter. »Wann werden wir endlich die günsti-

Zeltplatz mit Pferdestall

gen Bedingungen bekommen, die doch für das Inlandeis charakteristisch sein sollen?«, fragte sich Wegener. »Sind wir denn ausgemachte Pechvögel? Es ist ja doch ein Hundeleben, das wir führen! Tagelang liegen wir ohne Unterbrechung im Schlafsack.«

Am 6. Mai passierten die Männer Punktum, den letzten Nunatak im Westen. Nun hatten sie das Land hinter sich und waren von den vielen gewundenen Umwegen verschont, die dieses ihnen aufgezwungen hatte. Es war dies ihr Einzug in die weiße Wüste. Weit wie das Meer dehnte sich die weiße Fläche vor ihnen, fast ringsum den Himmel erreichend. Und wie auf hoher See konnten sie nun ihren Kurs steuern, dessen Ziel ein östlich der Siedlung Upernavik an Grönlands Westküste gelegenes Depot war, das ihr Kamerad Lundager im Sommer 1911 angelegt hatte.

Die Gruppe befand sich nun 2000 m über dem Meer. »Diese äußere Zone des Hocheises, die wir jetzt passieren, ist kein gastliches Gebiet«, notiert Wegener bei ausgezeichnetem Wetter und prächtigstem Sonnenschein. »Glashart, vom Sturme gepeitscht, ist hier die Schneeoberfläche, denn unter normalen Witterungsverhältnissen jagt hier der Sturm ununterbrochen den Treibschnee dahin ... Wir stehen jetzt an einem wichtigen Abschnitt unserer Reise. Denn von jetzt ab wollen wir die gesamte Bagage auf einmal transportieren, statt der bisher notwendigen umständlichen Doppelfahrt. Da heißt es, überall das Gewicht soweit als möglich zu reduzieren. Von unserer persönlichen Ausrüstung bleibt alles, was sich als entbehrlich gezeigt hat, zurück, das bisher mitgeschleppte Dach des Pferdestalls wird jetzt durch das Schlittensegel ersetzt werden müssen, und wir gehen von dem bisher gebrauchten, reichlichen, aber schweren Überwinterungsproviant zu unserm Reiseproviant, im wesentlichen Pemmikan, über. Trotzdem werden wir fast 700 Pfund auf jedem Schlitten haben müssen«.

Schier endlos dehnte sich der Weg. Tagereise für Tagereise trotzten die Männer ihm gegen die rastlose Flucht des treibenden Schnees und gerade entgegen dem beständig wehenden Wind ab. Langsam aber stetig kamen sie vorwärts mit einer Durchschnittsgeschwindigkeit von 15 km am Tag, genau der, die man zu Hause den Berechnungen für Proviant und Futter zugrunde gelegt hatte. Aber gerade die Einförmigkeit machte die Reise besonders ermüdend: stets derselbe blaugraue Himmel, immer die unveränderliche weiße Schneefläche; keine Wolke, keine nackte Felsspitze, die das Einerlei unterbrechen und die Phantasie in Bewegung setzen konnte. Mit Rücksicht auf die Pferde wurden nun täglich zwei kurze Märsche mit langer Mittagspause ausgeführt.

Über einen dieser Tage berichtet Alfred Wegener: »10. Mai. Nach 13 Kilometern Marsch mußten wir Zelt schlagen. Zehn Meter Wind je Sekunde. Schneefegen und – 20 Grad Kälte, das sind doch wirklich harte Reisebedingungen! Man weiß nur nicht, was greulicher ist, der Marsch gegen diesen treibenden Schnee, bei dem man dauernd im Kampf gegen Erfrierungen liegt und einem das Gesicht mit Eis zuwächst, oder der Aufenthalt in dem für vier Personen eigentlich zu kleinem Zelt, dessen Wände fingerdick mit Reif bedeckt sind und in welchem alles, aber buchstäblich alles, vom Schlafsack und der Fußbekleidung bis zur Spirituspfanne auf dem Primus mit Treibschnee gefüllt ist, und trotz ständigen Reinigens immer wieder neu gefüllt wird.«

Allein das Auspacken der Instrumente zur Bestimmung ihrer Position brachte den Wissenschaftlern eine Gemütsaufhellung. »Länge, Breite und Höhe, das sind die drei interessantesten Dinge, die es hier gibt«, bemerkte Wegener dazu.

Seit Tagen schon begleitete ein Schneesperling die Karawane von Zeltplatz zu Zeltplatz und wurde schließlich zum lieben Reisekameraden. Die Temperaturen blieben so tief, daß nirgendwo der Bau eines Stalls für die Pferde, die ohnehin unter dem Treibschnee zu leiden hatten und durchweg am rechten, dem Wind ausgesetzten Auge krankten, unterbleiben konnte. Gewöhnlich mußte anschließend ein Teil der Heusäcke geflickt werden, in die die Tiere große Löcher gebissen hatten.

Am 15. mußte »Polaris« erschossen werden. Das Tier war überanstrengt und an diesem Tag trotz minimaler Schlittenlast nur mühsam einige Kilometer voranzubringen. Doch dem ersten Opfer der weißen Wüste folgte schnell ein weiteres. Nach einer durch Schlechtwetter verursachten Zwangspause wurde am 21. nur wenige Kilometer von dem schon halb eingeschneiten Kadaver der »Kavalier« getötet.

Bei Wegener wechselten resignierende Grübeleien mit euphorischen Plänen. Einmal schrieb er: »Man sollte meinen, die (durch das schlechte Wetter – U. W.) erzwungene Ruhe müßte den Geist auf wissenschaftliche Probleme hinlenken und bewirken, daß man über diese Dinge nachgrübelt, von denen ich doch weiß, daß sie mich daheim unausgesetzt beschäftigen. Aber es kommt nur hin und wieder zu unbedeutenden Anfängen ... Ich sitze sozusagen die ganze Zeit vor den Problemen, aber die Phantasie dringt nicht hinein, sondern wählt andere Wege. Zwei Dinge sind es, die sie unablässig durchläuft, vor- und rückwärts, und beide sind von abscheulich materieller Natur: Wie werde ich mir die Wohnung mit Else einrichten und was für Essen werden wir kochen«, wenige Tage später sogar: »Wir wissen noch immer nicht, ob einer von uns die Westküste lebend erreichen wird«, und dann wieder: »Der heutige Marsch ist bei dem guten Wetter ein wahres Vergnügen. Wir gehen jetzt alle vier auf Ski. Koch geht voraus und hält die Richtung. Um unseren Kurs zu halten, benutzen wir ausschließlich die Sonne, nicht den Kompaß, dessen Abweichung ja ziemlich unsicher ist und der überhaupt unzuverlässig zu sein scheint, abgesehen davon, daß seine Alkoholfüllung jeden Morgen gefroren ist ... So ziehen wir jetzt schnurgerade durch die Wüste unserem Ziel entgegen, und mit ganz erfreulicher Geschwindigkeit. Heute vormittag haben wir in vier Stunden 14 Kilometer zurückgelegt und wollen nach der Pause noch drei Stunden weitermarschieren ... Ich beginne mich für die Klimatologie des Inlandeises zu interessieren. Wir hatten heute wieder −28 Grad. Diese Kälte ist doch auffallend. Ich werde wohl einen Aufsatz über das Klima der grönländischen Hochwüste ausarbeiten müssen ..., bei dem mir hoffentlich Vater Köppen helfen wird«.

Im gleichen Maße, wie die Karawane der Zentralzone näher kam, ließ der Wind in seiner Stärke nach und drehte allmählich nach Süd. Dafür entwickelte sich die Sonnenstrahlung zu einer Plage. Infolge ihres mit zunehmender Höhe höheren UV-Anteils bewirkte sie die Schädigung und schließliche Ablösung der Gesichtshaut. »Am meisten mitgenommen ist meine Nase«, kommentiert Wegener, »die Haut hängt in Fetzen herab, und sie ist eine einzige Frostwunde, auch das Kinn ist vollständig verbrannt. Es ist nur gut, daß einige Zeit vergeht, bis man mich in der zivilisierten Welt wiedersieht. Man würde denken, ich hätte Aussatz.«

Indem die Expedition sich dem Zentralteil Grönlands näherte und der anfangs so lästige Wind mehr und mehr abflaute und sich schließlich ganz legte, kam sie auch Schritt für Schritt höher. Am 23. Mai waren 2500 m über dem Seespiegel erreicht, vier Tage später 2600 m überschritten; am 1. Juni zeltete man auf 2700 und sechs Tage später auf 2800 m Seehöhe. Mehr und mehr begann sich nun bei Mensch und Tier der niedrige Luftdruck störend bemerkbar zu machen. Während die Männer an Atemnot litten und plötzlichen Kraftanstrengungen nicht gewachsen waren, fiel die Leistung der Pferde beträchtlich ab, obwohl sie viel kräftiger gefüttert wurden und nunmehr jedes täglich 5 kg Heu und 2–3 kg Kraftfutter erhielten. Da sie höhere Rationen ohnehin nicht vertrugen, wurde ein Teil ihres Kraftfutters kurzerhand zu Menschenproviant. Den Männern gab das die Gewißheit, sich bis zur Küste durchschlagen zu können, selbst wenn mit den Pferden etwas schief ginge.

Gleichzeitig nahm die Festigkeit des Schnees ab. Damit hatte man gerechnet. Die Männer, die selbst längst auf Ski gingen, legten den Tieren die mitgeführten Pferdeschneeschuhe an, ovale dicke, aus Buchenholz bestehende Platten, welche einfach an die Hufeisen angeschraubt wurden. Aber obwohl sie sich schnell daran gewöhnten und dann augenscheinlich eine große Erleichterung in dem weichen Schnee hatten, mußten sich die Forscher in Sorge um die Tiere immer häufiger selbst vor die Schlitten spannen und mitziehen. Deren Kräfteverfall konnte dadurch jedoch nur hinausgezögert, nicht aufgehalten werden. Am 4. Juni ging das dritte Pferd, genannt »Die Dame« verloren, und am 11.6. mußte der »Fuchs« erschossen werden.

Während man nach anstrengenden Tagesmärschen Station machte, insbesondere aber an den Rasttagen, wurden meteorologische Messungen und gletscherkundliche Beobachtungen ausgeführt. Am 5. Juni, einem Rasttag, gruben Wegener und Koch ein 6 m tiefes Loch, um die Schneetemperaturen und die Änderung der Dichte nach der Tiefe hin messen zu können. Zu Wegeners Überraschung stellte sich heraus, daß die Schneetemperatur nur bis zu drei Meter Tiefe abnahm, um dann wieder zuzunehmen.

Am selben Tag rauchte er seine letzte Pfeife. Für seine allerletzte hatte er freilich gesorgt, indem er schon tagelang die feuchten Tabakreste aus seiner Pfeife gekratzt und getrocknet hatte. »Man wird sparsam, wenn man es so weit zum Kaufmann hat«, bemerkte er dazu.

Am 10.6. bildete ein weißer Regenbogen für Wegener das Ereignis des Tages. Er bewies ihm, daß der morgendliche Nebel nicht aus Eiskristallen, sondern aus Wassertröpfchen bestand – und dies bei –31,4 °C. Am nächsten Tag bei –33,4 und nochmals am 12.6. bei –34,5 °C wiederholte sich die seltene Naturerscheinung. Wegener und Koch benutzten den 12. – wieder ein Rasttag – zugleich, um nochmals ein Loch zu graben, und stießen bis in 7 m Tiefe. Unterhalb von 5 Metern wurde es eine harte Arbeit. Der Firn war so dicht, daß man mit einem kräftigen Spatenstich gerade noch 6 cm tief kam und die Spitzhacke gebrauchen sollte; die aber war zur Erleichterung des Gepäcks längst fortgeworfen worden. Wegener nahm eine Temperaturkurve und machte Fotos von der an der Wand des Loches sichtbaren Firnschichtung.

Der fast vollständige Mangel an Abwechslung machte die Expeditionsteilnehmer schweigsam. Eine Fuchsspur im Innern Grönlands, auf die sie stießen, gab ihnen Unterhaltungsstoff für 3 Tage. Sollte Land in der Nähe sein? Und der Schneesperling, der sie noch immer getreulich begleitete und mit seinem Zwitschern erfreute, wurde so als zur Reisegesellschaft gehörend betrachtet, daß, blieb er einmal fort und war dann wieder vor dem Zelt zu hören, dies im Tagebuch aufgezeichnet wurde.

Rast in der westlichen Windzone. »Grauni« mit Schneeschuhen

Am 13. Juni erreichte die Gruppe, etwas näher der West- als der Ostküste, mit 2935 Metern den höchsten Punkt. – Nun würde es endlich wieder abwärts gehen. Die Schneeoberfläche war eben und zeigte nicht die geringsten Windfurchen. Anstelle des Schneetreibens war Nebel getreten, der namentlich am Morgen so dicht war, daß er die Sonne verbarg. Zum Depot an der Westküste waren es noch etwa 400 km.

Die Männer, deren Weg die Leichen von vier Pferden kennzeichnete, hatten den sehnlichen Wunsch, »Grauni«, dem letzten Pferd, dasselbe Schicksal zu ersparen und das Tier an der Westküste an Land zu bringen. Es war ein starkes Tier, der Liebling aller, das stets den Löwenanteil der Arbeit verrichtet und dennoch seine Kräfte besser als die anderen bewahrt hatte, ein treuer Kamerad, von dem sie nicht scheiden mochten. Die Männer spannten sich daher selbst mit vor den Schlitten, um »Grauni« die Arbeit zu erleichtern. Sie beraubten sich gar eines Teils ihres Proviants, namentlich des Brots, und gaben es dem Tier. Später ging »Grauni« hinter anstatt vor dem Schlitten, und schließlich wurde er auf dem Schlitten liegend von den Männern gezogen.

Mit zunehmender Neigung der Schneeoberfläche erreichten die Forscher auch wieder die Windzone. Aber diesmal stand ihnen der Wind im Rücken. Man brachte daher ein Schlittensegel an, das an zwei Masten befestigt wurde und fortan von großem Nutzen war. Mitunter wurde es so steil, daß der Schlitten mit dem obenauf liegenden Pferd und gesteuert von zwei Männern kilometerlang die Hänge hinunter raste.

So erreichte man die westliche Randzone, die dem Vormarsch mit knolligem Eis, tiefeingeschnittenen Bächen und Gletscherspalten die üblichen Hindernisse in den Weg legte. Die größer werdenden Sastrugi und die immer fester, eisartiger werdende Gletscheroberfläche waren indes deutliche Zeichen für die Nähe des Landes. Dann sahen die Reisenden die Wolkenbildungen, die das Küstenland säumen, und am 2.7. endlich kam das Land in Sicht. Dunkel, mit steilen schwarzen Abstürzen und weißen schneebedeckten Zinnen lag es vor ihnen. – Nun galt es, zum Lebensmitteldepot zu kommen, dessen Lage in der Karte bezeichnet war. Überdies hatte man von Lundager angefertigte Skizzen der umgebenden Berge, wie sie mit Blick vom Inlandeis aus erscheinen.

Am 4.7. stand das Zelt nur 6 km vom Land entfernt in schon

sehr unebenem Eis. Man war genötigt, nach einer befahrbaren Route zu suchen.

Die Männer fanden das östlich dem Berg Pingut gelegene Depot ohne Schwierigkeiten, und auch Gras für »Grauni« gab es in der Nähe genug. Allerdings war der Weg mühsam. Als sie zurück waren, fanden sie das Tier aber schon sterbend. Wenige Kilometer vom Land entfernt, das ihm Rettung gebracht hätte, hatte die weiße Wüste ihr letztes Opfer geholt.

Am 7. Juli hatten die Forschungsreisenden ihr Gepäck an Land. Sie feierten das Ereignis mit einem Festmahl aus den Vorräten des Depots, gekrönt durch eine Zigarre. »Es war ein ganz eigentümliches Gefühl, nach all diesem Schnee einmal wieder Land, richtiges Land, unter den Füßen zu haben, Blumen im Winde wiegen zu sehen, Hummeln und Schmetterlinge zu beobachten und dem Gezwitscher der Vögel zu lauschen«, beschreibt Wegener seine Eindrücke. »Wie ein Paradies kam uns diese, von normalen Menschen sicher für recht trostlos angesehene Moränenlandschaft am Eisrande vor.« Unmittelbar zuvor hatte es allerdings noch einen Zwischenfall gegeben, indem beim Passieren des Lakseelven (Lachsfluß), der ihnen, tief, breit und voller trüben, schäumenden Gletscherwassers, ebenso den Weg verlegte wie sein Namensvetter in Ostgrönland, um ein Haar alles wissenschaftliche Material verlorengegangen wäre. Wegener schildert es so: »Das Gepäck zogen wir an einem Tau hinüber. Als erstes kam der ›Medizinkasten‹, in dem wir alle photographischen Platten, Filme, Journale, Tagebücher usw., also das ganze Material unserer Winterarbeit, verpackt hatten. Und er fiel ins Wasser! Der reißende Strom entführte ihn in wenigen Augenblicken in den nahen See, wo er natürlich gesunken wäre, wenn Vigfus nicht gleich ins Wasser gesprungen wäre und ihn gerettet hätte. Freilich öffnete sich dabei der Dekkel, der ganze Kasten lief voll ... Glücklicherweise herrscht heute trockenes, warmes Wetter, sonst wäre wohl der größte Teil unserer wissenschaftlichen Resultate verlorengegangen. Nun liegt alles draußen zum Trockenen auf den Steinen, und wir hoffen, daß wir den Schaden wenigstens zum größten Teil wieder gutmachen können.«

Zum ersten Mal seit zehn Monaten zeigte das Thermometer wenige Grad über Null. Dabei wäre im Moment etwas Kälte besser gewesen, dann wäre der Fluß nicht so hinderlich geworden. Dem Inlandeis indes konnte die Expedition für diesmal

Lebwohl sagen. Der Landweg nach der an der Außenküste gelegenen Kolonie Prøven, den man in wenigen Tagen bewältigen wollte, erschien geradezu wie ein Kinderspiel.

Das Wichtigste zunächst war, Mittel zur Überwindung des zwischen Prøven und dem Depot befindlichen Laksefjorden zu beschaffen. Es wurde eine Fähre gebaut und dazu der Schlitten benutzt, der mit dem wasserdichten Segeltuch der Schlafsackbezüge bekleidet wurde. Freilich mußten die zerschlissenen Bezüge zuvor geflickt und ausgebessert werden. Die Erprobung auf dem nahen Schmelzwassersee brachte zufriedenstellende Resultate, zeigte indes doch, daß die Fähre nur einen Mann zu tragen vermochte. Ihre Tragfähigkeit wurde daher durch an den Seiten angebrachte Schwimmkörper aus Blechbüchsen, die ursprünglich Brot für die Pferde enthielten, das nun nicht mehr benötigt wurde, so vergrößert, daß das Gefährt gerade zwei Mann und 25 kg Gepäck tragen konnte. Ein besonders ungewöhnliches Aussehen hatten die Ruder, die aus Zeltstangen und einem Paar kanadischer Schneeschuhe gefertigt wurden.

Am Abend des 9. Juli verließ das Quartett den Zeltplatz. Die gesamte Bagage blieb am Depot zurück, insbesondere auch Zelt und Schlafsäcke, da sie in den wenigen Tagen bis zum Erreichen von Prøven kaum noch benötigt werden würde. Sogar auf den Kochapparat wurde verzichtet. Dennoch war die Last noch erheblich: der für fünf Tage berechnete Proviantvorrat sowie die Fähre, die allein nahezu 40 kg wog. Auf jeden kamen daher gut 30 kg, für Alfred Wegener, eher von schmächtiger Statur, eine fast erdrückende Last. Eile war geboten, denn wegen der knappen Vorräte würde jede Verzögerung verhängnisvoll werden. »Ich muß gestehen«, schreibt Wegener daher, »mir ist dieses Zigeunerleben im Augenblick recht über, ich sehne mich wirklich nach einer mehr geordneten Lebensweise und – nach Nachrichten von zu Hause! Ich fürchte, ich werde unseren Sommerunternehmungen nur noch wenig Interesse abgewinnen können. Ich bin reisemüde, schrecklich reisemüde.«

Schon bis zum Lakseelven brauchte man zwei Tage, alle von den schweren Traglasten hart mitgenommen. Da sie keinen Schutz gegen die Unbilden der Witterung hatten, befolgten sie dauernd die Marschmethode, nach einer Anzahl von Marschstunden eine etwa einstündige Rast einzulegen, während der sie sich, wie sie gingen und standen, auf die Erde warfen und augenblicklich in Schlaf fielen, aber schon nach kurzer Zeit durch Kälte und von Mücken arg zerstochen wieder geweckt wurden, worauf es sogleich weiterging. So kam man ans Ufer. Und während Wegener noch einige letzte barometrische und hypsometrische Messungen vornahm, wurde die primitive Fähre zusammengesetzt.

Die Überquerung des Fjords gelang ohne Komplikationen. Nun glaubten die Männer, die letzte Gefahr überstanden zu haben und sicher sein zu können, in einigen wenn auch beschwerlichen Tagesmärschen das der auf einer Insel befindlichen Kolonie gerade gegenüberliegende Ufer zu erreichen, von wo aus sie sich bemerkbar machen und sicher auf Hilfe rechnen konnten.

Das Gelände wurde indes immer schwieriger, je weiter sie vordrangen. Hohe Felsrücken nötigten zu ermüdenden Aufstiegen und schwierigen Klettereien. Langgezogene Seen verlegten den Weg und zwangen zu Umwegen. Die Karte, die im wesentlichen nur die Küstenlinie in großen Zügen, und auch die oft unrichtig, wiedergab, erwies sich als unzuverlässiges Hilfsmittel, und durch geradezu irreführende Bergsignaturen blieben ermüdende Irrgänge nicht erspart. »Beschwerlich, unendlich beschwerlich wurde dieser Weg«, beschreibt Wegener die Situation. »Zwischen Tag und Nacht machten wir keinen Unterschied. Wir gingen 50 Minuten lang und ruhten zehn Minuten aus, und wenn wir auf diese Weise etwa vier Stunden gegangen waren, kochten wir ab – ohne Primusapparat eine langwierige und beschwerliche Prozedur«, für die nur Heidekraut und etwas mitgeführtes Petroleum zur Verfügung stand.

Als der Proviant bis auf einen unbedeutenden Rest aufgezehrt war, trennten die Gruppe noch etwa 15 km Luftlinie von dem Punkt, von dem aus sie mit der Kolonie in Verbindung treten konnten.

Da setzte Regen ein, der die Männer binnen kurzem bis auf die Haut durchnäßte. Indem sie höher kamen, gesellte sich noch Nebel dazu und der Regen verwandelte sich in Schnee. Ohne Kompaß verloren sie in dem zerklüfteten Gebirgsland die Übersicht. In kräftezehrendem Marsch ging es auf und ab. Gelegentlich suchten sie unter einem Stein Schutz vor dem Schneeregen, aber bei ihrer durchnäßten Kleidung trieb sie die Kälte bald weiter. Eine freudige Überraschung war es, als sie in der Tiefe Wasser erblickten. Der Fjord aber, der sie verleitet hatte, vom Gebirge herabzusteigen, war nicht der gesuchte und in ihrer Karte gar nicht eingezeichnet.

Nackte Felsen, die steil ins Wasser fielen, verlegten den Männern den Weg entlang dem Ufer. Es blieb also keine Wahl als wieder hinauf ins Gebirge zu steigen.

Sie mochten drei- oder vierhundert Meter Höhe erreicht haben, da versagten die Kräfte. Der ganze Vorrat an Lebensmitteln bestand in einer Büchse mit kondensierter Milch und vier Stück Hartbrot. Wegener sammelte die vereinzelt unter Felsblöcken stehenden einigermaßen trockenen Heidebüschel, um über dem Feuer die Milch zu wärmen. Die anderen saßen nur teilnahmslos da und sahen zu, wie der feuchte Strauch mehr Rauch als Wärme entwickelte. Während seiner Tätigkeit wurde Wegener schwarz vor Augen. Er nahm Kampfertropfen, um nicht ohnmächtig zu werden; den anderen ging es im Grunde noch schlechter.

Die langwierige Zubereitung der kargen Mahlzeit verschaffte den Männern etwa eine Stunde Rast. Dann trieb die Kälte sie weiter. Der Regen hatte wieder eingesetzt und ging, während die Erschöpften sich mit letzter Kraft weiterschleppten, in Schneegestöber über, das bald alles um sie herum verbarg. Sie fanden sich in dem Felsenlabyrinth nicht mehr zurecht. Nach einigem Suchen fand sich eine überhängende Felswand, die eben genug Platz für sie bot. Dort bauten sie sich nach Eskimoart eine Schutzmauer aus Stein und Moos, krochen alle vier dicht zusammen und deckten das Lager mit dem als Signalfahne mitgebrachten Schlittensegel zu. Es war so eng, daß sich alle auf einmal umdrehen mußten, wenn sie es in ihrer unbequemen Stellung nicht mehr aushalten konnten. Der Hund lag auf ihnen und wärmte so immerhin etwas.

So lagerten die erfolgreichen Bezwinger Grönlands einunddreißig Stunden lang in einem ohnmachtähnlichen Halbschlaf auf nackter Erde, während es draußen fast ununterbrochen schneite.

Erst am 15. Juli morgens hörte der Schneefall auf. Sie durften nicht länger zögern und beschlossen aufzubrechen. Es waren 35 Stunden seit sie die letzte Milch und 48, seit sie die letzte ordentliche Mahlzeit zu sich genommen hatten. Ihr bißchen Gepäck war schnell zusammengepackt. Der Schnee lag fußhoch.

Aber sie waren noch keine 30 Meter gestiegen, als sie die Kräfte erneut verließen. Drei mußten zu Kampfertropfen Zuflucht nehmen, um den Ohnmachtsanfällen zu widerstehen. Sie erkannten, daß sie am Ende waren und nicht mehr imstande, ihren Weg fortzusetzen.

»In mir empörte sich alles«, berichtet Wegener. »Sollten wir hier, ganz am Schluß einer so langen und gefahrvollen Reise, kaum zwei Meilen von der Kolonie entfernt, wie Tiere umkommen? Im Julimonat? War darin auch eine Spur von Logik? Mein ganzes Inneres lehnte sich dagegen auf, und meine Geistestätigkeit konzentrierte sich in einem einzigen mächtigen Gedanken: Ich *will* leben, ich *will* Prøven erreichen, und wenn der Himmel einstürzt!« In letzter Not schlachteten die Männer ihren Hund Gloe, der sie auf der ganzen Reise begleitet hatte, um, in Sicht schon des Fjords, der drohenden Katastrophe zu entgehen. Es war schwer, mit dem feuchten Heidekraut die Suppe zum Kochen zu bringen an jenem Morgen. Schließlich legten sie fest, daß das Essen fertig sei und begannen, das noch halbrohe Fleisch hinunterzuwürgen. Noch während sie aßen, bemerkte Wegener unten auf dem Fjord ein Segelboot. Mit aller Kraft begannen die Männer unartikuliert zu schreien und schossen eine Patrone ab. Zu ihrer größten Freude sahen sie das Boot wenden und auf das Land zusteuern. Als sie kurz darauf Antwortrufe hörten, wußten sie endgültig, daß es kein zufälliges Manöver war, sondern daß man mit ihnen Verbindung suchte. Die vier, ihre Portion Hundefleisch in der Hand, riß es hoch, und dieselben Menschen, die kurz zuvor noch mit Ohnmachtsanfällen zu kämpfen hatten und kaum die Beine heben konnten, sprangen nun behend und mit Leichtigkeit den steilen schlüpfrigen Abhang hinab, als ihnen schon einige Eskimos helfend entgegenkamen. Ihre wenigen Kenntnisse der Eskimosprache zusammennehmend, reichten die Geretteten ihnen die Hand und wünschten einen guten Tag.

Es zeigte sich, daß Pastor Chemnitz aus Upernavik ihr Retter war. Er ließ sogleich ein köstliches Mahl aus gekochten Alkeneiern, Butterbrot und Kaffee herrichten und erbot sich, die Expedition nach Prøven zu fahren, wo das eigene Motorboot und Post von zu Hause auf sie warten würden.

Etwa 3 Stunden später näherte man sich Prøven. Bevor man in den Hafen einlief, wurde die seidene Expeditionsfahne gehißt, und die Bewohner, die längst schon auf die Ankunft der Expedition warteten, wußten sofort, wer sich in Pastor Chemnitz' Boot befand. Wie auf ein Zauberwort flogen überall im Ort zur Begrüßung die Flaggen hoch, und während Kolonievorsteher Lemcke-Otto und Frau die Grönlandforscher an der Brücke begrüßten, hallten die Salutschüsse über die Insel.

Noch gab es Arbeit für die Expeditionsteilnehmer in Prøven, als Wegener mit einem Telegramm das glückliche Ende der Durchquerung nach Zechlinerhütte meldete, wo sich, aus Kristiania zurückgekehrt, auch seine Verlobte Else Köppen aufhielt.

Zunächst fuhren die Forscher mit eigenem Motorboot den Laksefjorden hinauf, um das beim Depot am Pingut hinterlassene Gepäck zu holen, und im August und Anfang September befuhren sie die ganze westgrönländische Küste zwischen Upernavik nördlich von Prøven bis Ivigtut im Süden der Insel, um Vermessungsarbeiten auszuführen. Besonders eingehend besichtigten sie den in die Disko Bugt mündenden Jakobshavner Eisstrom und benachbarte Gletscher.

Ende September 1913 trat die Expedition auf einem Schiff der Kryolith-Mine von Ivigtut die Heimreise nach Europa an.

Treue Gefährtin. Am 17. Oktober 1913 erreicht das Schiff Kopenhagen, wo Alfred Wegener von Else Köppen im Hafen abgeholt wurde. Die Liebenden hatten einander viel zu erzählen. Einen Reporter, der im Hotel in das traute Gespräch des Paares platzte, fertigte Wegener ziemlich kurz ab. Um so mehr staunte er, als er anderntags das »Interview« in der Zeitung las.

Am 18. Oktober gab es einen feierlichen Empfang beim dänischen König, da es »Seiner Majestät behagte«, den kühnen Bezwinger des grönländischen Eisschildes zum Ritter des Dannebrogordens, dem zweithöchsten des Königreiches, zu ernennen.

Über Hamburg fuhr das Paar nach Zechlinerhütte. Die Mutter hatte einen Schlaganfall überstanden; sie erkannte den Sohn zwar, konnte aber kaum sprechen. Alfred fuhr die halbseitig Gelähmte im Garten spazieren, und mit der Zeit trat eine Besserung ihres Befindens ein. Er selbst machte weite Spaziergänge und genoß nach einem langen baumlosen Jahr in Grönland die prächtigen Farben der heimatlichen herbstlichen Wälder.

Am 16. November 1913 heiratete Alfred Wegener Elisabeth

Urkunde über die Ernennung zum Ritter des Dannebrog-Ordens

Efter Hans Majestæt Kongens befaling udfærdiget:

De kongelige danske Ridderordeners Kapitel

Undertegnede ordenskansler gør herved vitterligt, at det har behaget Hans Majestæt Kongen under 18. Oktober 1913

at udnævne Dr.phil. Alfred W e g e n e r, af Marburg, dekoreret med Fortjenstmedaillen i Sølv med Spænde,

til ridder af Dannebrogordenen.

København, den 23. Oktober 1913.

sign. C.F. Danneskiold-Samsøe.

Rigtigheden attesteres.

Den 26. juni 1970.

Sekretariatschef.

sign. H.M. Knuth.

Else Natalie Köppen. In ihr fand er die ideale Gefährtin, die ihm eine treue Helferin bei seiner Arbeit war. Gemeinsam begaben sich die Jungvermählten nach Marburg.

Indes scheiterten alle Versuche, für den erfolgreichen Wissenschaftler eine außerordentliche Professur zu erlangen. Ein von der Marburger Universität eingereichtes Gesuch wurde vom Finanzministerium in Berlin abschlägig beschieden. Wegener blieb daher auf sein Privatdozentenstipendium von 1500 Mark jährlich angewiesen. Das Paar bewohnte eine große, aber billige Wohnung in der Biegenstraße 44. Wegeners Schreibtisch, der ganz nach eigenen Angaben angefertigt worden war, war stets mit Papieren bedeckt. Er arbeitete unentwegt, oft bis in die Nacht hinein, und ging nur zu seiner Vorlesung ins Physikalische Institut hinauf und zu den Zusammenkünften des Physikalischen Kolloquiums oder der Gesellschaft zur Beförderung der Naturwissenschaften.

Am 6. Dezember berichtete Wegener vor der Gesellschaft für Erdkunde in Berlin über seine in vielem neuartigen Ergebnisse der Durchquerungsexpedition. Im Februar 1914 kamen Koch und seine Frau nach Marburg und wohnten einige Tage bei den Wegeners. Gemeinsam hielten die beiden Polarforscher in der Aula der Universität einen Vortrag über die Durchquerung.

War eine größere Arbeit beendet, so trieb es die Wegeners hinaus in die Natur. Waren nicht die nahegelegenen Wiesen an der Lahn das Ziel, nahm man den Zug ins Sauerland. Samstags kamen Freunde zu Gast.

Im März wurde Wegener zu einer Militärübung einberufen. Zwar versuchte er, während dieser Zeit seine Arbeit fortzusetzen, aber ihm fehlten seine Bücher und die Ruhe seines Arbeitszimmers.

Ebensowenig behagte Wegener der Großstadttrubel. Fuhr er ins Meteorologische Institut nach Berlin, um dort Bücher einzusehen, kam er stets müde zurück, und es fiel ihm schwer, sich seine Gedanken ins Gedächtnis zurückzurufen. Er, der den Belastungen der Winternacht und der Einsamkeit in Grönland widerstanden hatte, zeigte sich Lärm und Unruhe nicht gewachsen.

Die Marburger Zeit war die produktivste Phase in Wegeners Schaffen. Neben den umfangreichen Publikationen der wissenschaftlichen Resultate seiner Grönlandreisen, die in den »Grönländischen Mitteilungen« und bis zu einem gewissen Grad auch

Alfred Wegener 1913

in populärwissenschaftlichen Zeitschriften publiziert wurden, erschienen in dieser Zeit nicht weniger als 77 Abhandlungen aus seiner Feder, dazu das Lehrbuch zur Thermodynamik, das

Marburg, Biegenstraße 44: das erste Heim des jungen Paares

Buch zur Entstehung der Kontinente und ein Buch über Wind- und Wasserhosen in Europa. Als besonders fruchtbar für beide erwies sich die wissenschaftliche Zusammenarbeit von Schwiegervater und Schwiegersohn. Unablässig gingen Manuskripte zwischen Hamburg und Marburg hin und her, die man sich gegenseitig durchsah und ergänzte.

In Marburg übersetzte Else Wegener Kochs 1913 in Kopenhagen erschienenes populäres Buch über die Durchquerungsexpedition »Gennem den hvide Ørken« in die deutsche Sprache. Alfred Wegener redigierte die Übersetzung, die am 1. August an den Springer Verlag in Berlin geliefert werden sollte. Das Buch erschien im Jahre 1919 unter dem Titel »Durch die weiße Wüste«.

Else und Alfred Wegener im Winter 1913

Krieg. Jäh unterbrach der Ausbruch des Weltkrieges Wegeners Arbeit; manches Manuskript blieb liegen und ist auch später nicht veröffentlicht worden. Als Reserveoffizier wurde Wegener sofort eingezogen. Am 3. August 1914 begab er sich von seiner Frau begleitet zum Bahnhof und fuhr nach Thüringen, um dort einen Transport seines Regiments zu übernehmen und nach Belgien zu bringen. Dann hörte Else Wegener, die im selben Monat noch ein Kind erwartete, wochenlang nichts mehr von ihm.

»Wie mußte er leiden unter der Brutalität dieses Massenmordes!« schrieb sie später. »Dazu als Offizier verpflichtet, seine Leute gegen den Feind zu führen, den ›Feind‹, mit dem er vielleicht noch vor kurzem in wissenschaftlichem Gedankenaustausch gestanden hatte! Er war bestimmt ein guter Deutscher, aber gar kein Nationalist.« Und Bruder Kurt, der bei den Fliegern diente, schrieb zur selben Zeit auf einer Karte: »Jetzt sitzen wir bereits vier Wochen in der Barbarei, den abscheulichen Geruch der Verwesung, Brand und Karbol in der Nase!«

Kurz nach der Geburt seiner Tochter Hilde kam der Vater verwundet nach Hause. Ein Durchschuß des Unterarms gleich beim ersten Gefecht hatte ihm diesen »Urlaub« eingebracht. Zwei Wochen später schon mußte er wieder fort, zum Ersatzbataillon nach Charlottenburg und von dort an die Front nach Reims in der Champagne. Hier in Frankreich erlebte Wegener die Greuel des Krieges aus unmittelbarer Nähe: Grabenkampf, Kugelhagel, Tod. In langen Briefen, durchsetzt mit aus scharfsinniger Beobachtung erwachsenen Naturschilderungen, berichtet er seiner Frau über die Schrecken.

Anfang Oktober kam Wegener zum zweiten Mal verwundet aus dem Feld; ein Streifschuß am Hals hatte eine eitrige Entzündung zur Folge. Er fuhr nach Großborstel, wo seine Frau und die Tochter weilten. Die furchtbaren Eindrücke der Schlachten wirkten lange in ihm nach, und er konnte sich morgens beim Erwachen gar nicht so schnell in den Frieden des Hauses hineinfinden. Da der Arzt außerdem einen Herzfehler diagnostizierte, den sich Wegener wahrscheinlich auf der Durchquerung Grönlands zugezogen und der sich durch die Gewaltmärsche in Belgien und die nervöse Anspannung in den Schützengräben noch verschlimmert hatte, wurde er im Dezember 1914 felddienstuntauglich geschrieben. Er erhielt das Eiserne Kreuz zweiter Klasse und ein halbes Jahr Krankenurlaub, der später verlängert wurde. An Kampfhandlungen hat Alfred Wegener nicht mehr teilgenommen.

Ab Sommer 1915 lebte die Familie wieder in Marburg, und Wegener stürzte sich erneut in die wissenschaftliche Arbeit. Es entstanden mehrere Veröffentlichungen, von denen ohne Zweifel das 1915 unter dem Titel »Die Entstehung der Kontinente und Ozeane« im Verlag Vieweg & Sohn erschienene Buch die bedeutendste ist. Er hat es zeitlebens, dem Erkenntniszuwachs folgend, verbessert und erweitert. Es wurde wiederholt neu aufgelegt und in die französische, englische, spanische, russische, schwedische und italienische Sprache übersetzt. Zuletzt erschien 1980 ein mit Vor- und Nachwort ergänzter Nachdruck der ersten und der vierten Auflage (1929). – Soweit es möglich war, wurde auch der Vorlesungsbetrieb aufrechterhalten. Wegener las im Wechsel »Astronomische Orts- und Zeitbestimmung für Forschungsreisende«, »Allgemeine Astronomie, mit Lichtbildern und Demonstrationen auf der Sternwarte« und »Optische Erscheinungen der Atmosphäre«.

Im April 1915 wurde Wegener eine Assistentenstelle am Physikalischen Institut mit 1500 Mark Jahresgehalt angeboten. Obwohl sie ihn viel Zeit kosten würde, nahm er sie seinem langjährigen Förderer Professor Richarz zuliebe an, dessen Mitarbeiter bei den Soldaten waren. Schon im Mai jedoch wurde Wegener selbst nach Brüssel kommandiert, um Luftschifferoffiziere in die Methodik der astronomischen Ortsbestimmung im fahrenden Zeppelin einzuführen. Bei der Rückkehr fand er seine Frau an Angina erkrankt vor und unternahm mit ihr eine Erholungsreise an den Rhein. Von Koblenz bis Rüdesheim fuhren die Eheleute mit dem Dampfer und wanderten dann von Wiesbaden durch den Taunus, am alten Limes entlang, in dessen Kastellresten sie römische Scherben sammelten.

Aber das Militär läßt seine Leute nicht lange los. Ab 1. September muß Wegener wieder Dienst beim Ersatzbataillon in Charlottenburg tun. »Schade, daß dieser dumme Militärdienst nun wieder meine Arbeit stört«, konstatiert er. »Ich bin gerade so schön im Zuge ... Wann wird dieser entsetzliche Krieg ein Ende nehmen?« Und über die Vorbereitungen der Familie für den zweiten Kriegswinter berichtet er: »Wir haben die letzten Tage eifrig in unserem Garten gearbeitet, um noch vor der Abreise möglichst viel abzuernten. Else kocht dauernd ein als Kriegsvorrat.«

Die Entstehung der Kontinente und Ozeane

Von

Dr. Alfred Wegener

Privatdozent der Meteorologie, prakt. Astronomie und Kosmischen Physik
an der Universität Marburg i. H.

Mit 20 Abbildungen

Braunschweig
Druck und Verlag von Friedr. Vieweg & Sohn
1915

Erstausgabe des berühmten Buches

Am 19. 9. kam ein Befehl zum Antritt einer Adjutantenstelle beim Meldeamt in Antwerpen. Wegener schickte ein Telegramm an seine Frau mit der Bitte, sofort zu kommen, damit man noch etwas zusammensein könne.

»Dies war in den nächsten Jahren die Art unseres Zusammenlebens«, berichtet sie. »Ich bekam ein Telegramm und setzte mich in den nächsten Zug, um Alfred irgendwo in Deutschland zu treffen ... Vor Weihnachten 1915 hatte er mir geschrieben, daß er vom Meldeamt in Antwerpen nach Mühlhausen im Elsaß versetzt würde. Wir könnten in Köln ein bis zwei Tage zusammen sein.« Indes erschien es schier aussichtslos, den Gesuchten unter der Menge der Fronturlauber zu finden. Da fiel ihr ein, daß er sich als Offizier am Bahnhof ins Meldebuch eintragen mußte, wodurch sie ihn dann auch fand.

Schwieriger war es am Lehrter Bahnhof in Berlin, der zwei Ausgänge hatte, so daß sich die Eheleute prompt verfehlten. »Verzweifelt fuhr ich zu Alfreds Ankunftsbahnhof, um zu erfahren, wo er einquartiert sei. Das wollten sie mir nicht sagen, es schien ihnen schon verdächtig, daß ich wußte, daß er zu einem Gaskurs kommandiert war.«

Einmal hielt Wegener einen Vortrag in Leipzig, »und wir verbrachten einige anregende Tage bei Bjerknes«, ein andermal in Dresden, »und wir bummelten beglückt durch den Zwinger und die schönen Elbanlagen«; einmal kam Wegener nach Heidelberg, um sich in der Universität Bücher zu besorgen. »Wir waren bei herrlichem Wetter auf dem Schloß und dem Königstuhl und besuchten die Sternwarte.« Dann wieder traf man sich in Freiburg, wo Kurt Wegener eine Fliegerstaffel kommandierte, »und wir verlebten einige schöne Tage im Höllental. Wie glücklich waren wir daran, daß nie mehr als drei Monate verstrichen, bis wir uns wiedersahen!« – so Else Wegener.

Dann führte den Forscher ein fachlicher Anlaß nach Marburg. Am 3. April 1916 war gegen 15.30 Uhr über Hessen eine im Niedergehen detonierende Erscheinung gesichtet und in einem kreisförmigen Gebiet von 135 km Durchmesser als Feuerkugel wahrgenommen worden. Wegener, der Urlaub erhalten hatte, sammelte in den Dörfern der betreffenden Gegend gewissenhaft Angaben von Augen- und Ohrenzeugen. In mehreren überregionalen und lokalen Tageszeitungen hatte er die Veröffentlichung von Anzeigen veranlaßt, auf die hin sich weitere Zeugen meldeten. Aus den Beobachtungsbefunden und ei-

Ehepaar Wegener mit Tochter Hilde 1916

genen Überlegungen gelang es ihm allmählich, auf der Karte einen Kreis um einen bestimmten Punkt, der in den Wäldern bei Treysa zu suchen war, zu konstruieren. Professor Richarz setzte für die Auffindung des Meteoriten einen Preis aus, und Anfang März 1917 meldete sich tatsächlich ein Förster, der das Einschlagloch entdeckt hatte. Richarz und der Geologe Emanuel Keyser (1845–1927) fuhren sofort hin und konnten einen mehr als zentnerschweren Brocken (größter Durchmesser 36 cm) aus dem weichen Sandstein bergen. Wie von Wegener vorausgesagt, war es ein Eisenmeteorit, der 1,6 m tief ins Erdreich eingedrungen war. Es war dies das erste Mal, daß ein Meteorit aufgrund wissenschaftlicher Berechnungen aufgefunden wurde.

Dann wurde der Meteorologe im elsässischen Mühlhausen beim militärischen Wetterdienst eingesetzt. Er leitete die Feldwetterwarte und fand zu seiner Genugtuung nebenher auch noch Zeit, seine meteorologischen und geophysikalischen Arbeiten fortzusetzen sowie Berge von Korrekturbögen durchzusehen. Bildung und Interessen seiner Leute ermöglichten einen anregenden Gedankenaustausch, der sich auch über die Dienststunden hinaus erstreckte. Ihn beschäftigte die Arbeit seines Unteroffiziers W. Porstmann über Normenlehre, die er als »sehr originelles Werk« weiterempfahl. Und der Germanist Ulrich Hellmann erschloß Wegener manches ihm noch Unbekannte der deutschen Literatur, wobei ihm die »Galgenlieder« von Christian Morgenstern (1871–1914) besonderes Vergnügen bereiteten. Ferner arbeitete er das von seinem Bruder Kurt verfaßte Buch »Vom Fliegen« durch, das dieser ihm im Manuskript mit der Bitte um kritische Durchsicht zugestellt hatte.

Im selben Jahr, mit Wirkung vom 22. 9., erhielt Wegener die Berufung zum Titularprofessor – in Verbindung mit einem Hauptmannsgehalt »entschieden eine glückliche Einrichtung«, wie er selbst meint. An seinen Schwiegervater gewandt fährt er ironisch fort: »Die Verleihung ist übrigens an harte Bedingungen geknüpft, die für einen Christian Morgenstern ein gutes Motiv abgeben könnten, denn sie geschieht nur ›in Voraussetzung, daß er seiner Majestät dem Könige und dem Allerhöchsten Königlichen Hause in unverbrüchlicher Treue ergeben bleiben ... werde‹ – nun der Wortlaut wird sich ja in den letzten Jahrhunderten nicht mehr geändert haben und Dir deshalb wohlbekannt sein.«

Im Sommer 1917 kam Wegener für mehrere Wochen nach Jüterbog, um dort den Leiter der Hauptwetterwarte zu vertreten. Die viele Büroarbeit nahm ihn derart in Anspruch, daß er abends oft nicht rechtzeitig zum Essen ins Kasino kam. Unterernährt und an Ruhr erkrankt mußte ihn der Arzt daher nach Marburg auf Urlaub schicken, bevor an ein neues Kommando zu denken war.

Nach der Genesung übernahm Wegener die Hauptwetterwarte des Balkans in Sofia. Da es in Bulgarien noch vieles frei zu kaufen gab, schloß er sich gleich nach seiner Ankunft der allgemeinen Praxis an, Lebensmittel verbotenerweise nach Deutschland zu schicken. Zweimal die Woche ging ein 500-g-Päckchen an seine Frau, und einmal im Monat schickte er einen Mann der Hauptwetterwarte mit einer Adressenliste aller seiner Leute nach Rumänien, weil von dort sogar der Versand von Kisten mit Erbsen, Mehl, Fett, Reis und Eiern möglich war. Auch

Der Meteorit von Treysa

gab es in der Dienststelle eine Kammer, in der Gänse, Enten und Hühner gehalten wurden, die von angehenden Fronturlaubern zur Mitnahme nach Deutschland gemästet wurden.

Die Aussichten jedoch, in absehbarer Zeit die Familie wiederzusehen, standen nach dieser Versetzung schlecht. Dennoch gelang es Wegener, unter dem Vorwand der »Verbesserung der kulturellen Beziehungen zwischen Bulgarien und Deutschland« einen Paß für seine Frau zu besorgen.

In Zechlinerhütte starb am 12. Oktober Wegeners Vater. Wegener bekam zur Beerdigung Urlaub, und er nahm seine Frau danach unter freilich anderen als geplanten Umständen nach Bulgarien mit. Else Wegener war beeindruckt vom fremdartigen Leben und Treiben in Sofia, insbesondere von den Sitten auf dem Markt, wo sie mehr Männer sah als Frauen und nicht selten bulgarische Offiziere, die mit großen Fleischstücken in der einen und einem Korb in der anderen Hand nach Haus gingen. »Man stelle sich das in Berlin vor«, bemerkt sie, »wo Alfred kaum ein kleines Paket tragen durfte, um nicht am Grüßen behindert zu sein!«

Ein geplanter Ausflug der Eheleute in das berühmte, rund 100 km entfernte Rila-Kloster scheiterte an den Formalitäten. Mehrmals aber besuchte man das südlich der Balkanmetropole gelegene Vitoscha-Gebirge.

Der Hauptwetterwarte in Sofia unterstanden alle Wetterwarten des Balkans. Wegener hatte sie regelmäßig zu inspizieren und lernte so auch Rumänien, Albanien und Istanbul kennen. Noch wichtiger für ihn war, daß er auch wieder Zeit für wissenschaftliche Arbeit fand; ihre Veröffentlichung aber stieß zunehmend auf Schwierigkeiten. Zum einen bekamen die wissenschaftlichen Zeitschriften nur in beschränktem Maß Papier zugeteilt, zum anderen mußten alle Aufsätze erst zur Genehmigung vorgelegt werden, was ihr Erscheinen sehr verzögerte. In einem Brief vom 8. März 1918 klagt Wegener daher: »Meine klimatischen Windkarten sind fertig, werden am 10. dem Kogenluft (Kommandierender General der Luftstreitkräfte) vorgelegt und ja wohl im Laufe eines halben oder ganzen Jahres einmal gedruckt werden können – mit kürzeren Zeiträumen kann man ja heutzutage nicht mehr rechnen. Meine Arbeit über die Farben großer Meteore wartet jetzt seit einem halben Jahr auf das Gedrucktwerden, eine andere über Tromben ein Vierteljahr, und ein Artikel über die Auffindung des Meteoriten von Treysa wartet noch immer darauf, daß die Arbeit von Richarz über denselben Gegenstand erscheinen soll, da er erst nachher kommen darf«. Dagegen ging im Herbst endgültig die von Else Wegener-Köppen besorgte und von Wegener redigierte Übersetzung von Kochs Buch über die Durchquerungs-Expedition in Druck, von deren Herausgabe der Verlag Julius Springer in Berlin bei Kriegsanbruch zurückgetreten war.

Typisch für Wegener ist, daß er in Sofia nach Marburger Vorbild ein Kolloquium einrichtete. Neben den Mitarbeitern der Wetterwarte hatte auch jeder durchreisende Wissenschaftler nach Möglichkeit dafür Beiträge zu liefern. Überliefert ist, daß es dabei einmal um »Die Konkurrenzreligionen des Christentums in Rom« ging, ein anderes Mal um Hypnose-Versuche, wobei sich herausstellte, daß Alfred Wegener trotz vorhandener Bereitschaft nicht zu hypnotisieren war.

Mitte 1918 wurde Wegener abermals versetzt, als an der Westfront eine neue Offensive vorbereitet wurde und die Wetterwarten auf dem Balkan abgezogen wurden. Er hatte den Auftrag, die für diese günstigsten Standorte auszumachen, was in der neuesten Eskalation des Krieges, dem Gaskrieg, von zunehmender Bedeutung wurde.

Bald schon erwartete ihn wieder eine neue Aufgabe. Im Herbst 1918 hatte die alte deutsche Universität Dorpat (Tartu; Estland) wieder die Pforten geöffnet. Wegener erhielt am 6. 11. 1918 einen Lehrauftrag für Meteorologie und übernahm die Wetterwarte. Seine Hoffnung jedoch, daß sich daraus eine dauernde Professur entwickeln könne, ging nicht auf.

Neubeginn. Am 6. Dezember 1918 kommt Wegener, nachdem er das von Novemberrevolution und Konterrevolution erschütterte Berlin passiert hat, wieder nach Marburg. Seine Familie trifft er in dem einzigen geheizten Raum des Hauses, wo im Anthrazitofen Holz aus dem Universitätswald verbrannt wird. Das Laufgitter der am 2. März geborenen zweiten Tochter, Sophie Käte, steht neben seinem Schreibtisch, daneben das Tischchen der vierjährigen Hilde.

Es beginnt eine harte Zeit, es gibt nicht genügend Heizmaterial und nicht ausreichend Essen; Wegeners Elan, wissenschaftlich zu arbeiten, bleibt ungebrochen. Auf der Grundlage seiner Erhebungen im Zusammenhang mit dem Meteoriten von Treysa sowie weiterer Überlegungen entwickelte er eine Theorie über die Entstehung der Mondkrater durch Meteoritenaufschlag, die er durch Experimente in feuchtem Zement zu untermauern sucht. Am 11. Februar 1919 vertraut er seinem Tagebuch an: »Ich habe bereits 16 brauchbare künstliche Mondkrater nach der Aufsturztheorie angefertigt und denke schon an photographische Reproduktion und Ausmessung der Profile. Es ist das eine passende Arbeit für den Augenblick, da sie im Institut gemacht werden muß, denn zu Hause sind die Arbeitsbedingungen zu ungünstig. Wir bewohnen nur ein Zimmer wegen der Heizung. Dazu die Beleuchtung! Vom 1. bis 10. Februar hatten wir überhaupt kein Gas, sondern nur Petroleumlampen. Jetzt brennt das Gas wieder bis 9 Uhr – zum Arbeiten nicht ausreichend«.

Im Januar nahm Wegener seine Vorlesungen wieder auf (»Überblick über die allgemeine Astronomie, mit Lichtbildern und Vorführungen« und »Optische Erscheinungen der Atmosphäre«), aber alle Bemühungen der Fakultät, ihm einen Lehrstuhl in Marburg zu verschaffen, scheiterten. Dorpat und Straßburg jedoch, wo sich während des Krieges Möglichkeiten aufzutun schienen, lagen jenseits der Grenzen, und in Deutschland gab es für Meteorologie oder Geophysik kaum Ordinariate.

Im Dezember 1918 hatte Wegeners Schwiegervater W. Köppen nach 44jähriger Tätigkeit seine Stellung als Meteorologe der Deutschen Seewarte aufgegeben. Für die vakante Stelle wurde ein Nachfolger gesucht. Sie bot zwar ausreichend Gelegenheit für wissenschaftliche Arbeit, Hamburg aber hatte keine Universität, und Alfred wollte auf den Vorlesungsbetrieb nicht verzichten. Der 72jährige Altmeister der Klimatologie selbst hatte dem Haus Kurt Wegener als Nachfolger empfohlen; die Seewarte bevorzugte jedoch Alfred Wegener. Den Ausschlag für ihn gab eine Zusicherung aus Berlin, im Falle der in Aussicht genommenen Gründung einer Universität in der Hansestadt mit Vorlesungen beauftragt zu werden.

Mit Datum vom 14. 9. 1919 wurde Wegener zum Abteilungsvorstand für die »Meteorologische Abteilung (M) und Drachenstation« und für die »Meteorologische Versuchsanstalt Großborstel« der Deutschen Seewarte ernannt und bestallt, wollte aber schon im Frühjahr nach Hamburg übersiedeln. Die Schwiegereltern, die ein Haus in der Violastraße 7 (heute Köppenstraße) bewohnten, waren bereit, sich mit dem ersten Stock zu begnügen, und boten der Familie die vier Zimmer im Erdgeschoß an. Trotz des noch schlechten Zugverkehrs wurden bereits im März die Möbel von Marburg nach Hamburg geschickt, da für den 1. April eine erhebliche Erhöhung des Gütertarifs angekündigt war. Die Familie folgte unmittelbar nach. Alfred Wegener aber, der noch Vorlesungen in Marburg zu halten hatte, hauste die letzten 3 Wochen ganz im Institut.

Professor in Hamburg. Am 15. 4. 1919 trat Alfred Wegener seine Stellung in Hamburg an und wurde damit der Amtsnachfolger seines Schwiegervaters. Mit ihm kam sein Bruder Kurt an die Deutsche Seewarte, der zum Leiter der Abteilung Wetterdienst berufen war. Noch im selben Jahr wurde auch die Hamburger Universität gegründet, an der Alfred Wegener am 27. Juli 1921 zum außerordentlichen Professor berufen wurde. – Wegener las in Hamburg »Die Erforschung der oberen Luftschichten mit Drachen und Ballonen (Aerologie)« (Wintersemester 1919/20), »Klimatologie« (Sommersemester 1920 und Wintersemester 1921/22 und 1923/24), »Wetter und Wetterdienst« (Wintersemester 1920/21 und Sommersemester 1922), »Aerologie« (Sommersemester 1921), »Klimate der Vorzeit« (Sommersemester 1922), »Thermodynamik der Atmosphäre« (Wintersemester 1922/23), »Einführung in die Meteorologie« (Sommersemester 1923) und »Optik der Atmosphäre« (Sommersemester 1924).

Ende August 1919 unternahm Wegener mit seiner Frau, deren Bruder Peter, der fünfjährigen Hilde und seiner Mutter eine zweiwöchige Segeltour durch das so geliebte märkische Seengebiet. Für die Einundsiebzigjährige, die wenige Wochen später starb, war es die letzte größere Fahrt. Neben dem Gatten, der fast auf den Tag genau zwei Jahre früher entschlafen war, fand sie ihre letzte Ruhe in dem noch heute erhaltenen Familiengrab an der Dorfkirche von Zechlinerhütte. Hier wurden auch Alfred Wegeners 1934 verstorbene Schwester Tony, der gleichfalls unverheiratet gebliebene Bruder Kurt, verstorben 1964, sowie seine älteste Tochter Hilde, die 1936, kurze Zeit nach ihrer Heirat, in der Berliner Charité einer Krankheit erlag, bestattet.

Die Lebensbedingungen im Hamburg der Nachkriegszeit waren schwierig. Viele lange Winterabende und Nächte der Jahre 1918–1920 verbrachte man im einzigen geheizten Raum der Wohnung in Großborstel. Während Alfred Wegener an einer winzigen Petroleumlampe über seiner Arbeit saß, war seine Frau damit beschäftigt, aus abgelegten Uniformen Kleidung zu nähen.

Alfred Wegeners Drang, nach Tagen konzentrierter geistiger Tätigkeit in der Natur Entspannung zu suchen, blieb. Mit der Familie fuhr er manches Wochenende hinaus zum Wandern, häufig auch begleitet von seinem Bruder Kurt, der ganz in der Nähe

Familienfriedhof in Zechlinerhütte

eine Wohnung bezogen hatte. Im Spätsommer 1919, während einer Wanderung durch die holsteinische Schweiz, wurde der Plan gefaßt, ein Segelboot zu kaufen. Fortan lag man fast jedes Wochenende auf der Elbe, gelegentlich begleitet von befreundeten Wissenschaftlern des In- oder Auslands. Das ruhige Segeln ohne Motorenlärm wirkte ungemein beruhigend für alle. Vergessen waren die Alltagssorgen.

Am 16. April 1920 wurde als dritte Tochter Hanna Charlotte, gerufen Lotte, geboren. Schon nach 2 Monaten nahm man das Mädchen mit ins Boot, wo es friedlich schlief.

Trotz aller wirtschaftlichen Sorgen waren die Hamburger Jahre eine Zeit fruchtbaren Schaffens. Es erschienen die 2. und gleich darauf die 3. Auflage des Buches über die Kontinentverschiebung, wobei Wegener in der ihm eigenen Akribie deren jede von Grund auf neu bearbeitete und mit nicht erlahmendem Fleiß neues Beweismaterial als Stütze seiner Theorie einarbeitete; gewissenhaft prüfte er alle Einwände wissenschaftlicher Gegner und ließ sofort solche Argumente fallen, die er als unzutreffend erkannt hatte. Übersetzungen in andere Sprachen zeigen, welches Interesse Wegeners Theorie in aller Welt fand: es erschienen eine französische (1924), eine spanische (1924), eine englische (1924), eine schwedische (1926) und zwei russische (1923, 1925) Ausgaben. 1942 folgte eine italienische Übersetzung und 1966 die englische Übersetzung der vierten – im Jahre 1929 herausgegebenen – Auflage von Wegeners Buch. Daheim dagegen fand Wegener nach wie vor mehr Ablehnung als Zustimmung, obwohl er sich unermüdlich um die Popularisierung seiner Hypothese und die Korrektur von Fehlern und Entstellungen mühte.

Auf Einladung der Gesellschaft für Erdkunde zu Berlin hielt Wegener am 21. Februar 1921 auf deren Fachsitzung einen Vortrag über seine Theorie. Im wesentlichen identisch damit waren seine am 18. 5. 1921 während des 20. Deutschen Geographentages in Leipzig vorgetragenen Ausführungen, an deren Schluß er auch bis dahin unveröffentlichte Karten vorlegte, die die rekonstruierte Lage der Kontinente während des Oberkarbons, des Eozäns und des älteren Quartärs darstellten. Beide Veranstaltungen boten Gelegenheit zu wissenschaftlichem Meinungsstreit. »Ich bin dankbar für alle Einwände, die gegen die Verschiebungstheorie vorgebracht werden, denn sie können nur zur Klärung dienen«, sagte Wegener in seinem Schlußwort. Gleichzeitig aber konnte er feststellen: »Wer die geologische Literatur über die Kontinentverschiebung von dem ersten temperamentvollen Referat von Semper (d. h. 1917 – U. W.) bis zu den ... Ausführungen von Koßmat (d. h. 1921 – U. W.) verfolgt, kann nicht umhin, eine langsame, aber stetige Wandlung des Urteils von völliger Ablehnung bis zu wenigstens teilweiser Zustimmung zu konstatieren.« Im Gegensatz zu manchen Kritikern enthielt sich Wegener indes jeder persönlichen Polemik. Aufschlußreich ist daher, wie er sich diesbezüglich seinem Schwiegervater gegenüber einmal äußerte: »Der Brief von Professor P. (Geheimrat A. Penck [1858–1945], ein bekannter, Wegeners Hypothese ablehnender Geograph – U. W.) ist typisch! Er will sich nicht belehren lassen. Die Leute, die so darauf pochen, auf dem Boden der Tatsachen zu stehen und mit Hypothesen durchaus nichts zu tun haben wollen, sitzen doch allesamt selbst mit einer falschen Hypothese drin! ... Solche Menschen sind für eine Neuorientierung von Ideen nicht zu haben. Hätten sie die Verschiebungstheorie schon auf der Schule gelernt, so würden sie sie mit demselben Unverstand in allen, auch den unrichtigen Einzelheiten, ihr ganzes Leben hindurch vertreten, wie jetzt das Absinken von Kontinenten.« Und sein Kamerad Koch meinte im selben Zusammenhang: »Die Herren sind wie die Kontinentalschollen, sie lassen sich nur durch ungeheure, durch geologische Zeiträume wirkende Kräfte bewegen.«

Heute – mehr als 50 Jahre nach seinem Tod – hat sich die Richtigkeit der Wegnerschen Theorie erwiesen und ihm den verdienten Ruhm eingebracht.

Gleich drei Vorträge über seine Theorie hielt Wegener 1922 in Kopenhagen. Die Ergebnisse der von ihm und Koch während der »Danmark«-Expedition in Nordostgrönland durchgeführten Längenbestimmungen und ihr Vergleich mit jenen des Astronomen Edward Sabine (1788–1883) von 1823 und denen der 2. Deutschen Nordpolarexpedition von 1870 an gleicher Stelle, die zugunsten der Verschiebungstheorie ausfielen, waren dort natürlich bestens bekannt, so daß sich kaum Widerspruch regte. Ebenso befriedigt kehrte Wegener auch von seiner Vortragsreise durch Holland zurück. Er hatte dort durchweg bei Fachkollegen gewohnt, die ihn jeweils zum nächsten »weiterreichten«, was zu nächtelangen Diskussionen führte.

In Hamburg schrieb Wegener auch sein Buch über die Entstehung der Mondkrater. Darin entwickelt er, der Astronom, Gedanken, die so weitsichtig sind, daß sie seiner genialen Kontinentverschiebungstheorie im Erkenntniswert nicht nachstehen.

Anknüpfend an seine im Winter 1918/19 im Physikalischen Institut in Marburg mit Zement-, Zinnober- und Gipspulver durchgeführten systematischen Aufsturz-Experimente und dem Vergleich der solcherart erhaltenen Formen mit ihren typischen Merkmalen wie Ringwall, Zentralberg und Staubstrahlen mit entsprechenden Formen auf der Mondoberfläche, die durch Fernrohre bis hinab zu 50 m Durchmesser zu beobachten waren, läßt ihn die Blasenhypothese, die Gezeitenhypothese und die Vulkanhypothese, die für die Entstehung der Mondkrater im Gespräch waren, verwerfen, da allein die Aufsturzhypothese einer eingehenden Diskussion standhielt. Wegener zeigt dann, daß selbst die großen Maare als riesige Krater anzusehen sind, bei denen das Innere durch Aufschmelzungsprozesse mit Lava erfüllt wurde, und zieht dann, indem er gleichsam die moderne

Hypothese der Planetenbildung vorwegnimmt, den kühnen Schluß, »daß es sich bei diesem ganzen Prozeß um die Mondbildung selbst handelt, daß also der Mond durch den Zusammensturz einer großen Anzahl diskreter fester Körper entstanden ist, die in nahe beieinander liegenden Bahnen die Sonne umkreist haben. Dieser Sammlungsprozeß wird naturgemäß langsam begonnen haben, dann eine gewisse Kulminationszeit durchgemacht haben, als nämlich die Zahl der verfügbaren Körper noch immer sehr groß war, aber die eigene Gravitation des wachsenden Mondes sie immer schneller an sich zog, und später muß durch Verbrauch der vorhandenen Einzelkörper ein immer langsameres Abklingen dieses Prozesses erfolgt sein. Zur Kulminationszeit folgten die Aufstürze so schnell aufeinander, daß die beim Aufsturz erzeugte Wärme nicht im gleichen Tempo wieder in den Weltraum ausgestrahlt werden konnte, und die Temperatur des Mondkörpers stieg ... über den Schmelzpunkt des Gesteins.« Und Wegener fährt in seinen Überlegungen fort: »Es könnte wohl sein, daß die Teile vor ihrer Vereinigung einen Ring um die Erde bildeten, ähnlich dem Saturnringe ... Es könnte aber ebensogut sein, daß diese Teile selbständige, nicht weit von der Erdbahn abweichende Bahnen um die Sonne beschrieben. Denn auch die Erde könnte auf gleiche Weise entstanden gedacht werden; das Material der Erde und des Mondes hätte dann einen einzigen Ring um die Sonne gebildet ... Bei der nun eintretenden Sammlung hätten sich dann statt eines Planeten zwei gebildet, deren kleinerer sodann von dem größeren eingefangen worden wäre ... Bei der viel größeren und noch dazu durch eine Atmosphäre gegen Ausstrahlung geschützten Erde mußten die Aufstürze eine weit höhere Temperatur erzeugen, die sich viel länger hielt, so daß hier auch das Abklingen des Aufsturzprozesses noch in die glutflüssige Phase der Erdentwicklung fiel und keine Spuren mehr hinterlassen konnte.«

Wegener war mit seinen kühnen Gedanken seiner Zeit allzuweit voraus. Das Thema fand damals wenig Beachtung, und als es Jahrzehnte später aktuell wurde, erinnerte man sich Wegeners Vorarbeiten nicht mehr.

Von Hamburg aus führte Wegener ferner einen anregenden Briefwechsel mit bekannten Wissenschaftlern seiner Zeit: Alexander Du Toit (1878–1948) in Südafrika, angesehener Geologe und Autor eines 1937 verlegten Buches über Kontinentaldrift,

W. A. J. M. van Waterschoot van der Gracht (1873–1943; einst Bergingenieur in Freiberg) aus den USA, dem Astronomen Milutin Milankovitsch (1879–1958) in Belgrad, der 1920 eine Kurve entwickelte, die Variationen von Erdbahnelementen mit der Strahlungsintensität der Sonne verknüpfte, den Eiszeitforschern Wolfgang Soergel in Breslau, Eduard Brückner (1862–1927) in Wien und vielen anderen.

Überaus ergiebig war die Zusammenarbeit von Köppen und Wegener. Hatte der Schwiegervater den jungen Meteorologen einst noch gewarnt, sich auf »Nebengebiete« zu begeben, so entstand nun »auf der Grundlage der Kontinentenverschiebung« ein gemeinsames Buch über das Klima der geologischen Vergangenheit, in dem festgestellt wird: »Die Klimageschichte eines Ortes ist ... in erster Näherung die Geschichte seiner Lage zu Pol und Äquator.« Es erschien 1924 in Berlin und wurde zum Standardwerk der Paläoklimatologie.

Hochgeschätzte Verdienste erwarb sich Alfred Wegener, indem er an der Hamburger Universität ein geophysikalisches Kolloquium gründete und jahrelang auch betreute. Von dem Senior der deutschen Meteorologie, W. Köppen, eingeweiht, diente es den Mitarbeitern der Seewarte und anderen Wissenschaftlern als Weiterbildungskurs und Diskussionsforum, von dem eine Fülle von Anregungen für die Arbeitsgebiete der Seewarte ausging. Ab und zu gelang es auch, durchreisende Fachkollegen von Rang und Namen zu Vorträgen zu gewinnen; unter ihnen waren der Holländer W. v. Bemmelen (1868–1941), langjähriger Leiter des Observatoriums in Batavia (heute: Jakarta), V. Bjerknes, die schwedischen Meteorologen T. H. Bergeron (1891–1977) und J. W. Sandström (1874–1947) sowie aus Dänemark J. P. Koch. Zumeist besuchten die ausländischen Gäste das Köppen-Wegenersche Haus in der Violastraße, das in dieser Zeit zu einem Mittelpunkt der Wissenschaft der Hansestadt wurde, wo bis spät in die Nacht diskutiert wurde.

J. Georgi, seinerzeit wissenschaftlicher Mitarbeiter an der Meteorologischen Versuchsanstalt Großborstel überliefert in diesem Zusammenhang: »Beglückend waren die Einladungen im Hause Köppen-Wegener, die zuweilen ohne jede Förmlichkeit erfolgten ... Sehr eindrucksvoll war mir aber auch bei solchen gelegentlichen Besuchen, wie bald Wegener sich bei der kleinen Gesellschaft entschuldigte, um im Studierzimmer dringende Arbeiten, meist eilige Korrekturen, zu erledigen. Ohne eine solche Ökonomie wäre seine erstaunliche Produktivität nicht möglich gewesen.«

Dagegen konnte Wegener in Hamburg seine Pläne, anstelle der von Köppen so erfolgreich betriebenen Drachenstation ein meteorologisches Forschungsinstitut zu errichten, wegen der inflationären Geldentwertung der Nachkriegsjahre nicht verwirklichen. Immer wenn der Bauplan gezeichnet und die Kostenvoranschläge fertiggestellt und auf langem Instanzenweg vom Reichsmarineamt in Berlin endlich genehmigt waren, war das dafür bereitgestellte Geld so weit entwertet, daß es für den Bau in vorgesehenem Umfang nicht mehr ausreichte. Es entstand ein sich wiederholender Kreislauf von mit größter Genauigkeit begonnener, aber schließlich doch vergeblicher Arbeit.

Auch in den persönlichen Lebensverhältnissen war der Wertverfall des Gehaltes spürbar. Man behalf sich mit intensivem Gemüseanbau auf dem Vorland der Drachenstation, und der Ertrag des Obstgartens am Hause und die neu hinzugekommene Hühnerzucht taten ein weiteres.

Nach zwei Sommern, im Jahre 1921, fand das Segelvergnügen ein Ende, als sich Kurt Wegener, der ein leidenschaftlicher Segler war, nach Berlin versetzen ließ.

Mehr und mehr wurde Wegener, dem nun wieder der Begleiter während der langen Bahnfahrten fehlte, die Großstadt lästig. Vorlesungen hielt er im Geographischen Seminar der Universität westlich der Außenalster, die Seewarte lag am Hafen, nördlich der Landungsbrücken, und das Geologische Institut, in dem er geophysikalische Arbeiten einsah, befand sich östlich der Alster; oft kam er abgespannt nach Hause und äußerte einmal: »Noch zehn Jahre Hamburg, und ich bin erledigt.«

Karibisches Intermezzo. Abwechslung von dem mit der Tätigkeit an der Seewarte in Hamburg unausweichlich verbundenen Verwaltungskram, der für Alfred Wegener stets ein Greuel war, brachte eine Forschungsreise nach Kuba, Mexiko und Florida.

Anknüpfend an die infolge instrumenteller Mängel letztlich erfolglosen Versuche vom Winter 1909/10 hatten Wegener und sein Mitarbeiter Erich Kuhlbrodt Anfang 1921 damit begonnen, für die Beobachtung von frei aufgelassenen Registrierballons vom fahrenden Schiff aus ein neues Winkelmeßgerät zu konstruieren. Nachdem eine im Sommer 1921 erfolgte Nordseefahrt mit dem Forschungsdampfer »Poseidon« zu einer ersten Orientierung genutzt worden war, gelang es den beiden Wissenschaftlern 1921/22, in der Werkstatt der Meteorologischen Versuchungsanstalt der Seewarte einen geeigneten Spiegeltheodoliten zusammenzubauen. Als seitens der Luftfahrtindustrie an die Seewarte Anforderungen ergingen, systematische Messungen zur Erforschung der Höhenwinde über dem Atlantischen Ozean als Grundlage des kommenden transatlantischen Luftverkehrs auszuführen, stand daher ein brauchbares und erprobtes Instrument zur Verfügung.

Die von Wegener und Kuhlbrodt an Bord des Frachtdampfers »Sachsenwald« durchgeführte Reise diente der Gewinnung verläßlicher Daten zur Vorbereitung weiterer aerologischer Forschungen auf dem Ozean. Sie begann am 17. 3. 1922 in Hamburg und führte über Antwerpen nach Havanna (14.–18. 4.). Dort besuchte Wegener die meteorologischen Observatorien und führte Pilotballonaufstiege vor. In den folgenden Tagen lief die »Sachsenwald« die drei kleinen Häfen Matanzas, Cárdenas und Caibarien östlich von Havanna an. Nach einer viertägigen Überfahrt erreichte man Veracruz, wo das Schiff 13 Tage (30. 4.–11. 5.) zur Ladungsaufnahme im Hafen lag. Sie gaben den Wissenschaftlern nochmals Gelegenheit zu einer Observatoriumsbesichtigung und zur Demonstration ihrer Methode. Über Tampico (13.–16. 5.) ging es nach New Orleans (20.–23. 5.) und weiter nach Fernandina (28. 5.–16. 6.; heute Jacksonville). Nachdem die »Sachsenwald« dort Phosphat als ihre Hauptladung aufgenommen hatte, begann am Nachmittag auf einer im Vergleich zur Hinfahrt wesentlich nördlicher gelegenen Route die Rückfahrt, die am 21. 6. in Hamburg endete.

Während der 97tägigen Reise wurden von den Wissenschaftlern insgesamt 132 Ballonaufstiege durchgeführt. Sie lieferten wertvolle Ergebnisse und bewiesen die Überlegenheit des neuen Instruments gegenüber bisherigen Verfahren. Dabei waren die meteorologischen Bedingungen keineswegs stets die besten. Fast während der ganzen ersten Atlantiküberquerung herrschte stürmisches und meist regnerisches Wetter, das sich erst im Bereich des Passatwinds nachhaltig besserte. Hier glückte daher auch der höchste Pilotballonaufstieg der Fahrt mit 16 250 m Höhe. Auch während der Rückfahrt herrschten nicht eben die günstigsten Bedingungen. Zwar waren die Windverhältnisse bei nunmehr von hinten kommendem Wind günstig, aber fast stets verschwand der Ballon schnell in niedriger geschlossener Wolkendecke.

Die Wissenschaftler befolgten den Grundsatz, bei stilliegendem Schiff einen und bei fahrendem Schiff zwei Aufstiege täglich zu machen, je einen vor- und einen nachmittags. Nur in den beiden nordamerikanischen Häfen unterblieben die Versuche. Wegen der dortigen strengen Bestimmungen hatte der Kapitän sie zur Tarnung als Mitglieder der Schiffsbesatzung angeheuert und fürchtete nun, daß die Experimente sie verraten und die Behörden sie als Passagiere erkennen und das Schiff mit der dafür festgesetzten Strafe belegen würden.

Für seine Familie schrieb Wegener folgenden, mit Fotos illustrierten »Reisebericht«: »Auf hoher See, Hipp! Hipp! Hurra! Wir fahren nach Amerika! / Wir stampfen gegen Wind und See, sieben Meilen Fahrt, Herrjemineh! / Windstärke neun von vorn o Schreck! Wir nehmen Wasser über Deck. / Doch wenn erlahmt des Sturmes Kraft, entfaltet sich die Wissenschaft. / Der Doktor schon zu diesem Zwecke, füllt den Ballon hier in der Ecke. / Erst muß er tüchtig ›Auftrieb‹ kriegen, dann läßt ihn der Professor fliegen. / Das Weitere ist gar nicht schwer: Man guckt von unten hinterher. / Und rechnet dann im Kämmerlein, wie wohl der Wind mag oben sein.«

Neben ihren Untersuchungen, die der Anfang systematischer Höhenwindmessungen auf dem Atlantik waren, erprobten Wegener und Kuhlbrodt auf ihrer Fahrt noch eine Kamera großer Brennweite für Wolkenaufnahmen an Bord, nahmen im ganzen 85 Wasserproben unter gleichzeitiger Messung der zugehörigen Temperatur und führten eine Reihe von Vorversuchen zur Frage der Schweremessung von Bord aus.

Ruf nach Graz. Von fast allen Mitarbeitern und Freunden wurde es als Verlust empfunden, als Wegener 1924 Hamburg verließ. Nach seinen lange Zeit vergeblichen Bemühungen in Deutschland hatte ihm der junge österreichische Staat eine Professur an der Karl-Franzens-Universität in Graz geboten. Die diesbezüglichen Verhandlungen zogen sich lange hin.

Als der Forscher 1922 aus der Karibik zurückkam, fand er auf seinem Schreibtisch eine Einladung zum 25jährigen Jubiläum der meteorologischen Station auf dem Sonnblick in den Hohen Tauern vor, dem mit 3 100 m Höhe höchstgelegenen Observatoriums Europas. Wegener fuhr als offizieller Vertreter der

Seewarte und beschloß, die Reise mit einem 4wöchigen Bergurlaub mit seiner Frau zu verbinden. Bei anhaltend wirtschaftlichen Schwierigkeiten fiel es ihm indes nicht leicht, das benötigte Geld zusammenzubringen. Währenddessen verbrachte Frau Wegener Tage damit, einen billig erstandenen Anzugstoff und einen alten Militärmantel zu Kletterkleidung umzuschneidern. Dann begab man sich nach München, wo zur Ergänzung der Bergausrüstung ein Seil gekauft wurde, und fuhr dann nach Innsbruck hinüber, wo sofort die in permanentem Inflationsverfall begriffene deutsche Mark in österreichisches Geld umgewechselt wurde.

Gut erholt nach eindrucksvollen Bergtouren kam Wegener im Herbst zur Meteorologentagung nach Gastein. Dort eröffnete ihm Heinrich v. Ficker (1881–1957), seinerzeit ordentlicher Universitätsprofessor für Meteorologie und Geophysik in Graz, daß er einen Ruf als Direktor des Preußischen Meteorologischen Instituts in Berlin und als Professor an die Berliner Universität annehmen werde. Und einen Tag später erfuhr Wegener von Plänen, ihn an erster Stelle als Nachfolger Fickers in Graz vorzuschlagen. Das war das, wonach er sich lange gesehnt hatte: eine Professur ohne großes Institut, ohne lange Wege.

Während der sich hinziehenden Verhandlungen, bei denen es um Fragen der Besoldung und der Anerkennung von Dienstjahren für die Pensionsbemessung ging, blieb Wegener fest, weil er – wohl nicht zu Unrecht – meinte, finanzielle Wünsche nur in dieser Phase durchsetzen zu können.

Am 28. April 1924 wurde Wegener rückwirkend zum 1.4. zum ordentlichen Professor der Meteorologie und Geophysik an der Universität Graz ernannt, und bereits am 10. Mai konnte er seine Antrittsvorlesung mit dem Titel »Die Theorie der Kontinentverschiebung und ihre Bedeutung für die systematischen und exakten Naturwissenschaften« halten.

Wegener kam zunächst allein nach Graz. Da ihm neben Vorlesungen und Vorträgen wenig Zeit blieb, sich nach einer Wohnung umzusehen, wohnte er möbliert. Auch seiner wenig später eintreffenden Frau gelang es nicht, eine passende Wohnung zu finden, da man den Eigentümern keinen Ersatz bieten konnte.

Zu Beginn der Sommerferien traf sich die Familie in Zechlinerhütte. Auf einer zweiwöchigen Segelfahrt wollte man noch einmal die herrliche, so wohlvertraute Landschaft genießen. Wegener hat diese letzte Segeltour in humoristischen Versen und mit Zeichnungen festgehalten. Erfrischt kehrte er nach Hamburg zurück, wo die Familie noch immer wohnte. Zum Beginn des neuen Semesters im Herbst fuhr Wegener wieder nach Graz. Mit Hilfe von Universitätskollegen und durch Unterstützung des Ministeriums gelang es ihm nun auch, das Wohnungsproblem durch den Kauf eines Hauses zu lösen. Von diesem in der Blumengasse Nr. 9, im Stadtteil Waltendorf der

Graz, Blumengasse 9: Alfred und Else Wegener, Marie Köppen und Kurt Wegener

steiermärkischen Hauptstadt gelegenen Heim waren es nur wenige Minuten Fußweg zum Physikalischen Institut der Universität, das im Nordwestflügel des Hauptgebäudes untergebracht war. Es spricht für sich, daß Wegeners Schwiegereltern ihr Haus in Hamburg aufgaben und trotz ihres hohen Alters ebenfalls nach Graz zogen. Der betagte Köppen schenkte bei der Übersiedlung einen großen Teil seiner wissenschaftlichen Bibliothek dem Meteorologischen Institut und wurde zum Ehrenmitglied der Universität ernannt. Eine unerwartete Honorarzahlung machte die Familie im nächsten Jahr vollends schuldenfrei.

In Graz fand Wegener, der jeden Verwaltungsaufwand stets als Raub an seiner Zeit und Kraft empfunden hatte, eine Atmosphäre, in der er sich wohlfühlte und die ihm die Zeit zur wissenschaftlichen Arbeit ließ, die er suchte. Seine Kollegen arbeiteten teils selbst auf geophysikalischem Gebiet oder interessierten sich für Wegeners Probleme, so daß dieser viel Gelegenheit fand, über seine Arbeiten zu diskutieren. Es waren dies der Astronom Karl Hillebrand (1861–1934), der Theoretiker Michael Radaković (1866–1934) und die Experimentalphysiker Hans Benndorf (1870–1953) und Victor Franz Hess (1883–1964; Nobelpreis für Physik 1936 für Untersuchungen der kosmischen Höhenstrahlung).

Eine ständige Einrichtung des Hauses war der Institutstee, zu dem sich allnachmittäglich alle Mitarbeiter vom Studenten bis zum Hochschullehrer im Zimmer des Direktors zu versammeln pflegten. Als Neuangekommener war Wegener sehr gefragt und mußte viel über seine Reisen berichten. »Daß unserer akademischen Jugend, die so sehr auf den Sport und in Graz besonders auf den Skisport eingestellt ist, seine Leistungen gewaltig imponierten, ist ja selbstverständlich«, berichtet Wegeners Kollege und Freund Hans Benndorf später darüber; »Auch daß er ein berühmter Gelehrter war, wußten ja wohl die meisten von ihnen, daß man ihm aber so gar nichts davon anmerkte, daß er mit dem jüngsten Schüler so schlicht und einfach wie gleich zu gleich verkehrte, das war es, was ihm die Herzen der Jungen im Sturm gewann. Ich glaube, für Wegener wären sie durchs Feuer gegangen, und hätte jemand gewagt, die Verschiebungstheorie zu bezweifeln, so wären sie gewiß gern zu handgreiflichen Argumenten übergegangen.«

Auch wissenschaftliche Fragen wurden beim Tee behandelt, und es wurde eifrig und lebhaft diskutiert. »Da war es mir im-

Das Haus der Familie Wegener in Graz

mer von großem Interesse«, berichtet Benndorf weiter, »die eigenartige, von der meinen so ganz abweichende Denkweise Wegeners zu beobachten. Er gewann seine Erkenntnisse meist durch instinktartige, innere Anschauung, nie oder nur ganz selten etwa durch Deduktion aus einer Formel, die aber dann auch nur ganz einfach sein durfte. Auch wenn es sich um physikalische Fragen handelte, die seinem eigenen Arbeitsgebiete ferne lagen, staunte ich oft über sein sicheres Urteil. Er pflegte dann oft nach einer ziemlich langen Pause des Nachdenkens zu sagen: ›Ich glaube, die Sache ist so‹, und meistens war sie auch so, was wir oft erst nach mehreren Tagen erkennen konnten, nachdem der Beweis gelungen war. Wegener besaß einen selten trügenden Sinn für das Wirkliche.« Wegener seinerseits, wenn er in mathematischen Formeln festgefahren war, brachte seine Fragen beim Tee vor, wo sie gleich oder nach Prüfung geklärt wurden.

Ferner wurde Wegener an der kleinen Universität zu Vorträgen herangezogen, eine Verpflichtung, der er sich mit steter Liebenswürdigkeit unterwarf. Am 21. und am 28. 11. 1924 in zwei kurz aufeinanderfolgenden Vortragsabenden und in einem anschließenden Diskussionsabend am 29. legte er in der Physikalischen Sektion des Naturwissenschaftlichen Vereins für Steiermark, die auch die Sektionen für Geologie, Zoologie, Botanik und Geographie eingeladen hatte, seine Theorie der Kontinentverschiebung und zum Klima der erdgeschichtlichen Zeiten dar. »Ohne weitere Einleitung«, so Benndorf, »mit schlichten, einfachen Worten, beinahe nüchtern und trocken, im Anfange etwas stockend, begann er. Wie er aber dann systematisch ungemein klar und anschaulich Argument an Argument reihte, zuerst die geophysikalischen, dann die geologischen, paläontologischen, biologischen und paläoklimatischen, wurde er immer lebendiger, seine Augen leuchteten, und die Zuhörer waren hingerissen von der Schönheit, Großartigkeit und Kühnheit des Gedankenbaues«. In der Diskussion wurden auch Einwände vorgebracht. »Wie dann Wegener antwortete«, berichtet der Kollege, »ohne eine Spur der Gereiztheit, klar und mit überlegter Ruhe, gewann man erst den vollen Eindruck von der Sicherheit, mit der er das gewaltige Material, das er aus den verschiedensten Wissenschaften zusammengetragen hatte, beherrschte.« Am 25. April 1925 hielt Wegener einen populär gehaltenen Vortrag über die Durchquerungsexpedition mit Koch; am 28. Januar 1927 referierte er vor der Fachgruppe Physik zum Thema »Physikalisches über Wolken« und am 21. Mai desselben Jahres sprach er auf einer allgemeinen Sitzung des Vereins über »Sternschnuppen und Meteorfälle«.

Waren die Wochentage der Arbeit gewidmet, so ging es sonntags in die schöne Umgebung von Graz, meistens zusammen mit Freunden. Alfred Wegener nannte diese Ausflüge spöttisch »Tieftouren«. Im Herbst machte man Hochtouren in die Alpen, im Winter Skiausflüge.

Am romantischsten für die Familie war der erste Sommer in Österreich, als man kein Geld für eine Sommerfrische hatte, weil noch das Haus in Ordnung zu bringen war. Zu Pfingsten dieses Jahres hatte der Meteorologe Felix Maria Exner (1876–1930), Direktor der Österreichischen Zentralanstalt für Meteorologie in Wien, Wegener besucht und ihm von seinen Sonnenstrahlungsmessungen für die in 1200 m Seehöhe gelegene Sonnenheilstätte Stolzalpe von 1921 erzählt, wofür er mit seiner Familie kostenlos dort gewohnt hatte. Exner verschaffte auch Wegener einen solchen Aufenthalt.

Man strich im August noch Türen und Fenster im Haus, und als das letzte Fenster wieder in den Angeln hing und der letzte Laden im Garten zum Trocknen stand, reiste die Familie ins obere Murtal ab. In einem Bauernhaus ließ die Anstaltsleitung die nötigen Bettstellen sowie einen Tisch und Bänke hinstellen, für alles andere hatten Wegeners selbst zu sorgen. Zusammen mit den Kindern wurden große Wanderungen unternommen. An den schönsten Tagen allerdings saß Wegener auf dem Dach des Sanatoriumgebäudes, um die Strahlungsmessungen auszuführen. Die Ergebnisse wurden in der Meteorologische Zeitschrift veröffentlicht.

Drei Weihnachtsferien hintereinander verbrachte die Familie in der Ramsau, der Hochfläche am Fuße des Dachstein. Jedesmal war es eine größere Gesellschaft von Bekannten, die sich dort tagsüber auf den »Brettln« tummelte und abends zusammenkam, um zu singen, vorzulesen und zu spielen. Man wohnte zerstreut auf mehrere Bauernhäuser, und stets war es Frau Wegener, die eigenhändig für einen großen Teil des Bekanntenkreises kochte und überdies Zeit fand, gleich den andern an Skiwanderungen teilzunehmen. Wegener war ein guter Skiläufer, nach alter Art mit nur einem Stock fahrend, aber sehr sicher und auch schwierigen Stellen gewachsen. Für den zehn Jahre älteren Benndorf, der das Skilaufen rechtzeitig zu erlernen versäumt hatte und sich jetzt schon zu alt dafür meinte, verfaßte er eine Anleitung: »Sichere Methode für alte Herren, das Skilaufen zu erlernen«.

Für Scherz und Frohsinn war Wegener immer zu haben. Als er Wind davon bekam, daß Benndorfs Sekretärin seine Frau um eine gereimte Strafpredigt gegen das Überhandnehmen des lästigen Rauchens beim Institutstee gebeten hatte, um sie beim Weihnachtsfest vorzulesen, antwortete er seinerseits mit einem gereimten Lob des Rauchens:

»Ich lobe mir die kurze Pfeife!
Damit der Geist nicht ziellos schweife
Und die Probleme fest ergreife,
So daß die Arbeit richtig reife,
Ist's nötig, daß wie grüne Seife
Der Rauch Euch in die Nase kneife.

Doch ebenso auf der Zigarre
Ich mit Entschiedenheit beharre.
Ist mir's als ob ich Steine karre,
Als ob die Hirnmechanik knarre,
Dann löst Virginia, die bizarre,
Wohltätig der Gedanken Starre.
Und erst recht die Zigarette!
Ach, wer doch solche fette, nette,
Ganz selbstgedrehte und adrette
Kurz: beß're Zigarette hätte!
Ich böt ihm neben mir die Stätte
Und rauchte Kette um die Wette.
Es lebe der Regietabak.
Seit her ich zog mit Sack und Pack,
Im Kittel wie in Lack und Frack
Stets fand ich am Tabak Geschmack.
Darum trotz Schabernack und Schnack:
Hoch der Tabak! Hoch der Tabak!«

Frau Else Wegener verdanken wir die Kenntnis, daß Alfred Wegener einen ausgeprägten Hang zur Lyrik hatte. Manch lustiges oder feinfühliges Gedicht ist überliefert, andere sind bis heute unveröffentlicht. Zwei Beispiele mit wissenschaftlichem Hintergrund sind folgende:

»Die Wettersäule.
Die Wettersäule, daß ihr's nur wißt,
Am Schloßplatz, die mein' ich, an welcher man mißt.
Den Druck der Luft und die Temperatur,
Sie hat von Vernunft auch nicht die Spur!
Sie ist, Professor v. Bezold erkannt' es,
›Das Grab des gesunden Menschenverstandes.‹
Vor Jahren verkündet er's also der Welt,
Der dieses Sprüchlein vorzüglich gefällt;
Und Generation hört's auf Generation,
Die ältesten Semester sich freuten dran schon;
Ja, schon in Tata's Collegheften stand es:
›Das Grab des gesunden Menschenverstandes.‹«

Nach der Melodie »Vom hoh'n Olymp« zu singen ist:

»Vereint im Kreise, Meteorologen, erhebt die Becher voll von Wein,

Solang noch nicht der Sturmball aufgezogen,
Woll'n wir uns dieses Lebens freun.
Von Westen her naht sich das Minimum,
Aber um Steiermark zieht es herum.
Schon manchmal drohten steile Gradienten
mit Sturmesböen aus Nordwest.
Doch ob die Isobaren sich auch drängten,
Es blieb doch alles nagelfest.
Das Minimum kommt und das Minimum zieht,
Das ist das alte, das ewige Lied.
Nach Boys Ballot, Ihr Herren Wetterbrüder,
Da geht es stets im Kreis herum.
Nach Niederschlägen scheint die Sonne wieder,
Aufs Mini- folgt das Maximum.
Und geht's dann auch mal antizyklonal,
Uns Meteorologen, uns ist das egal.«

Sehr vergnügt ging es auch immer beim »Giebelhof-Fest« zu, wozu Benndorf einmal im Jahr in sein Haus, den Giebelhof, einlud. Wegeners waren immer dabei, um mit den Freunden und Bekannten eine fröhliche Nacht zu verbringen. Einmal kam Wegener mit seiner Frau und deren Freundin als Eskimofamilie und brachte lustige Nachricht aus Grönland. Ein andermal, als im Giebelhof ein »Kongreß der Physiker aller Zeiten und Länder« angesagt war, erschien er als Faraday, in altmodischem Rock mit hohem Vatermörder aus Pappe und angeklebten Bartkoteletten, und legte seine neuesten Forschungsergebnisse vor, die Kraftröhren – Makkaroni –, die er aus Kraftlinien entwickelt zu haben vorgab.

Wegener hat die Grazer Jahre die glücklichsten seines Lebens genannt. Das Gefühl, nun die erstrebte Lebensstellung erreicht zu haben, mag mitbestimmend dafür gewesen sein.

In Graz kam Wegener auch auf seinen alten Plan der Ausarbeitung einer vollständigen »Physik der Atmosphäre« zurück. Schon im Wintersemester 1924/25 begann er seine Vorlesungstätigkeit daher mit »Optik der Atmosphäre« (2 Std.), und im Winter 1925/26 und Sommer 1926 folgte eine zusammenfassende Vorlesung über die Physik der Atmosphäre: 1. Teil Mechanik, Thermodynamik, Strahlung, 2. Teil Optik, Akustik, Elektrizität, je 5 Stunden wöchentlich. Zusammen mit einigen Spezialabhandlungen, die Wegener in verschiedenen Fach-

Physikalisches Institut in Graz

zeitschriften veröffentlichte, wollte er die Vorlesungen als Grundlage für sein geplantes Werk benutzen. Einzelne Abschnitte erschienen in dem von B. Gutenberg herausgegebenen »Lehrbuch der Geophysik« und in der 11. Auflage von Müller-Pouillets »Lehrbuch der Physik«. Die Beendigung Wegeners eigener Physik verzögerte sich jedoch dadurch, so daß, als die Auflagen vergriffen waren, 1924 und nochmals 1928 Neudrucke der »Thermodynamik der Atmosphäre« erschienen. Die »Vorlesungen« erschienen erst nach Wegeners Tod als Lehrbuch in Leipzig.

Neben Vorlesungen über die Physik der Atmosphäre, »Einführung in die Meereskunde«, »Einführung in die Geophysik«, »Allgemeine Meteorologie« und »Theoretische Meteorologie« hielt Wegener mit den Studenten eine Veranstaltung »Besprechung geophysikalischer Grundfragen«. Diese erweiterte Vorlesung diente vor allem der Ausarbeitung der 4., wiederum stark erweiterten Auflage der »Entstehung der Kontinente und Ozeane«.

Voller Genugtuung erfuhr Wegener während der Manuskriptarbeit von Messungen, die verhältnismäßig hohe Beträge für die jährliche Westdrift Grönlands zu belegen schienen und dadurch den ersten praktischen Nachweis seiner Verschiebungstheorie lieferten. Später stellte sich heraus, daß die Größe der gemessenen Beträge Grönlands fehlerhaft war.

Dagegen bedrückte es ihn, daß die wissenschaftlichen Ergebnisse der Durchquerungsexpedition noch immer nicht veröffentlicht waren. Zunächst hatte der Krieg sowohl ihm wie Koch die Ausarbeitung unmöglich gemacht. In Hamburg aber hatte er dann die Zeit zur Bearbeitung der meteorologischen Ergebnisse gefunden und sein Manuskript 1924 nach Kopenhagen geschickt. Indes geriet die Arbeit wieder ins Stocken, zunächst durch anderweitige dienstliche Verpflichtungen Kochs, dann durch dessen sich verschlechternden Gesundheitszustand. Im Jahre 1926 schlug er Wegener daher vor, er möge auch die Bearbeitung der glaziologischen Beobachtungen übernehmen, da er selbst sich dazu nicht mehr imstande fühle. Wegener seinerseits schlug eine gemeinsame Bearbeitung in der Weise vor, daß er die Arbeit unter Benutzung von Kochs Vorarbeiten ausführen und dieser sie durchsehen sollte, worauf dann in gemeinsamer Beratung der endgültige Wortlaut festgelegt werden sollte. So fuhr Wegener 1927 nach Kopenhagen, wo Koch ihm das Material übergab.

Im Sommer 1927 reiste Wegener nach Lettland, um auf Einladung der Herder-Gesellschaft in Riga Gastvorlesungen zu halten. Im Anschluß daran besuchte er mit den Rigaer Wissenschaftlern E. Kraus und R. Meyer ein auf der estnischen Ostseeinsel Ösel (estnisch: Saaremaa) etwa 20 km nordöstlich des Ortes Arensburg (Kuressare, heutiger Name Kingissepa) gelegenes Kraterfeld, dessen größtes Objekt ein etwa 4–6 m über die Umgebung sich erhebender und im Durchmesser 100 m messender Ringwall namens Sall (Kaalijärw) war, der ein 14–16 m tiefes und mit Wasser gefülltes Loch umschloß.

Am Abend des 12. 9. machte man sich auf den Weg. Da der direkte Dampfer Riga–Arensburg zu dieser Jahreszeit bereits den Betrieb eingestellt hatte, mußte man den Umweg über Reval (Tallinn) wählen und kam am Morgen des 13. an.

Im Ergebnis der an den folgenden 5 Tagen vorgenommenen geologischen Untersuchungen und topographischen Vermessungen kamen Wegener und Meyer zu der Überzeugung, daß eine von Meyer bereits 1921 in einem Brief an Wegener geäußerte und gemeinsam schriftlich erörterte Vermutung zutrifft, daß die in ihrer Deutung umstrittenen Krater durch Meteoritenfall entstanden sind. Wegener, der sich durch die planmäßige Auffindung des Meteoriten von Treysa und sein weitsichtiges Buch über die Entstehung der Mondkrater sehr verdient gemacht hatte, war es somit vergönnt, zu den Entdeckern des nach dem Arizona-Krater zweiten seinerzeit bekannten Meteoritenkraters unseres Planeten zu gehören.

Am 19. 9. trat Wegener über Reval die Heimreise an. Er war noch nicht wieder zu Hause, als am 23. 9. nachmittags eine Windhose über Graz und die Oststeiermark hinwegzog und großen Schaden anrichtete.

Mehrmals begab Wegener sich ins Unglücksgebiet. Zu Fuß folgte er der etwa 50 km langen Spur des Luftwirbels, die in Graz beginnend sich nach Nordosten hinzog. Er fand Häuser abgedeckt und Bäume entwurzelt; mehrere Personen waren durch das Unwetter verletzt und ein Junge getötet worden. Der Schaden belief sich auf 300 000 Schillinge. Gewissenhaft sammelte er alle Augenzeugenberichte, registrierte das Erscheinungsbild der Trombe und ermittelte die meteorologischen Bedingungen zur Ereigniszeit. Die wissenschaftlichen Ergebnisse erschienen einige Wochen später in der »Meteorologischen Zeitschrift« und regten ihn zu weiteren Untersuchungen über die Natur der Tromben an.

So lebte Wegener ganz seiner wissenschaftlichen Arbeit und war nahe daran, in Graz in bürgerlichem Wohlbehagen zu versinken. Vergessen schienen die Mühsale der Durchquerung und die Überwinterungen in Grönland – doch erneut ergriffen alte Pläne Besitz von dem Forscher.

Ein Traum wird wahr

Vorbereitungen. Wegeners Plan für eine eigene große Grönlandexpedition ging aus der Vereinigung dreier in ihren Anfängen unabhängiger Bestrebungen hervor.

Anfang 1928 erhielt er einen Brief von J. Georgi, in dem dieser seinem ehemaligen akademischen Lehrer und späteren Chef an der Deutschen Seewarte in Hamburg als dem seinerzeit besten Grönlandkenner seinen Plan zur Errichtung einer aerologischen Überwinterungsstation auf dem grönländischen Inlandeis mitteilte, den er in Verfolgung der Untersuchungsergebnisse seiner mit Unterstützung der Notgemeinschaft der Deutschen Wissenschaft in den Sommern 1926 und 1927 im nordwestlichen Island ausgeführten Ballonaufstiege entwickelt hatte. »Lieber Herr Dr. Georgi, ich gratuliere Ihnen zu Ihren schönen Plänen und wünsche Ihnen herzlich den besten Erfolg«, antwortete Wegener in einem Schreiben vom 15. Januar 1928, in welchem es weiter heißt: »Das ist ja ein alter Plan von Freuchen, Koch und mir. Wäre der Krieg nicht gekommen, so wäre der Plan wohl schon ausgeführt. Aber inzwischen ist Freuchen ein Bein abgenommen worden, Koch ist zu alt geworden und liegt im Krankenhaus, und ich habe einen kleinen ›Knax‹ weg und bin kein Jüngling mehr. Ich beabsichtige, im 1. Heft der ›Arktis‹ über die Arbeitsbedingungen und wissenschaftlichen Aufgaben einer solchen Station etwas zu schreiben ... Sie sehen daraus, wie sehr mich Ihr Plan interessiert.«

Im Mai 1928 besuchte der Meteorologe Wilhelm Meinardus (1867–1952) aus Göttingen Wegener, um anzufragen, ob er bereit sei, während einer Sommerreise als Leiter einer kleinen Unternehmung in Grönland Eisdickenmessungen nach der seismischen Methode vorzunehmen, wofür die Notgemeinschaft ebenfalls finanzielle Mittel zu geben bereit war. Das von dem Geophysiker Emil Wiechert (1861–1928) entwickelte und von Hans Mothes (*1902) 1926 auf dem Hintereisferner bei Vent in den Ötztaler Alpen erprobte Verfahren, das nunmehr erstmals in Grönland Anwendung finden sollte, beruhte darauf, in einer ins Eis getriebenen Bohrung Dynamit zu zünden, während ein in passender Entfernung stehendes Seismometer die mittels diesem künstlichen Beben erzeugten und vom Felsuntergrund reflektierten Wellen registriert. Aus deren Laufzeit und der bekannten Geschwindigkeit elastischer Wellen läßt sich der zurückgelegte Weg und die Eisdicke errechnen.

Und schließlich war es ein alter Plan Wegeners selbst, auf dessen Verwirklichung er kaum mehr gehofft hatte: – Eisdickenmessungen wollte er wohl machen, aber nicht nur auf einer Sommerreise und nicht nur sie. Sein Programm umfaßte den ganzen Aufgabenkreis, der sich ihm auf den beiden Grönlandexpeditionen und der Bearbeitung der wissenschaftlichen Ergebnisse erschlossen hatte.

Aus war es mit der beschaulichen Ruhe in Graz. Reisen nach Deutschland und nach Kopenhagen folgten rasch aufeinander. Außerdem beabsichtigte Wegener, der österreichisches Vorstandsmitglied für die »Internationale Studiengesellschaft zur Erforschung der Arktis mit dem Luftschiff Aeroarctic« war, deren Vorsitzender Fridtjof Nansen war, seine Überlegungen auf der im Juni 1928 in Leningrad stattfindenden 2. Generalversammlung der Gesellschaft vorzutragen, und meldete einen Vortrag »Über die Arbeitsbedingungen und wissenschaftlichen Aufgaben einer Station auf dem grönländischen Inlandeis« an. Bestürmt, an der für 1929 geplanten und gewiß sensationsträchtigen Fahrt eines Zeppelinluftschiffes über den Nordpol teilzunehmen, antwortete er, der die Erforschung des Polareises auf diesem selbst für wissenschaftlich wichtiger und aufschlußreicher hielt, dagegen: »Grönland ist jetzt soweit bekannt, daß man keine abenteuerlichen Rekordreisen mehr machen muß. Als Leiter einer Expedition würde ich mich keinen sonderlich großen körperlichen Anstrengungen zu unterziehen brauchen. Auch stehen mir jetzt ganz andere Hilfsmittel zur Überwindung der Entfernung zur Verfügung.«

Wegener machte sich an die Ausarbeitung einer Denkschrift mit dem Plan einer deutschen Inlandeis-Expedition nach Grönland, den er im Sommer 1928 der Notgemeinschaft vorlegte. Es erfüllte ihn mit großer Befriedigung, daß diese sich unter Leitung ihres an arktischer Forschung stets interessierten Präsidenten Staatsminister Friedrich Schmidt-Ott (1860–1956) grundsätzlich bereit erklärte, die Erforschung des grönländischen Inlandeises in ihr Arbeitsprogramm aufzunehmen, und eine Grönlandkommission berief.

Wegeners Plan für die Expedition sah die Errichtung dreier, alle auf etwa 71° nördlicher Breite gelegener Stationen vor. Das Neue und Großartige war die im Innern Grönlands, in 3000 m Seehöhe geplante Station »Eismitte« und deren gleichzeitiger Betrieb mit den Stationen an den Rändern des Inlandeises im Osten und Westen, beide von der Mitte etwa 400 km entfernt. Hauptstation der Expedition sollte die an der Westküste oberhalb der Landungsstelle in 1000 m Seehöhe zu errichtende »Weststation« werden, von der aus die zentrale Firnstation »Eismitte« einzurichten und zu unterhalten geplant war. Organisatorisch weitgehend selbständig dagegen sollte die am Scoresby Sund an der Ostküste zu errichtende »Oststation« arbeiten, und die Ausreise der vorgesehenen 3 Wissenschaftler und ihres Gepäcks sollte unabhängig von der Hauptexpedition mit dem einzigen Schiff vor sich gehen, das jährlich zum Scoresby Sund ging. Außer ständigen, ein volles Jahr umfassenden meteorologischen Beobachtungen wie der Registrierung von Temperatur, Luftfeuchte, Windgeschwindigkeit und Sonnenscheindauer sollten an diesen 3 Stationen Drachen- und Fesselballonaufstiege ausgeführt werden, um die Beschaffenheit der höheren Luftschichten zu erforschen und so einen in seiner Art einzig dastehenden Querschnitt durch die Atmosphäre über Grönland zu erhalten. Hand in Hand mit den meteorologischen und aerologischen Beobachtungen zur Erforschung des Klimas sollten die anderen Arbeiten gehen. An glaziologischen Forschungen waren direkte Messungen der Eisdicke an verschiedenen Punkten durch die reflexionsseismische Methode geplant, ferner die exakte Seehöhenbestimmung der Eisoberfläche mittels erstmalig benutzter trigonometrischer Höhenmessung zur Kontrolle barometrisch erhaltener Daten sowie Schweremessungen entlang einem über die Eisdecke gelegten Profil zur Klärung der Frage, ob die Eisbelastung Grönlands durch eine entsprechende Senkung des Landes isostatisch kompensiert wird. Schließlich sollten, anknüpfend an die Ergebnisse der Durchquerungsexpedition, durch an geeigneter Stelle abgeteufte Schächte Messungen der Temperatur im Inneren des Eises ermöglicht und seine Beschaffenheit und die allmähliche Umwandlung in Firn aufgeklärt werden sowie Messungen der Gletscherbewegung zu einem vollen Verständnis der Natur der grönländischen Eisströme und der Unterschiede, die die polaren Inlandeisabflüsse in dieser Hinsicht gegenüber den Alpengletschern zeigen, führen.

Die technische Aufgabe bestand darin, ein Gepäck von etwa 120 000 kg von der Landungsstelle zunächst über den schneefreien Küstenstrich, dann den steilen Aufstiegsgletscher hinauf etwa 10 km weit bis zu der auf dem Eis der Randzone zu errichtenden Hauptstation zu schaffen und weiter eine Nutzlast von etwa 10 000 kg etwa 400 km weit bis zur Mitte der Inlandeiskappe in etwa 3 000 m Seehöhe vorzuschieben. Das waren Transportaufgaben, wie sie bisher noch von keiner Expedition in den Polargebieten geleistet worden waren.

Die Hauptschwierigkeit des ganzen Unternehmens, die sich aus der Anlage dieses Programms zwangsläufig ergab, war die

Beförderung des umfangreichen wissenschaftlichen Gepäcks, der Überwinterungshäuser, des Heizmaterials und des Proviants für Mensch und Tier auf das Eis. Dafür war es nötig, auf einer Vorexpedition festzustellen, ob in der geplanten Gegend, dem Umanaq-Distrikt an Grönlands Westküste, die Beschaffenheit des Eises den Transport solcher Gepäckmengen zuließ. Gleichzeitig sollte sie Wegener zur Erprobung von Instrumenten und Ausrüstungsgegenständen sowie der persönlichen Leistungsfähigkeit der wichtigsten Teilnehmer dienen. Ihr wissenschaftliches Programm dagegen war so angelegt, daß sie auch für sich allein selbständigen Wert besaß.

Da die Ergebnisse der Durchquerungsexpedition 1912/13 als Grundlage der wissenschaftlichen Arbeit der neuen Expedition wichtig waren, beschleunigte Wegener deren endgültige Fertigstellung.

Verabredungsgemäß hatte er die wissenschaftliche Bearbeitung vollendet und das im wesentlichen fertige Manuskript Ende November 1927 seinem Kollegen Koch nach Kopenhagen geschickt. Der aber hatte die Durchsicht, kaum begonnen, wieder aufgeben müssen. Brieflich drückte er Wegener seine Freude über die Ergebnisse aus, konnte aber nicht mehr zu den zahlreichen Einzelfragen Stellung nehmen, da seine Krankheit schon so weit fortgeschritten war, daß sie bald darauf zum Tod führte. So war es an Wegener, den Rest allein fertigzustellen. Im September 1928 berichtete er seinem Schwiegervater in einem Brief nach Varna dazu: »Inzwischen habe ich das Manuskript der Expeditionsarbeit (Durchquerung) ganz zum Druck nach Kopenhagen geschickt, die Korrektur der Kraterarbeit erledigt, einer Zeitschrift einen früher versprochenen Artikel über Kontinentverschiebungen geliefert und dem fünften Bogen der vierten Auflage der ›Kontinente‹ das Imprimatur erteilt. Müller-Pouillet V 2 ist jetzt auch erschienen. Die Liquidation der laufenden Arbeiten schreitet also fort. Leider soll der Druck der Expeditionsarbeit ein Jahr dauern, wird also durch die Reise im nächsten Jahr zerrissen«.

Fast überall traf Wegener bei seinen Vorbereitungsarbeiten auf das größte Entgegenkommen. Besonders wohlwollend traten ihm die dänischen Behörden gegenüber, denn er war durch seine Teilnahme an zwei dänischen Unternehmungen wohlbekannt und stand bei den wissenschaftlichen Kreisen des Landes in hohem Ansehen. Das Einverständnis der dänischen Regierung, der die Kolonie Grönland seinerzeit unterstand, für die Durchführung seiner Expedition erhielt er daher ebenso bereitwillig wie die Erlaubnis zur Einfuhr von Petroleum, Alkohol, Benzin und vieler anderer Dinge, die damals nach Grönland einzuführen verboten waren. Auch der Aufbau und die Benutzung von Funkstationen wurde gestattet, die während ihrer Arbeit als vorübergehend aufgebaute dänische Stationen galten.

In diesem Stadium richtete Wegener am 10. Oktober an das Bundesministerium für Unterricht in Wien unter Beifügung der Denkschrift ein Gesuch um Beurlaubung, in dem es heißt: »Dem Bundesministerium für Unterricht gestatte ich mir Mitteilung von dem beiliegenden Plan einer wissenschaftlichen Expedition zur Erforschung des Inlandeises und seines Klimas in Grönland zu machen. Der Plan umfaßt eine Hauptexpedition vom Frühjahr 1930 bis Herbst 1931, sowie eine Vorexpedition Frühjahr bis Herbst 1929, beides unter meiner Leitung. Der Präsident der Notgemeinschaft der Deutschen Wissenschaften, seine Excellenz Herr Staatsminister Dr. F. Schmidt-Ott, dem ich den Plan in der vorliegenden Form vorgelegt habe, hat demselben seine volle Unterstützung zugesagt. Er hat insbesondere bereits am 5. November dieses Jahres in Berlin eine Besprechung in dieser Frage abgehalten, an der zahlreiche hervorragende Wissenschaftler und auch Vertreter der Deutschen Marine sowie deutscher und preußischer Ministerien zugegen waren, mit dem Ergebnis, daß dieses Gremium an die Notgemeinschaft die einstimmige Aufforderung gerichtet hat, die Mittel für die Durchführung dieser Expedition bereitzustellen. Die Notgemeinschaft hat sich dementsprechend durch ihren Hauptausschuß ermächtigen lassen, zunächst die Mittel zur Durchführung der Vorexpedition zur Verfügung zu stellen. Durch diesen Beschluß erscheint auch die Durchführung der Hauptexpedition bereits finanziell gesichert, wenn auch die Bewilligung der hierfür erforderlichen Mittel aus etatrechtlichen Gründen erst im Jahr 1929 stattfinden kann. Mit Hinweis auf die wissenschaftliche Bedeutung dieser Expedition, die aus der Anlage hervorgehen dürfte und ja auch schon durch die Stellungnahme der Notgemeinschaft der deutschen Wissenschaften gewährleistet ist, bitte ich das Bundesministerium, meine Beteiligung als Leiter der Expedition genehmigen und zugleich die Durchführung derselben durch Entgegenkommen in der Frage meiner Beurlaubung möglichst unterstützen zu wollen.

Insbesondere bitte ich um Beurlaubung mit Gehalt für das Sommersemester 1929 zur Durchführung der Vorexpedition. Eine Supplierung (Vertretung – U. W.) für diese Zeit dürfte nicht notwendig sein.

Weiters bitte ich schon jetzt um eine Beurlaubung mit Gehalt für die drei aufeinanderfolgenden Semester vom Frühjahr1930 bis Herbst 1931 zur Durchführung der Hauptexpedition grundsätzlich genehmigen zu wollen. Für diese Zeit würde eine Supplierung wohl nicht zu umgehen sein. Ich bitte das Bundesministerium für Unterricht, die Kosten dieser Supplierung tragen zu wollen, als Zeichen des Interesses an dieser wissenschaftlichen, von einem österreichischen Hochschullehrer geleiteten deutschen Unternehmung.

Über die Personalfrage bei Supplierung werde ich mir erlauben, dem Bundesministerium später einen bestimmten Vorschlag zu unterbreiten.« Wegeners Antrag wurde am 11. Dezember vom Dekan dem Amt der Steiermärkischen Landesregierung übermittelt, die das Gesuch mit der »wärmsten Befürwortung« durch den Landeshauptmann 6 Tage später an das Ministerium weiterleitete, wo die Genehmigung des Antrags umgehend erfolgte.

Nachdem also die Mittel für die Vorexpedition bewilligt waren, stand der Winter 1928/29 ganz im Zeichen der Vorbereitungen. Wegener beschäftigte sich mit den Einzelheiten des von ihm entworfenen Winterhauses, führte Korrespondenzen mit den verschiedenen Ausrüstungsfirmen, warb die Teilnehmer an und klärte mit ihnen Details. Nach dem Muster eines in Grönland üblichen und von Wegener 1913 mitgebrachten sehr praktischen Kleidungsstücks der einheimischen Eskimos mit Kapuze ließ er ferner aus windschlüpfigem Stoff ebensolche Kleidung für alle Expeditionsteilnehmer anfertigen. Zugleich war dies die Einführung des Anoraks in die europäische Bekleidungsmode.

Außerdem widmete Wegener sich mit unvermindertem Einsatz seiner Vorlesungstätigkeit; er las »Theoretische Meteorologie«, »Die Theorie der Kontinentalverschiebung«, »Die Erforschung der höheren Luftschichten (Aerologie)« sowie »Besprechungen aus Gebieten der kosmischen Physik«, »Besprechung spezieller geophysikalischer Probleme« und »Meteorologisch-geophysikalische Besprechungen«. – Im März 1929, zum Semesterende, fuhr Wegener nach Finnland, um sich die dort benutzten Propellerschlitten anzusehen. Nach wochenlanger strenger Kälte erwartete ihn in Helsinki Tauwetter, so daß die vorgesehene Vorführung der Schlitten im Schnee wortwörtlich ins Wasser fiel und Wegener sich mit einigen Rundfahrten auf dem Meereis begnügen mußte. Nach Besichtigung der Firma, die die Schlitten baute, und Beratung mit den Ingenieuren bestellte der Wissenschaftler zwei, mit geschlossenen Kabinen, in die in Deutschland Flugzeugmotoren eingebaut werden sollten. Von Turku aus begab Wegener sich begleitet von seiner Frau schließlich noch nach Stockholm, um dort Traktoren und Raupenschlepper anzusehen, wie sie in Schweden bei Transporten im Schnee Verwendung fanden.

Von Stockholm fuhr Wegener nach Kopenhagen, um dort seine Expeditionskameraden zu treffen und sich mit ihnen nach Grönland einzuschiffen. Als Teilnehmer hatte er den damals 40jährigen Georgi, den 34jährigen Meteorologen Fritz Loewe (1895–1974) aus Berlin und den 30jährigen Berliner Studienrat Ernst Sorge (1899–1946) gewonnen. Am 27. März 1929 verließ die kleine Gruppe mit der »Disko« Kopenhagen. Noch während der Überfahrt las Wegener an Bord des Schiffes, selbst bei unruhigster See, Stöße an Korrekturbögen des zweiteiligen Expeditionswerks seiner und Kochs Expedition.

Im Motorboot vor Grönland. Als das Schiff am 21. April vor Holsteinsborg eintraf, fand man die 300 Einwohner der südgrönländischen Ansiedlung in heller Aufregung. Wer konnte, war auf den Beinen, um das Entladen zu verfolgen. Leichter standen bereit, um den Jahresbedarf des Ortes an Lebensmitteln, Kohlen und einigen anderen Artikeln zu übernehmen.

Zunächst aber mußte das Motorboot zu Wasser gebracht werden, das auf dem Deck stand und die Luke versperrte; die »Krabbe«. Für die kommenden Monate sollte sie Wegener und seinen Begleitern als Heim dienen. Das 8-Tonnen-Schiff war neu gebaut und etwa 9 m lang. Ausgestattet mit einem 8-PS-Motor sollte es an die sechs Knoten machen. Zusätzlich war es mit Segeln ausgerüstet.

Gleich zu Beginn bekam Wegener die Sorgen eines Expeditionsleiters zu spüren. Durch eine Unachtsamkeit der Schiffsbesatzung beim Zuwasserlassen des Motorboots zerbrach eine Planke und die »Krabbe« schlug leck. Aber Wegener blieb guter Dinge. »Gerade bei den schönsten Expeditionen ist zuerst immer alles schief gegangen«, notierte er, und binnen zweier Stunden war der Schaden auch wieder behoben.

Zwei Tage später, am Abend des 23., brach unerwartet ein heftiger Südweststurm los. Die vor Anker liegende »Krabbe« kam ins Treiben und konnte erst mit Hilfe von Grönländern und eines anderen Motorbootes in den inneren Teil des Hafens geschleppt und an Land vertäut werden. Der Vorfall zeigte indes, daß ihr Vertäuungsmaterial für grönländische Verhältnisse unzureichend war. Von Kapitän Hansen der »Disko«, den Wegener noch von Kochs Expedition her kannte, bat er sich daher eine ausrangierte, aber guterhaltene 100 Meter lange, zollstarke Trosse aus und sah sich auch nach einem Anker passender Größe um, den er in Gestalt eines 30 kg schweren Exemplars als Geschenk der Kolonie erhielt. »Er hat sicher die Expedition einige Dutzend Male gerettet«, schrieb er später etwas überschwenglich, »so veraltet er auch war.«

Inzwischen hatte sich Georgi mit der Funktionsweise des Motors soweit vertraut gemacht, daß einer Probefahrt nichts mehr im Wege stand, und als sich die »Disko« am 24. April anschickte, die Heimreise anzutreten, gaben die Forscher ihr das Ehrengeleit bis in die offene See.

Am folgenden Morgen, Wegener und seine Kameraden saßen gerade beim Kaffee, ging ein Boot längsseits der »Krabbe«. Der Landsfoged von Südgrönland, der sich gerade auf seiner Inspektionsreise befand, sowie die Honoratioren der kleinen Siedlung kamen an Bord, um einen Abschiedsbesuch abzustatten. Altem Expeditionsbrauch folgend und als Dank für manche Freundlichkeit ließ Wegener bei dieser Gelegenheit Kaffee an die grönländische Bevölkerung austeilen. Am Morgen des 26. lichtete die »Krabbe« die Anker, um das 110 km nördlich gelegene Agto anzusteuern. Dreimal senkte sich als Abschiedsgruß die Flagge der Kolonie, und dreimal dippte die Besatzung das schwarz-rot-goldene Fähnchen.

Am Steuer des Bootes stand ein grönländischer Lotse, denn bei anhaltend schlechtem Wetter wagte es der umsichtige Expeditionsleiter nicht, den Weg über das offene Meer zurückzulegen, sondern hatte einen Kurs nahe der Küste gewählt. Dort aber lauerte manche Gefahr, deren tückischste die blinden Schären waren. Der Grönländer war mit diesen Gefahren bestens vertraut. In Agto tauschte er seinen Platz mit einem neuen

Lotsen, der die »Krabbe« auf ihrem Nordkurs bis Egedesminde zwischen den Schären hindurchsteuerte. Dort konnte Wegener sich wieder beliebt machen, indem er Postsäcke ablieferte, die er von Holsteinsborg mitgebracht hatte, und man kam auch gerade noch zurecht, um von Bord des im Auslaufen begriffenen Motorschoners »Saelen« eine für die Expedition bestimmte Kiste herauszubekommen. Die enthielt die von der Besatzung dringend benötigten Schlafsäcke und war versehentlich nach Umanaq adressiert.

Am 28. wurde die Fahrt, nunmehr unter Verzicht auf einen Lotsen, quer über die Disko Bugt fortgesetzt bis Godhavn, wo der Landsfoged von Nordgrönland die Mannschaft auf das freundlichste begrüßte. Einmal mehr hatte Wegener Gelegenheit, grönländische Gastfreundschaft zu rühmen: »Wir wurden mit Einladungen geradezu überschüttet. Man konnte immer nur von einem zum anderen gehen« und: »Grönland, das Land der Gletscher und der öden Klippen, überschüttet seine Gäste mit Eindrücken; aber den stärksten Eindruck, den der Fremde erhält und der ihn im wörtlichen Sinne bezaubert, macht doch die Herzlichkeit und Gastfreiheit seiner Bewohner!«

Den Höhepunkt indes bildete eine Hundeschlittenfahrt nach der 60 km östlich gelegenen Kohlenmine Skansen. Die Route ging steil hinauf bis auf 600 m und wieder zur Küste hinab. Ihre Hauptschwierigkeit lag darin, daß große Strecken schon schneefrei waren. Wegener und seine Kameraden fuhren auf Schlitten, die von den besten grönländischen Schlittenkutschern gelenkt wurden und hatten daher Gelegenheit, die Feinheiten der Hundeschlittentechnik aus erster Hand kennenzulernen.

Am 3. Mai verließ die »Krabbe« Godhavn mit Kurs auf Christianshåb. Wegeners ursprüngliche Absicht, von dort aus mit Hundeschlitten zum Jakobshavner Eisstrom vorzudringen und Beobachtungen über die derzeitige Lage des seit Jahrzehnten um mehrere Kilometer zurückgegangenen Riesengletschers anzustellen, mußte fallengelassen werden. Entgegen den in Godhavn erhaltenen Auskünften zeigte sich an Ort und Stelle nämlich, daß das Eis auf dem Tasiusak, der den Zugang bildete, doch schon so weit in Auflösung begriffen und von Stromwaken durchsetzt war, daß es für Schlitten unpassierbar und die Tour für den Expeditionsleiter ein zu großes Wagnis gewesen wäre.

Vorbei an der Eisbergbank, wo die vom Jakobshavner Eisstrom stammenden Eisberge am Grund aufliegen und dadurch den Fjordausgang so versperren, daß sich große Mengen von Kalbeis im Fjord ansammeln, fuhr man daher am folgenden Morgen weiter nach Norden. Die Fahrt vorbei an den schweigenden Eisriesen war für alle beeindruckend. »Aber wenn man nicht gerade photographieren will«, so Wegener, »tut man am besten, sich in respektvollem Abstand von den porzellanartigen Mauern und Türmchen zu halten. Denn mitunter fällt es einem solchen alten Herrn ein, sich auf die andere Seite zu drehen, oder auch einen Turm oder ein Stück einer Wand abzuwerfen.« Und »kommen dann einmal ein paar von den Eiskolossen frei, was jährlich ein paarmal vorkommt, so speit der Fjord in kurzer Zeit ungeheure Eismassen aus, so daß die ganze Diskobucht mit Eisbergen und kleineren Brocken gespickt ist«.

In Jakobshavn, wo die Ankömmlinge wieder freundlich begrüßt wurden und auch die erste Post seit ihrer Abreise erhielten, stieß Wegeners alter Expeditionskamerad der »Danmark«-Expedition, der Grönländer Tobias Gabrielsen, auf die Gruppe, der gegen ein Entgelt von 5 Kronen pro Tag bei freier Verpflegung fortan für den Rest der Expedition ihr treuer Begleiter blieb. Gemeinsam brachte man in Jakobshavn auch Proviantkisten an Land und ließ Petroleum auffüllen. Ferner wurde die Dunkelkammer, die solange mit Gepäck überfüllt war, ihrer eigentlichen Bestimmung zugeführt.

Am 6. brach die Expeditionsgruppe nach Quervainshavn auf, wo nach Wegeners Plan die Handschlittenreise auf das Eis beginnen sollte. In der Nacht hatte es Schneegestöber gegeben und 10 cm Neuschnee bedeckten die »Krabbe«, die beseitigt sein wollten, ehe das Schiff unter gegenseitigem Flaggengruß aus dem Hafen tuckerte. »Dieser Flaggengruß, der überall in Grönland üblich ist, hat etwas Herzerquickendes!«, berichtet Wegener und fährt fort: »Wenn wir – vielleicht nach einer harten Seefahrt – eine Kolonie anliefen und unsere Flagge senkten, die doch nicht die Landesflagge war, und wenn wir dann sahen, wie prompt auch in der Kolonie die Flagge hochging, dann wurde es uns warm ums Herz, dann fühlten wir, hier wohnten Menschen, bei denen wir uns zu Hause fühlen und für neue Unternehmungen Kraft sammeln können. Wer würde sich in Europa, selbst in dem kleinsten Badeort, um ein einlaufendes ausländisches Motorboot kümmern!«

Nach stürmischer Fahrt durch den Ata Sund traf man im Innern des Fjords große Mengen von Kalbeis an, das zu langsamer Fahrt und zum Manövrieren nötigte. Dabei liefen die Motorventile fest. Schlagartig blieb die Maschine stehen, was wegen des starken Windes und der Landnähe nicht ungefährlich war. Die Besatzung hatte schon wiederholt mit diesem Übel zu tun gehabt. Seine Ursache lag in der allzu raschen Verschmutzung der Ventile und legte sich von selbst, als der Motor besser eingelaufen war. Vor Quervainshavn glückte es den Männern, das parallel zur Küste treibende Schiff mit Hilfe des Beiboots – des »Moses« – hinter eine Klippe zu bugsieren und dort zu vertauen, bis die Maschine wieder in Ordnung war. Nach kurzem Aufenthalt konnte die Fahrt daher schon weitergehen, zunächst bis zu einer kleinen Bucht, wo die Besatzung an Bord die Nacht verbrachte. Zuvor ließ man jedoch das Kühlwasser ab, denn das Thermometer zeigte acht Grad unter Null.

Am nächsten Morgen wurde die Fahrt in den schmalen innersten Teil des Fjords hinein fortgesetzt. Sie führte durch dicht gepacktes Treibeis und ging daher, da größte Vorsicht geboten war, nur langsam vorwärts. Zwei der Männer standen mit Bootshaken versehen vorn am Bug und stießen die größeren Eisstücke beiseite, und alle Augenblicke mußte die Schraube abgestellt werden, damit nicht deren Flügel beschädigt wurden.

Indes mißlang Wegeners Vorhaben, das für die Handschlittenreise nötige Gepäck zu landen. Wohl war es nicht seine Absicht, die Reise schon zu beginnen. Vielmehr erforderten einige Teile der Ausrüstung noch aufwendige Vorbereitungen, die er im Hafen Ata zu erledigen gedachte. Doch war es wichtig zu wissen, ob der Fjord bereits zugänglich war, um dann den Hauptteil des Gepäcks an Land zu schaffen. Kam man das nächste Mal weniger weit, konnte der Rest im Rucksack über Land getragen werden.

Stück für Stück vorwärtskommend, trennten die »Krabbe« nur noch knapp 500 m von der für die Landung vorgesehenen Stelle, als plötzlich ein Föhnsturm von elementarer Kraft losbrach. Das Motorboot mußte unverzüglich gewendet werden, um dem Schicksal zu entgehen, durch die treibende Eismasse auf Land gesetzt zu werden. Die Besatzung suchte Schutz in einer Bucht, wo beide Anker ausgebracht wurden. Außerdem ließ man die Maschine mit halber Kraft gegen den Wind arbeiten. Bei diesem Manöver geriet das Boot vorübergehend an einer Sandbank auf Grund. Als sich auch noch zeigte, daß die Anker nicht hielten, verließ die Expeditionsgruppe die Bucht, und Wegener ließ erneut den kleinen Hafen anlaufen, der schon in der Nacht als Zuflucht gedient hatte. Dort wurde die »Krabbe« an Land vertaut. Indes mußte die Arbeit erneut unterbrochen werden, weil das Beiboot verlorenging, das sofort vom Sturm erfaßt und zwischen die Eisberge getrieben wurde. Wegener mußte wieder loswerfen, um mit dem Motorboot Jagd auf den »Moses« zu machen. Es war spät in der Nacht, als man den Motor abstellte und alle – bis auf die Nachtwache – in die Kojen krochen.

Der Sturm hielt fast die ganze Nacht an, brachte aber auch ein Gutes: Der ganze Fjord wurde fast völlig von Kalbeis leergefegt. Im zweiten Anlauf erreichte die Gruppe daher unbehelligt ihr Ziel, und die Männer konnten Proviant, Petroleum und anderes schweres Gepäck für die Handschlittenreise an Land schaffen. Danach lief man nach Ata aus, um die letzten Vorbereitungen zu treffen.

Zwischendurch, am Abend des 9. Mai, wurde beschlossen, noch dem Torsukatak-Eisstrom nördlich von Quervainshavn einen Besuch abzustatten, dem zweiten der fünf »Schnelläufer« unter den westgrönländischen Gletschern. Man wollte erkunden, ob auch dieser, vom Eisrückgang der letzten Jahrzehnte betroffen, in letzter Zeit zurückgegangen war. Die Fahrt entlang einer Reihe kleiner Inseln und vorbei an wundervollen Eisbergen wurde für alle ein großes Erlebnis; aber es bestätigte sich auch die Prophezeiung der Einwohner von Ata; man fand beide der möglichen Zufahrtswege noch durch Eis versperrt und mußte von dem Vorhaben ablassen.

Der folgende Tag wurde dafür verwendet, an die 400 kg Steine als Ballast zu nehmen, da die »Krabbe« ohne Fracht allzu rank geworden war. Ferner wurde von Georgi das fotografische Material für die Handschlittenreise in Ordnung gebracht. Und am 11. Mai konnten Wegener und seine Begleiter endgültig aufbrechen. Man erreichte das Depot ohne Schwierigkeiten und konnte die übrigen Teile der Ausrüstung anlanden. Danach verabschiedeten sich die vier Naturforscher von Gabrielsen, der die »Krabbe« nach Ata zurückbringen und in ihrer einmonatigen Abwesenheit versorgen sollte.

Die vier blickten dem Motorboot nach, das sich langsam durch das Treibeis entfernte. Man hatte verabredet, daß der

Grönländer sie am 14. Juni mittags an derselben Stelle wieder abholen sollte.

Wegener hatten die Fahrten gezeigt, daß die »Krabbe« an der reichgegliederten Küste Westgrönlands mit ihren tiefen Fjorden, in die die Gletscher des Inlandeises münden, und ihren spärlich verstreuten grönländischen Ansiedlungen ein unentbehrliches Verkehrsmittel war, das seiner Bauart, Einrichtung und ganzen Ausrüstung nach für kommende Expeditionsaufgaben vorzüglich geeignet war.

Erfolgreicher Aufstieg. Erstes Ziel Wegeners war die Erkundung einer Reserveaufstiegsstelle auf das Eis. Sie sollte verwendet werden, falls sich in der etwas nördlicher gelegenen Umanaqbucht, wo das Wintereis regelmäßig erst einen Monat später ging, keine geeignete Stelle finden sollte. Der Expeditionsleiter hatte für seinen Versuch einen im nördlichen Teil der Disko Bugt bei Quervainshavn gelegenen Weg in Aussicht genommen, dort, wo im Jahre 1912 der Schweizer Alfred de Quervain (1879–1927) seine Grönlanddurchquerung nach Angmagsalik begonnen hatte. Zugleich wollte er mit seiner Handschlittenreise aber auch zahlreiche Ausrüstungsgegenstände, die zuvor noch von keiner Expedition benutzt worden waren, unter Einsatzbedingungen testen.

Wegeners erstes Augenmerk galt den Schlitten. Sowohl auf Mylius-Erichsens »Danmark«-Expedition wie auch während der Grönlanddurchquerung mit Koch hatte er an Handschlittenreisen teilgenommen und erlebt, wie in krisenhaften Situationen die Expeditionsmitglieder den Schlitten nicht mehr weiterbringen konnten und daher einen Gewaltmarsch ohne Ausrüstung antraten, um überhaupt ans Ziel zu gelangen. Jedesmal war ein von den Expeditionsmitgliedern gemeinsam zu ziehender Schlitten benutzt worden, während Zelt, Schlafsäcke und Kochgeräte die gleichen wie die bei Reisen mit Zugtieren verwendeten waren.

Diese Erfahrungen sowie das sorgfältige Studium der Berichte anderer Schlittenreisender bewogen den Forscher, jeden Mann mit einem eigenen Schlitten auszustatten. Während man sich einerseits beim Ziehen nicht gegenseitig behinderte, verminderte sich andererseits das Gesamtgewicht eines jeden Schlittens einschließlich seiner Last derart, daß das Gefährt nötigenfalls über kurze schwierige Wegstrecken hinweg getragen werden konnte. Wegener führte zwei Modelle der für eine Last von 50 kg berechneten Handschlitten mit, zwei in Oslo hergestellte im Gewicht von je 8 kg sowie zwei nach eigenen Angaben in Berlin aus Rohr gefertigte, die es einschließlich aufgebundenem Gepäcknetz, Zugleinen und Zurriemen jeweils auf kaum zu unterbietende 4,5 kg brachten.

Überhaupt war Wegener auf Leichtigkeit bedacht. Die Zelte wogen einschließlich Bambusgestänge und wasserdichter Unterlage 2,6 kg. Wegener führte deren zwei anstelle nur eines für seine Gruppe normalerweise vorteilhafteren Viermannzeltes mit sich, um die Eignung dieser im kommenden Jahr während ausgedehnter wissenschaftlicher Erkundungen gegebenenfalls in größerer Zahl benötigten Zweimannzelte zu prüfen. Das eine, mit dem allgemein üblichen Petroleum-Primus-Kocher ausgestattete, wollte er zusammen mit Loewe benutzen, wohingegen man in dem anderen, das sich Georgi und Sorge teilten, probeweise einen Benzin-Primus verwendete. Folglich mußte auch zweierlei Brennstoff mitgeführt werden. Zur Nacht dienten den Männern Daunenschlafsäcke, die mitsamt ihres abnehmbaren Bezuges nur je 2,4 kg wogen.

Auch bei den Instrumenten hatte der Expeditionsleiter die leichtesten bevorzugt. Zur astronomischen Ortsbestimmung diente ein kleiner Sextant; zur Aufnahme des Weges sollte eine winzige, »Sitometer« genannte Bussole, von Wegener »ein richtiges Westentaschen-Instrument« genannt, verwendet werden. Der barometrischen Höhenmessung diente ein Aneroid, und ein kleines, achtmal vergrößerndes Prismenglas sowie die bescheiden bemessene Kamera wog ebenfalls wenig.

Nicht gespart werden durfte dagegen an dem für 4 Wochen berechneten Proviant, der daher das Hauptgewicht darstellte. Zusätzlich wurde außerdem ein Posten des sogenannten Amundsen-Pemmikan, einer noch mehr als üblich konzentrierten Fett-Fleisch-Konserve, mitgeführt, um sich Klarheit über dessen Brauchbarkeit zu verschaffen.

Das wissenschaftliche Gepäck bestand in einem Bohrgerät, das 4–5 m tiefe Löcher ins Eis abzuteufen erlaubte, und einer Anzahl von Bambusstangen. In die Bohrlöcher abgesenkt dienten sie als Meßstäbe, auf denen die Lage der augenblicklichen Eisoberfläche bleibend zu markieren war, was im folgenden Jahr die Berechnung des jährlichen Abschmelzungsbetrages – die Ablation – erlauben würde.

Von besonderer Bedeutung, wenn auch kaum ins Gewicht fallend, war schließlich noch eine aus Dural gefertigte Schaufel. Nach einer von Wegener erdachten Methode sollte sie zum Bau der im Expeditionsjargon »Schneemänner« genannten Schneepyramiden dienen, die den Forschern den Rückweg markieren sollten.

Die Gruppe hatte an der Küste von Quervainshavn, unmittelbar gegenüber der imposanten Eismauer des Ekip Sermia ihre Zelte aufgeschlagen. Er bot, wie Wegener berichtet, »im Laufe des Tages etwa fünfmal Gelegenheit, größere Kalbungen zu beobachten. Es war ein herrliches Schauspiel, wenn ein größerer Turm sich ablöste und nach vorn herüberfiel, beim Aufprall auf das Wasser, oft auch schon in der Luft in zahllose Brocken zerschellend. In einem Fall sahen wir das Fjordwasser bis über die Höhe der festen Eismauer hinaus aufspritzen, und wir eilten zum Ufer hinab, um unseren dort liegenden ›Moses‹ vor den anstürmenden Kalbungswellen zu bergen. Wir waren froh, daß die ›Krabbe‹ fort war; es wäre ihr wohl nicht gut bekommen. Jede neue Kalbungsstelle wurde von zahllosen Möwen umkreist, die die aus dem Schlamm aufgewühlten Fische herauspickten. Die Brocken und Eisberge, die sich gebildet hatten, breiteten sich, die Wasseroberfläche ziemlich lückenlos bedekkend, halbkreisförmig aus, zum Teil mit erstaunlicher Geschwindigkeit.«

Indes konnte der Beobachtung dieses Naturereignisses nicht allzuviel Zeit geopfert werden. Die erste Aufgabe war der Transport des gesamten Gepäcks über den an dieser Stelle etwa 8 km breiten Landstreifen bis zum Rand des hier in etwa 550 m Seehöhe liegenden Eises. Im Gegensatz zu früheren Unternehmungen dieser Art sollte das ohne die Hilfe grönländischer Träger geschehen. Noch in der Nacht zum 12. Mai wurde durch Erkundungstouren der kürzeste Weg nach Osten festgestellt.

Am Abend des 13. begannen die Wissenschaftler mit dem Hinauftragen des Gepäcks, zunächst bis zu einem Depot mitten auf dem Land in schon 430 m Höhe und an einem See; von dort ab konnte die weitere Beförderung wenigstens teilweise mit Schlitten auf Schneeresten und dem Eis gefrorener Seen erfolgen. Viermal mußten sie hin- und wieder zurückgehen, bis die 350 kg in Traglasten zu je 20–50 kg beim Depot waren. Für den Weg hinauf benötigte man meist 4½ Stunden, zurück 1½.

Vom Depot ging es leichter. In 2 Fahrten brachten die Männer die ganze Last mit vier Schlitten bis zum Eisrand, obwohl diese Strecke viel länger war.

Am 18. Mai war das Gepäck vollständig am Eisrand gesammelt. Die eigentliche Schlittenreise begann am Abend des 19., dem Pfingstsonntag. Wegen der besseren Eisverhältnisse bevorzugte man es, des Nachts zu marschieren.

Der Aufstieg auf den Eisrand war steil, bot den Forschern aber bei Benutzung der Steigeisen und mit halber Schlittenlast keine ernsteren Schwierigkeiten. Größeren Eisbrüchen ausweichend wählten sie einen Weg zuerst nach Osten, um rasch vom Rand wegzukommen, dann nach Nordosten, wohin ihr Vorstoß generell gehen sollte. »Wem sich zum erstenmal der Blick über die weiße Eisfläche erschließt«, so Wegener, »der fühlt etwas Weihevolles. Es ist ein feierlicher Augenblick. Vielleicht ist es der restlose Sieg einer einzigen Naturkraft über alles andere, die Überwältigung des Erdbodenreliefs durch die Eisüberschwemmung, die uns packt; vielleicht ist es auch nur das, daß der Blick, bisher gehemmt durch schroffe Felswände, plötzlich in die Ferne irrt wie beim Meere. Man fühlt sich Aug in Auge mit der Unendlichkeit und wird stumm und klein.«

Nach 7½stündigem Marsch deponierten die Männer ihre Last in 12 km Abstand vom Eisrand in 860 m Seehöhe und kehrten sofort zum Rand zurück. Während des Marsches sahen sie zum ersten Mal die Sonne auch zu Mitternacht noch über dem Horizont. Georgi erhielt vom Aufstieg und den ersten Fahrten auf dem Inlandeis eine Reihe interessanter Fotoaufnahmen. Dagegen scheiterte die Absicht, am Eisrand einen Ablationspegel zu installieren. Zwar hatte man die Eisbohrung am Vormittag bei einer Tiefe von 3,5 m beendet, versäumte es aber, sofort den Meßstab einzuführen. Als dies später erledigt werden sollte, war das Bohrloch über Mittag voll Wasser gelaufen und bis zum Grund zugefroren. Um nicht kostbare Marschzeit zu verlieren, mußte die Wiederholung des Versuchs bis zur Rückkehr verschoben werden.

Die zweite Hälfte des Gepäcks wurde in der Nacht zum 21. zum Depot gezogen. Es erhielt den Namen »Konkordia«, weil die beiden Zelte hier versuchsweise Wand an Wand zusammengebunden wurden. Diesmal glückte es, eine 3,9 m tiefe Eisbohrung abzuteufen und darin die unten beschwerte Bambusstange zu versenken, deren oberes Ende noch gerade 40 cm herausragte. Loewe benötigte 4 Stunden für diese Arbeit. Auch die Errichtung eines Schneemanns, der bei der Rückkehr die Wiederauffindung der Stelle erleichern sollte, erwies sich als zeitraubend. Daher kam man von »Konkordia« nicht zur gleichen Zeit fort wie am Vortage, und auch an den folgenden Zeltplätzen mußten die Männer in Kauf nehmen, daß es nicht möglich war, den folgenden Tagesmarsch um die gleiche Tageszeit wie den vorangegangenen zu beginnen. Unglücklicherweise wurde auch noch beim Loseisen der am Boden angefrorenen Zelte deren eines beschädigt, so daß es stundenlange Näharbeit gab.

Dafür hatte man die größte Steigung und damit die größten Schwierigkeiten bereits hinter sich. Als die Gruppe am Morgen des 22. wieder aufbrach, führte jeder der vier erstmals die volle Last – 45 kg – auf seinen Schlitten mit sich. Mit diesem Gepäck wurden in 7½ Stunden 12 km bewältigt.

Vortrefflich bewährte sich das der Obhut Sorges anvertraute Sitometer, dem auch die Führung des Itinerars übertragen war. Immer wieder wurde mit Hilfe der eingebauten Bussole der nach Nordost gerichtete Kurs festgelegt und jede unfreiwillige Abweichung davon korrigiert. Dagegen erwies sich der benutzte automatische Schrittzähler als unzuverlässig. Bei der Bedeutung der Angaben blieb daher nichts weiter übrig, als die Schritte selbst zu zählen. Mit größter Aufopferung unterzog sich Loewe dieser wichtigen Aufgabe. Er brachte es darin zu wahrer Meisterschaft und vermochte es, während es »in ihm zählte« sich mit seinen Kameraden lebhaft über alles mögliche zu unterhalten. Wegener hat errechnet, daß er – drei Wochen lang praktisch ununterbrochen zählend – bis zum Umkehrpunkt auf 294 000 Schritte kam.

Der neue Zeltplatz wurde auf den Namen »Hilde« getauft, da die Wissenschaftler auf den Gedanken verfallen waren, zur Bezeichnung anstelle trockener Zahlen die Namen ihrer Kinder und Frauen zu verwenden. »Hilde« lag schon 1 050 m über dem Meer.

Am 23. Mai ging es um 4.30 Uhr weiter. Während der 9½ Stunden, in denen wieder 12 km zurückgelegt wurden, schneite es fast ununterbrochen. Ferner mußte man angeseilt gehen, nachdem der vorn laufende Sorge mit beiden Beinen in eine verdeckte Gletscherspalte eingebrochen war. Auch an den anderen Tagen machte man noch mehrmals auf diese Weise mit verdeckten Spalten Bekanntschaft, die freilich alle nur etwa fußbreit waren, so daß niemand ganz versank. Der neue Zeltplatz erhielt den Namen »Käte« und befand sich in 1220 m Seehöhe. Erneut wurde eine Ablationsbohrung niedergebracht und ein großer Schneemann errichtet. Zwischen diesen großen Wegzeichen wurden zur Markierung der Marschroute im Abstand von 2000 Schritten, die etwa einem Kilometer entsprachen, kleine, nur aus wenigen Blöcken bestehende Schneepyramiden errichtet. Mit Hilfe der Schaufel wurde diese Arbeit in jeweils etwa 5 Minuten ausgeführt.

Der folgende Tag brachte die Männer in 12 Stunden 15 km weit bis zum Zeltplatz »Lotte« in 1330 m Seehöhe. Es war der letzte in der Randzone gelegene. Loewe führte dort die letzte Ablationsbohrung aus; auch die lockere Struktur des Eises zeigte an, daß man sich nahe der Grenze des randlichen Abschmelzgebietes befand. Der nächste Zeltplatz mußte schon im Firngebiet liegen, wo Zuwachs herrscht.

Das grönländische Inlandeis steigt vom Rand mit nach innen allmählich sanfter werdender Neigung an. Die etwa 30 km breite Randzone besteht aus Eis, das sich bei genauerer Be-

»Schneemann« am Zeltplatz »Lotte«. Im Bohrloch wird eine Zeltstange versenkt

trachtung als mit zahllosen, unzusammenhängenden Bläschen erfüllt entpuppt. Obwohl auch dieses Eis sehr weiß ist, erscheint es doch gegen den Schnee nur grau, oft bläulichgrau oder auch grünlichgrau. In der Randzone überwiegt die Abschmelzung über den Zuwachs. Es gibt hier Spalten, Schmelzknollen, Mittagslöcher, Oberflächenbäche und -seen sowie zusammenhängende, nach innen zu größer werdende Flächen von Winterschneeresten, die allerdings im Laufe des Sommers verschwinden.

Ist die Firngrenze überschritten, so gibt es nur noch Schnee, denn hier dominiert der Zuwachs. Die stets vom Innern der gewaltigen Schneekappe nach außen wehenden Winde versehen die Schneeoberfläche mit der zarten Modellierung der Schneewehen, den sogenannten Sastrugi, in unendlicher Mannigfaltigkeit und doch Einförmigkeit.

»Und doch kann diese Schneewüste«, so Wegener, »dem Auge des Beschauers je nach der Beleuchtung die verschiedenartigsten Eindrücke gewähren. Wenn der Fegeschnee mit leisem Zischen über die endlose Fläche dahinzieht – meist bei wolkenlosem Himmel und ungehinderter Sonne –, so erglänzt die niedrige fließende Schicht in einem eigenartig weichen Seidenglanz. Bei halb bedecktem Himmel liegen tiefblaue scharfe Wolkenschatten auf der weißen Fläche und täuschen Höhenzüge oder gar Land vor. Bedeckt eine gleichmäßige verwaschene Wolkenschicht den Himmel, so verschwindet in dem diffusen Licht das ganze Windmuster auf dem Schnee, und seine Oberfläche gleicht zum Verwechseln der grauen Himmelsfläche, nur die Horizontlinie bildet noch eine Grenze zwischen oben und unten.

Senkt sich aber die Wolke zum Boden herab, so verschwindet im Nebel auch der Horizont, und man ist allseitig von grauer Unendlichkeit umgeben. Und im Schneesturm existieren nur noch die nächsten fünf Meter um den Beobachter«. Erst ganz im Innern, in mindestens 250 km Abstand vom Eisrand, ändert sich nochmals der Charakter der Landschaft. Mit dem Wind verschwinden hier auch die Sastrugi, und die Schneeoberfläche wird so eben wie ein Tischtuch. Leichter Nebel umgibt den Beobachter, erzeugt einen Reifteppich auf der Schneeebene und in der Luft Nebensonnen. Die Temperatur sinkt erheblich ab, und der Reisende wird durch ruckartiges Zusammensacken ausgedehnter Schichten des lockeren Schnees, den

»Firnstoß«, erschreckt. Vor 16 Jahren hatte Wegener dieses zentrale Gebiet durchquert. Diesmal wollte und konnte er nicht so weit vordringen.

Der Marsch von »Käte« nach »Lotte« fand wegen des reichlichen Arbeitspensums der Forscher, das ihren Aufbruch von Tag zu Tag weiter verzögerte, bereits voll während der Tagesstunden statt. Um wieder die für den Marsch günstigeren Nachtstunden zu gewinnen, wurde daher ein halber Ruhetag eingelegt. Die Männer legten ein Depot an, in dem sie Lebensmittel und das nicht mehr benötigte Bohrgerät hinterließen.

Am 25. Mai brach die Gruppe wieder abends auf. Obwohl die Schlittenbahn durch Neuschnee schlecht war, kam man mit den leichten Schlitten gut voran. Nach 11 Stunden, in denen 15 km bewältigt worden waren, wurden die Zelte in 1520 m Seehöhe beim Lagerplatz »Hans« aufgeschlagen. Eine Aufgrabung zeigte unter einer 1 m starken Jungschneedecke, die offenbar vom letzten Winter stammte, die alte, vereiste Firnoberfläche. Das Korn dieses Firns war noch sehr fein und zeigte an, daß er erst ein oder höchstens einige wenige Jahre alt war. Wie erwartet befand man sich also bereits im Nährgebiet der Eismasse.

Der nächste Abend brachte Temperaturen unter −20 °C. Infolgedessen war die Schneeoberfläche hart und bot eine ausgezeichnete Schlittenbahn. Kurz nach Mitternacht aufbrechend, konnten Wegener und seine Begleiter 16 km vorrücken. Später setzte allerdings Schneefegen ein, dann begann es zu schneien, und gegen Ende des Marsches herrschte Schneesturm, während das Thermometer auf −4 °C geklettert war. Der Zeltplatz, 1650 m über dem Meer, wurde »Sturm« genannt.

Wie sich herausstellte, waren die leichten Zelte ihrer Bauart nach für Wind und Schneefegen weniger gut geeignet als erhofft. Zum einen drückte der Wind das Zeltdach herab und engte den ohnehin knapp bemessenen Raum weiter ein, zum andern legte sich Treibschnee als ständig wachsende Wehe vom Luvende her auf das Dach und drohte, das Zelt einzudrükken. Georgi war es, dem die glückliche Idee kam, vor den beiden Zelten als Windschutz eine Schneemauer aufzuführen. In ihrem Lee standen die Zelte vollkommen ruhig.

Unterdessen hielt der Sturm an, so daß die Expeditionsteilnehmer am 28. erst mittags fortkamen. Zuvor war eine erneute Reparatur eines Zeltes nötig, das beim Loseisen einen halbmeterlangen Riß davongetragen hatte. Trotz erneuter Schneefälle waren nach 14 Stunden 21 km bewältigt, als das Quartett hinter der schützenden Schneemauer im Lager »Gerda« die Zelte aufschlug, 1800 m über dem Meer und 103 km vom Aufstiegspunkt entfernt.

Indessen stellte sich dem Expeditionsleiter immer dringender die Frage, ob weiteres Vordringen nicht mit unverhältnismäßigem Risiko verbunden wäre, und veranlaßte ihn, die Lage in einer gemeinsamen Beratung duchzusprechen. Die Aufgabe war erfüllt. Die Expeditionsgruppe hatte die Randzone, das Gebiet vorherrschender Ablation, durchquert und war ins Firngebiet vorgedrungen. Es gab Anzeichen von Verschleiß, die zur Vorsicht mahnten. Andererseits hatte man noch Zeit und besaß Lebensmittel für weitere 2½ Tage Vormarsch, unter der Annahme freilich, daß der Rückweg zügiger als der Anmarsch vor sich gehen und kein Zeitverlust durch Suche nach den mit Schneemännern markierten Depots eintreten würde. Man beschloß also, mit noch 2 Tagesmärschen möglichst weit vorzustoßen und beim letzten Vorstoß unter Zurücklassung allen Proviants nur von Amundsen-Pemmikan leben zu wollen.

Am 30. Mai gegen Abend hatte sich das Wetter soweit gebessert, daß man sofort aufzubrechen beschloß. Die Besserung hielt indes nur kurze Zeit an. Schon nach wenigen Stunden setzte wieder Neuschnee und Schneefegen ein, und das Wetter verschlechterte sich zusehends weiter. Die Temperaturen stiegen über Null, und in den fallenden Schnee mischte sich Regen. »Bisweilen«, so Wegener, »irrte ein Gedanke zurück zu unseren Schneemännern hinter uns. Wie mochte es ihnen bei diesem schrecklichen Tauwetter gehen? Hier waren wir doch schon bald in 2000 m über dem Meere. Und wenn es hier regnete, dann mußte es in 1000 m Höhe ungefähr kochen! Wiederfinden mußten wir aber unsere Depots, sonst ging es ans Leben.« Nach 14stündigem Marsch waren 18 km bewältigt, viel weniger als erhofft und auch das nur wegen der überaus leichten Ladung von nur noch 12–15 kg auf jedem Schlitten. Der Zeltplatz erhielt den Namen »Frieda« und lag, 121 km vom Eisrand entfernt, in 1910 m Seehöhe.

Am Abend des 1. Juni brachen die vier Wissenschaftler zu ihrem letzten Vorstoß auf. Mit einem Rekordmarsch wollten sie herauszuholen versuchen, was möglich war. Ihr Gepäck hatte sich soweit verringert, daß man nur noch zweier Schlitten bedurfte und sich beim Ziehen ablösen konnte. Das Wetter und damit die Schlittenbahn war wieder besser geworden, so daß man rasche Fortschritte machte. »Bei Mittelrast«, berichtet Wegener, »wo wir Zelt schlugen, abkochten und noch ein Stunde rasteten, hatten wir schon 17 km zurückgelegt. Die zweite Marschhälfte war freilich eine arge Tretmühle. Nie vorher hatte ich einen so starken Eindruck ertötender Gleichförmigkeit. Wie ersehnte man immer Loewes Ruf: Zweitausend! Den letzten ›Ehren‹-Kilometer mußte er auch die vollen Hunderter ausrufen, um uns am Leben zu erhalten.«

Ein Problem allerdings machte der Expedition zu schaffen. Wie sich zeigte, erfüllte der Amundsen-Pemmikan nicht die auf ihn gesetzten Erwartungen; er lag schwer im Magen und verursachte Verdauungsschwierigkeiten. Wegener selbst konnte ihn am wenigsten vertragen. Mit seinen Kräften ging es so rasch bergab, daß er das Schlittenziehen ganz den Kameraden überlassen mußte und zur mitgeführten Krankenreserve griff, um überhaupt mitkommen zu können.

Nach 15 Stunden reiner Marschzeit waren 29 km zurückgelegt. Der letzte Zeltplatz, zugleich auch Umkehrpunkt, erhielt den Namen »Else«. Er lag in 2090 m Seehöhe und der Wegerechnung zufolge 147 km vom Eisrand entfernt. Nach Sorges astronomischen Ortsbestimmungen ergaben sich aber etwas über 150 km und für die letzte Marschstrecke 31 km Länge. Wegener führte die Differenz darauf zurück, daß die durch Gewichtserleichterung vergrößerte Schrittlänge unterschätzt worden war.

Für den Rückweg zum Eisrand standen der Expeditionsgruppe 9 Tage zur Verfügung, während man für den Herweg 14 benötigt hatte. Im Augenblick hatte man Proviant für 2 Tage, in denen also die 47 km bis zum Depot »Gerda« zurückzulegen waren.

Nach reichlichem Schlaf und nach Hissen der Flagge bei 70°32′ nördlicher Breite und 46°45′ westlicher Länge trat die Expedition am Nachmittag des 3. Juni den Rückweg an. In zwei Tagesmärschen von 26 und 21 km erreichten die Männer glücklich ihr Lebensmitteldepot. Im allgemeinen konnten sie zurück der eigenen Spur folgen, die trotz des Neuschnees streckenweise erkennbar war. Auch die Schneemänner waren auf diesem Abschnitt stets noch gut erhalten. Bei Sonnenschein, der allerdings an beiden Tagen stets nur kurz durchbrach, konnte man, bei einem Schneemann stehend, bereits den nächsten sehen. Während der meisten Zeit war der Himmel aber bedeckt und das von allen Seiten in gleicher Intensität einfallende Licht so diffus, daß es unmöglich war, überhaupt den Boden wahrzunehmen. »Das verursachte eigenartige Gefühle und Täuschungen«, berichtete Wegener, »ganz besonders beim Vorangehenden, der in ein großes Nichts hineinmarschierte. Aus dem Bestreben, den Boden, von dessen Existenz er ja doch überzeugt war, zu erkennen, entsprangen Halluzinationen: Bald glaubte er sich einer Wand gegenüber und erwartete im nächsten Augenblick mit der Stirn dagegen zu rennen; bald hatte er die Vorstellung, auf einer stark ... geneigten Fläche zu balancieren.« Unter solchen Bedingungen war es schwierig, die Schneemänner zu finden. Man ging daher nach Kompaß und zählte die Schritte, um bei 2000 halt zu machen und systematisch die Umgebung abzusuchen.

Am Lager »Gerda« rasteten die vier 25 Stunden. Hier wurde auch mit einem Blutpudding das seinerzeit bei »Else« verschobene Umkehrfest nachgeholt.

Der weitere Rückmarsch bis zum Eisranddepot verlief in vier langen Märschen genau planmäßig. In der Nacht vom 6. zum 7. 6. wurden in 13 Stunden von »Gerda« bis zu einem Punkt 7 km nordöstlich von »Hans« 30 km bewältigt; es war dies der Rekordmarsch der Reise. Am 8. waren es in 14 Stunden 22 km bis »Lotte«, vom 9. zum 10. in 16 Stunden 27 km bis »Hilde« und in der Nacht zum 11. in 11 Stunden 24 km bis zum Depot am Eisrand. Bei kaltem, klarem Wetter machte die Orientierung keine Schwierigkeiten. Die an den Lagerplätzen errichteten großen Schneemänner waren zwar stark zusammengeschmolzen, boten aber bei Mitternachtssonne stets aus der Ferne schon auffallende Objekte. Anders die kleinen, etwa 1 m hohen Schneemänner, die die vollen Kilometer markierten. Bis 6 km südwestlich von »Hans« waren sie, wenn auch in stark zusammengesunkenen Resten, noch auszumachen, und aus einigen konnte noch das bei der Hinreise in ihnen deponierte rote Papier mit der Nummer und dem Abstand zum nächsten Zeltplatz geborgen werden. Jenseits dieses Punktes aber, wo die Eisoberfläche stärker abzufallen beginnt, war von ihnen nichts mehr übriggeblieben. Das Tauwetter vom 30. Mai und 1. Juni hatte sie vollständig zerstört.

Am 11. Juni erreichte die Gruppe wohlbehalten das Depot.

Der Anblick der ersten Frühlingsblumen nach all dem Schnee versetzte jedermann in Entzücken, und mit Behagen schlug man die Zelte wieder auf grünem Rasen auf. Loewe wiederholte am Eisrand die seinerzeit mißglückte Abschmelzbohrung, und Sorge ergänzte die Routenaufnahme durch Peilungen von benachbarten Höhen. Am 13. trug man das Gepäck, insgesamt 140 kg, zum Quervainshavn, und der 14. Juni wurde genutzt, die aktuelle Eisrandlage der seit 1912 merklich zurückgegangenen Gletscherfront des Ekip Sermia zu vermessen und auf der Karte festzulegen. Groß war die Freude, als gegen Mittag Gabrielsen sich mit der »Krabbe« näherte, und die Stimmung stieg weiter, als das Schiff am nächsten Morgen nach stürmischer Fahrt bei dichtem Schneegestöber in den kleinen Hafen von Jakobshavn einlief.

Das Unternehmen gab dem Expeditionsleiter Einblick in die Eisverhältnisse des Randbereichs und lieferte Hinweise über Brauchbarkeit von teilweise erstmals eingesetzten Ausrüstungsgegenständen und Methoden. Es war die zweitlängste Handschlittenreise auf dem grönländischen Eis, und das bei ungewöhnlich schlechter Witterung, denn von 23 Reisetagen auf dem Eis waren lediglich 8 ohne Niederschlag.

Suche nach einem Zugang. Ein Monat ist vergangen. Resümierend sitzt Wegener in der kleinen Kajüte an Bord der »Krabbe«. Es ist Mitternacht vom 13. auf den 14. Juli 1929, die Nacht von Samstag zu Sonntag, und die Mitternachtssonne wirft ihr goldenes Licht durch das Bullauge auf den Arbeitstisch des Forschers. Wegener mag sich nicht entschließen, schlafen zu gehen. Zu sehr beeindruckt ihn die Landschaft, die an Großartigkeit und Wildheit auf der Erde ihresgleichen sucht. Zudem hat er in einer Stunde auch schon Loewe abzulösen, der am Ruder steht.

Erlebnisreiche Tage rastloser Arbeit liegen hinter den Wissenschaftlern. Jedoch war die zweite Hauptaufgabe des Sommers, die Erkundung einer zur Beförderung großer Lasten geeigneten Aufstiegsroute im Umanaq-Distrikt, noch nicht gelöst. Spannung und Befürchtungen hatten sich des Wissenschaftlers bemächtigt, nachdem sich eine um die andere Aufstiegsstelle als ungeeignet erwiesen hatte.

Nur wenige Tage hatten sich die Männer in Jakobshavn gegönnt, die mit der Erledigung der Post, der Übernahme von Petroleum und Proviant und einer Menge anderer Kleinigkeiten ausgefüllt waren, bis die »Krabbe« am 20. Juni 1929 mittags den Hafen mit Kurs auf die Umanaqbucht wieder verließ. Sich langsam nach Norden vortastend, hatten sie nach und nach sämtliche Fjorde, Buchten und Gletscher auf ihre Verwendbarkeit als Aufstiegsweg zum Inlandeis geprüft.

Die »Krabbe« im Hafen von Umanaq

Die Arbeit begann beim großen Qarajaq-Gletscher, dem dritten der »Schnelläufer« unter den Abflüssen des Inlandeises. Wie Messungen zeigten, hatte sich dessen Ende seit der Vermessung durch Erich von Drygalski 1893 nicht wesentlich verändert. Als Aufstiegsroute für größere Expeditionen kam er aber nicht in Betracht. Der Landweg war für Lastentransporte zu schwierig und zeitraubend, und die Landung vor der Gletscherfront schied aus, weil man mit dem Schiff nicht ohne ernste Gefährdung durch das dicht gepackte Kalbeis und die Kalbungswellen herankam.

Vom großen ging es zum kleinen Qarajaq-Gletscher, bei dem die Verhältnisse aber ganz ähnlich lagen. Noch weniger Glück hatte man im nächsten Fjord mit dem Sermilik-Gletscher; er stürzte sich in so wilden Brüchen über die Steilstufe des Landes ins Meer, daß seine Benutzung ausgeschlossen war.

Etwas günstiger fanden die Wissenschaftler die Verhältnisse im Itivdliarssup-Fjord. Mit einem leichten Weg über Land von einer kleinen hafenähnlichen Einbuchtung über einen Sattel zum Itivdliarsuk-Gletscher, der leicht zu erklimmen war und eine ebene Randzone besaß, war eine Aufstiegslinie gefunden, die noch leichter zu sein schien als die bei Quervainshavn erprobte. Freilich würde auch sie Riesentransporten technische Schwierigkeiten bieten.

Eine Entscheidung erwartete Wegener im Ingnerit-Fjord. Seinen Erkundigungen zufolge waren die beiden am Ende des Fjords vom Inlandeis herabkommenden Gletscher am ehesten als Aufstiegsweg geeignet; sie waren als wenig produktiv bekannt, so daß plötzliche, die Transporte aufs äußerste gefährdende Kalbungen, wie Wegener sie 1912 erlebt hatte, nicht zu befürchten standen und der Fjord nur wenige Eisberge zu enthalten pflegte. Um so größer war die Enttäuschung. Das in Aussicht genommene Tal erwies sich als zwar im zeitigen Frühjahr, bei Schneebedeckung, vorzüglich geeigneter Weg zum Inlandeis, für den Juli aber als völlig unbrauchbar, da große Blockhalden den Weg versperrten. Und die Inspektion des Gletschers selbst zeigte, daß die Passage des Bruchs, an dem er die Hauptstufe seines Abstiegs überwindet, unmöglich war. Wie eine Warnung führte der Gletscher den Forschern zudem noch eine andere Gefahr vor, als sich ganz plötzlich ein mächtiger, mit Schutt und großen Steinen beladener Schlammstrom herabwälzte, um schließlich in großartigen Fällen ins Meer hinabzustürzen. Knapp 24 Stunden dauerte das wilde Schauspiel, bei dem große Felsbrocken aus dem schaumigen Wasser heraus frei durch die Luft flogen und die Gneisfelsen neben dem Gletscher erzitterten, dann war alles wieder still. Offenbar hatten die Forscher der plötzlichen Entleerung eines Randsees beigewohnt.

Mit der erfolglosen Untersuchung der inneren Teile des Ingnerit-Fjords hatte Wegeners wichtigste Stelle gänzlich versagt. Sollte er aber gezwungen sein, den Umanaq-Distrikt aufzugeben, so würde wohl der Sommer mit weiteren Erkundungsfahrten in der Diskobucht vertan, und die geplante Hundeschlittenreise und die Eisdickenmessungen auf dem Inlandeis würden nicht mehr zustande kommen. Wie eine Erlösung war daher die von Georgi und Loewe nach einem 14stündigen Erkundungsmarsch überbrachte Nachricht über eine Route, die allen bisher gesehenen überlegen war. Sie lag im nördlichen Seitenarm des Fjords, der auf der dänischen Seekarte gar keinen Namen hatte und den die Grönländer Kamarujuk (helle Bucht) nannten. Hier ging ein auf der Karte nicht gezeichneter Gletscher bis zum Meer, ohne zu kalben. Er lag in einem engen, etwa 1–2 km breiten Tal, das, von steilen Felswänden begrenzt, von dem in 1000 m Seehöhe gelegenen Eis zur Küste herabführte. Der Gletscher war 4 km lang und endete in 400 m Entfernung vom Meer in einer flachen Moräne. Seine Oberfläche war im unteren und oberen Teil, wenngleich steil, so doch völlig eben. Nur im Mittelstück, wo der Gletscher sich in einem stark zerklüfteten Bruch über eine Stufe des Untergrundes herabsenkte, bot er ernste Schwierigkeiten, die sich aber mit technischen Mitteln überwinden lassen mußten. Die Männer waren sich einig, daß es nirgendwo in Westgrönland, ausgenommen vielleicht dem höchsten Norden, der aber nicht in Betracht kam, eine zweite Aufstiegsstelle gäbe, die sich für die Beförderung großer Lasten im Sommer gleichermaßen eigne wie diese.

Der Vollständigkeit halber hatte man noch die beiden nördlich des Kamarujuk befindlichen Fjorde, den Kangerdluarssuk (besonderer Fjord) und den Kangerdlugssuaq (großer bzw. langer Fjord) untersucht, die aber für Expeditionszwecke beide ebenfalls ausschieden. Ihr Zugang verlief auf lockeren Moränen und die Gletscher selbst waren sehr produktiv und an ihrer Oberfläche durchsetzt mit Spalten von Kilometerlänge.

Damit war das Erkundungsprogramm abgeschlossen. Bei der

großen Zahl an Fjorden und Gletschern war es nur zu bewältigen gewesen, indem die Wissenschaftler in Gruppen zu zweit, manchmal sogar nur einzeln arbeiteten. Sobald die eine Landgruppe wieder zum Motorboot zurückgekehrt war, hatte man die Anker gelichtet und sich in den nächst nördlicheren Fjord begeben, die »Krabbe« verankert und vertäut, und schon ging die nächste Landgruppe an die Arbeit. Auf diese Weise hatte jeder der vier Männer ausgedehnte Fußmärsche hinter sich gebracht. Am meisten kamen auf Sorge, für den zusammen 109,5 Marschstunden errechnet wurden. Wegener brachte es auf 79,5 Stunden; seine längste Tour war eine Gletscherwanderung von 26 Stunden.

Zurückgekehrt nach Umanaq, hatte die Besatzung am 9. Juli die 1000. Seemeile der »Krabbe« gefeiert. Und am 12. hatten sich Loewe, Wegener und Gabrielsen auf den Weg zu der 65 Seemeilen entfernten Insel Kekertarsuak gemacht, um dort den gegen ein Honorar von 3 Kronen täglich und freie Verpflegung als Begleiter für die geplante Hundeschlittenreise angeworbenen Grönländer Johann Davidson mitsamt seinen Hunden abzuholen. Zur gleichen Zeit hatten Sorge und Georgi die Bezwingung des nach vergeblichen Versuchen für unbesteigbar erklärten Umanaq-Berges in Angriff genommen.

Inzwischen ist ein strahlender Sonntagmorgen angebrochen. Gemächlich tuckert das Boot am Fuß des Umanaqfelsens entlang. Wegener beendet seine Schreibarbeiten, um von Loewe das Steuer zu übernehmen. Er wußte nicht, daß im selben Moment seine Kameraden auf dem Gipfel des Berges standen und tief unter sich die »Krabbe« vorbeiziehen sahen.

Auf dem Kamarujuk. Die gesamte Einwohnerschaft von Umanaq verfolgte die Rückkehr der Bezwinger des 1230 m hohen Gneisfelsens südlich der Kolonie, Sorge und Georgi, mit begeisterter Anteilnahme. In sehr schwieriger, insgesamt 25stündiger Kletterei hatte das Duo die 4 höchsten Gipfel des Bergmassivs bestiegen. Ihnen zu Ehren hatten die Grönländer sich festlich gekleidet versammelt und begrüßten sie mit Böllerschüssen der drei kleinen Geschütze, die selten und nur bei Feierlichkeiten abgefeuert wurden.

Für Wegener galt es als nächstes, die Brauchbarkeit der am Kamarujuk gefundenen Aufstiegsroute praktisch zu erproben.

Zugleich sollten auf dem Eis die wichtigsten wissenschaftlichen Untersuchungen des Sommers ausgeführt werden, allen voran die Eisdickenmessungen. Dabei war noch nicht bekannt, ob die durch die künstliche Sprengung ausgelösten seismischen Wellen den Eispanzer, dessen Maximal-Mächtigkeit auf mindestens 2000 m geschätzt wurde, in seiner Gesamtheit durchlaufen würden, um am Felsuntergrund reflektiert werden zu können. Ferner sollten wie bei Quervainshavn Abschmelzbohrungen abgeteuft werden, und weiter im Innern sollte anstelle der Ablation der Zuwachs gemessen werden. Hinzu kamen noch Strahlungsmessungen, Messungen mit einer magnetischen Feldwaage sowie eine Reihe meteorologischer und geodätischer Messungen. Von den insgesamt 2000 kg Gepäck, die auf das Eis zu transportieren waren, kamen allein 200 kg auf Sprengstoff und die Ausrüstung zur Eisdickenmessung.

Die Abfahrt der »Krabbe« am 15. 7. von Umanaq, wo Wegener zur Ausrüstung seines Unternehmens noch fünf Schlittenhunde und 130 kg Hundefutter in Form getrockneten Fisches gekauft, einen Schlitten besorgt und ein großes Zelt ausgeliehen hatte, verzögerte sich infolge eines heftigen Sturms. Der Schlitten und die Hunde waren für den Grönländer Johann Davidson bestimmt, den Wegener am 13. mit seinen 3 eigenen Hunden von Nugaitsiak geholt hatte. Er war als ausgezeichneter Hundekutscher bekannt, der sich im Gegensatz zu den meisten seine Landsleute nicht vor dem Inlandeis fürchtete, sondern bereit war, Wegener beliebig weit zu folgen. Drei weitere Schlitten besaß die Expedition selbst.

Erst am 16. kam man daher nach Uvkusigssat, wo neben weiterer Ausrüstung und Verpflegung die zur Unterstützung der Transportarbeiten angeworbenen 7 Grönländer nebst 23 Schlittenhunden an Bord kamen.

Am 18. 7., nachdem man wegen neuerlichen Sturms nochmals einen Tag eingebüßt hatte, traf das Motorboot dann mit dem in Umanaq gecharterten Schoner »Thyra« im Schlepptau gegen Mittag am Fuß des Kamarujuk ein. Noch am selben Tag wurde alles Gepäck an Land gebracht. Nun hauste man wieder im Zelt. Wegener und seine Landsleute diesmal in einem nach eigenen Angaben in München gebauten Viermannzelt, die Grönländer in dem in Umanaq geliehenen. Es war verabredet, daß Gabrielsen am 29. Juli mit der »Krabbe« wiederkommen sollte, um die Grönländer abzuholen.

Lastentransport im Gletscherbruch

Die Lasttransporte vom Lager an der Gletscherfront zu dem in 900 m Höhe gelegenen Zeltplatz II erfolgten über 6 Zwischendepots in verschiedener Höhe und gestaltete sich schwierig und kräftezehrend. Zusätzlich erschwerten Regen und Sturm die Arbeiten und erzwangen am 23. Juli eine eintägige Unterbrechung. Wie erwartet bestand die Hauptschwierigkeit in der Passage des Gletscherbruchs.

Die ersten größeren Transporte erfolgten am 20.; 17 Kisten wurden bis zum Depot 2 am Ende der Gletscherzunge getragen, 5 weitere mit Hundeschlitten zu dem unterhalb des Bruchs gelegenen Depot 3 hinaufgefahren. Am 21. wurden 4 Schlitten, teilweise mit über 100 kg beladen, bis zum Depot 3 und von dort mit nur je einer Kiste gleich weiter bis zum Depot 4 mitten im Bruch und an der nördlichen Moräne gebracht.

Im Bruch hatte man mit Eisäxten einen Stufenweg angelegt. Die Stufen mußten täglich vor Beginn der Transporte erneuert werden, weil die starke Abschmelzung sie von einem Tag zum anderen zum Verschwinden brachte. Später bediente man sich erfolgreich einer anderen Methode, indem die Stufen mit Ruß bestreut wurden. Durch das Einschmelzen des Rußes vertieften sich die Absätze von selbst, so daß sich das Stufenschlagen bis zu einem gewissen Grade erübrigte.

Das Wetter besserte sich. Am 25. lagen bereits 320 kg am Depot 6 oberhalb des Bruchs, und an den drei folgenden Tagen wurde bei strahlendem Sonnenschein das ganze Gepäck durch den Bruch bis Depot 6 befördert, wo die obere Schlittenbahn begann. Am letzten Arbeitstag wurden 320 kg noch 2 km weiter nach Osten bis zum Zeltplatz II vorgeschoben. Der Weg bot, von dem noch immer steilen Anstieg abgesehen, keine besonderen Schwierigkeiten mehr, nur fielen einige der Hunde in eine verwehte Firnspalte, so daß die Männer hinabsteigen mußten, um sie wieder heraufzuholen.

Am 30. Juli fuhr Wegener mit der »Krabbe« nach Uvkusigssat, um die 7 Grönländer zu entlohnen. Von Bord aus sah er mit bloßem Auge befriedigt das Depot 6 oben über dem Gletscherbruch liegen. Der Lasttransport hatte mit der Vorexpedition nichts zu tun, sondern diente der Anlage eines Depots als Basis für die Unternehmungen des nächsten Jahres. Ihr erfolgreicher Abschluß war aber die Voraussetzung für die Erfüllung der weiteren Vorhaben, die man auf dem Inlandeis hatte, nämlich das wissenschaftliche Programm und eine Hundeschlittenreise ins Innere.

Als Wegener am nächsten Tag zur Kamarujuk-Bucht zurückkehrte, brachte er 3 Grönländer wieder mit, die daheim ihre Ausrüstung ergänzt hatten. Die folgende Nacht war die letzte, in der die Zelte unten am Wasser standen.

Kurz vor dem Einschlafen wurden die Männer Zeugen eines gewaltigen Naturereignisses, als von der 800 m hohen und 50° steilen südlichen Seitenwand des Fjords unter gewaltigem Donner ein ungeheurer Bergsturz niederging. Die Hauptmenge der Steine blieb auf halber Höhe auf einer Schutt-Terrasse liegen, einzelne Blöcke sprangen aber darüber hinaus, gerade auf die Zelte zu, und blieben erst an einer Schutthalde am Fuße der Wand hängen, etwa 200 m vom Lager entfernt.

Die nächsten Tage brachten wieder Transporte. Zunächst wurde das ganze Gepäck von Depot 6 zum Zeltplatz II verlegt. Todmüde aber zufrieden saßen die Männer am Abend des 1. August in ihrem Zelt auf dem Eis in 900 m Seehöhe. Am Meer lag jetzt nichts mehr, was oben gebraucht wurde. Anschließend begann man, das Gepäck weiter nach Osten vorzuschieben. Das Terrain war immer noch steil, erwies sich aber zudem als mit Spalten durchsetzt, die unter Neuschnee so gut verborgen waren, daß nicht das kleinste Anzeichen von ihnen zu erkennen war. Auf den letzten 9 km wurden mehr als 100 Spalten gezählt, die den Weg kreuzten.

Der Zeltplatz war nicht der beste. Zum einen war es schwierig, die Zelte zu befestigen, da die Heringe im Eis nicht hielten und herausschmolzen. Zum andern war die Eisoberfläche von zahllosen Rinnsalen durchzogen, die die Zeltunterlage in Mitleidenschaft zogen. Nach einigen Tagen wurde er daher auf einen kleinen, etwa 2 km entfernten Nunatak verlegt, der gerade die Eisscheide zwischen dem Kamarujuk- und dem Kangerdluarssuk-Gletscher bildete und deshalb »Scheideck« benannt wurde. »Dieser kleine Nunatak Scheideck, ›unser Nunatak‹, war uns

Im Gletscherbruch

stets eine freundliche, willkommene Aufenthaltsstätte, wenn auch kein Pflänzchen auf ihm wuchs«, beschrieb Wegener ihn. »Und die Aussicht von dort war herrlich! Man sah über beide Gletscher hinweg, die sich zwischen drei Hochlandfirnen hinabsenkten.« Für die Männer war es wie eine Erlösung, wieder auf trockenes Land zu kommen und Schlafsäcke und Renfelle wie auch das Schuhwerk wieder trocknen zu können.

Während die Transporte noch anhielten, begannen Loewe und Sorge mit den Eisdickenmessungen. Die erste Eisdickenmessung gelang beiden am 6. 8. am oberen Ende des Kamarujuk-Gletschers in 970 m Höhe über dem Meer. Zwei Kilogramm Sprengstoff wurden dafür gezündet. Bei einer Entfernung von 737 Metern vom Sprengpunkt zum Seismographen ergab sich die Eismächtigkeit zu 359 m.

Am 8. August begaben sich Wegener und Georgi mit den 3 Grönländern wieder zur Kamarujuk-Bucht hinunter, um mit ihnen am folgenden Tag nach Uvkusigssat zu fahren und den vereinbarten Lohn auszuzahlen. Für die folgenden Unternehmungen sollte Davidson der einzige grönländische Helfer der Forscher bleiben.

Hinweisen des Grönländers folgend, wurde auf der Rückfahrt ein Abstecher zu einer im Kangerdlug-Fjord gelegenen Stelle gemacht, die angeblich als Aufstiegsroute geeignet war. Er konnte aber kein Dänisch. Mit dem Finger auf den auf Wegeners Karte verzeichneten Gletscher weisend, hatte er erklärt: »Imera ajing, Kamarujuk ajorpok!« (Vielleicht gut, Kamarujuk schlecht!). Wegener hatte Zweifel, wollte aber die Gelegenheit nicht vorübergehen lassen.

In der Bucht traf man auf eine Gesellschaft von 23 Grönländern, die dort auf Seehundfang war. Später saß man gemeinsam an Land. Für Wegener war es ein bemerkenswertes Erleb-

Seismogramm zur Eisdickenbestimmung

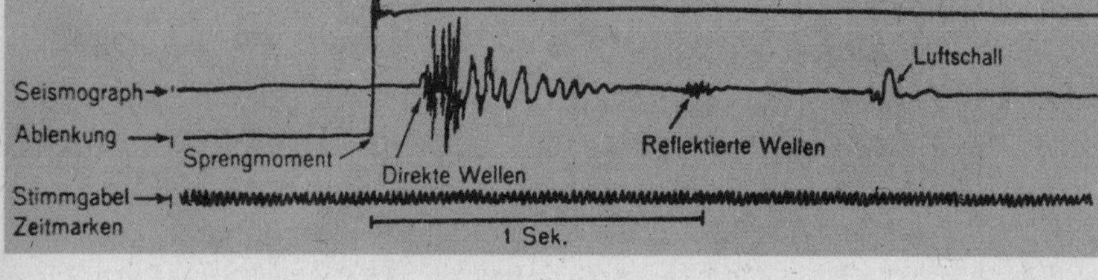

nis, als eine der Frauen ihn plötzlich nach seinem Vornamen fragte. Sie erwartete ein Kind und wünschte, diesem zur Erinnerung an das Zusammentreffen seinen Namen zu geben. »Ob es nun wirklich Alfred heißt«, schrieb er, »auch wenn es ein Mädchen geworden ist, habe ich leider nicht mehr feststellen können.«

Indes bestätigten sich die Zweifel des Expeditionsleiters. In einer 12stündigen Erkundung fanden die Forscher den Gletscher zwar im unteren Teil bis etwa 7 km spaltenfrei, dafür aber so flach, daß nach 6 Marschstunden erst die gleiche Seehöhe erreicht war wie beim Kamarujuk schon nach einer: ganze 250 Meter.

Am Nunatak »Scheideck« trafen die beiden Gruppen am 12. August wieder zusammen. Wegener und seine Begleiter, jeder eine Last von 25 kg tragend, bewältigten den Aufstieg vom Fjord zum Zeltplatz in 10 Stunden. Sie brachten frisches Seehundsfleisch und Brötchen mit. In Etappen wurde nun das Depot 25 km weiter nach Osten vorgeschoben und dort gesammelt. Da den Männern 4 Hundeschlitten zur Verfügung standen und Wegener, der das Verfahren von der »Danmark«-Expedition her kannte, sich mit der Rolle des Passagiers auf dem Gespann von Davidson zufriedengab, hatten Sorge, Georgi und Loewe bei diesen Transporten Gelegenheit, sich erstmals in der Technik des Kutschierens von Hundeschlitten zu üben.

Schon die erste Fahrt war nicht etwa eine bloße Probefahrt, sondern gleich eine Nutzfahrt. »Vielleicht erscheint dies manchem kühn, da es doch bekannt ist, wie schwer die lange Hundepeitsche zu regieren und die Hunde zu lenken sind«, berichtet Wegener. »Aber der Erfolg zeigt, daß ich die Fähigkeiten meiner Kameraden ... richtig eingeschätzt habe. Es ging alles wie am Schnürchen, wenn sie natürlich auch noch nicht verstanden, eine große Kunst bei ihrer Fahrtechnik zu entwickeln.«

Am 21. wurden die Zelte am letzten, an einem Oberflächenbach gelegenen, 17 km von »Scheideck« entfernten Lagerplatz abgebrochen und das Lager wieder 25 km weiter nach Osten und noch höher auf das Inlandeis hinauf verlegt. Der neue Zeltplatz lag in 1590 m Seehöhe 42 km von »Scheideck« entfernt und bereits im Firngebiet. Er erhielt den Namen »Abschied«, weil nach Wegeners Plan hier eine Teilung in zwei Arbeitsgruppen vorgesehen war. Während er selbst zusammen mit Georgi und Davidson in einer Hundeschlittenreise möglichst weit nach

Lager »Abschied«

Osten vordringen wollte, sollten Loewe und Sorge nach Norden ziehen, um dort die Lage der Firngrenze zu ermitteln und einen Überblick in die verwickelte Topographie des Hinterlandes der nördlich angrenzenden Fjorde zu gewinnen.

Die wissenschaftlichen Arbeiten liefen parallel zu den Transporten. Am unteren Ende des Kamarujuk-Gletschers beginnend und endend am Zeltplatz »Am Bach«, hatten Wegener und Georgi auf einer west-östlich verlaufenden Linie fünf bis zu einer Tiefe von fast 5 m reichende Bohrlöcher angelegt. Sie lagen in 30, 270, 570, 970 und 1250 m Seehöhe. Obwohl sie erst im nächsten Jahr den Betrag der jährlichen Ablation erbringen sollten, gestatteten sie den Wissenschaftlern auch Werte für die tägliche Abschmelzung zu bestimmen. Sie betrug im August nahe der Gletscherzunge 4,5–5,0 cm, am Depot 3 aber nur noch 2,5–4,4 cm; am Zeltplatz II ermittelten die Forscher den täglichen Abschmelzungsbetrag zu 1,7–3,1 cm, und die Station »Am Bach«, die sich schon nahe der Grenze zwischen Abschmelz- und Zuwachsgebiet befand, erbrachte den Wert 0,4 cm. Als Fortsetzung der Reihe von Ablationsstationen war im Firngebiet die Einrichtung von Stationen für die Zuwachsmessung geplant, bestehend aus langen, zur leichteren Wiederfindung mit Fähnchen versehenen Bambusstangen, die in den Firn versenkt werden sollten.

Die Eisdickenmessungen erstreckten sich durch die ganze Randzone des Eispanzers hindurch bis zum Firngebiet. Während seinerzeit auf dem Alpengletscher stets 3 Personen tätig waren, hatten Sorge und Loewe sich zu zweit einarbeiten können. Während der eine Wissenschaftler am Seismographen arbeitete, stand der andere am Sprengort, der sich stets in etwas größerer Entfernung vom Zelt befand, als es der in Vorversuchen ermittelten zu erwartenden Eisdicke entsprach. Die Sprengung wurde dann zu einem bestimmten, zuvor verabredeten Zeitpunkt ausgelöst.

Auf dem Kangerdluarssuk-Gletscher ergab die Registrierung eine Eisdicke von 601 m, 250 m mehr als am Zeltplatz II, und beim Zeltplatz »Am Bach«, wo die folgende Reihe von Messungen durchgeführt wurde, wurde die Dicke des Inlandeises mit 750 m bestimmt.

Wie sich zeigte, waren in einigen Details Verbesserungen der Methode angebracht. Die Registrierung der Erschütterungswellen erfolgte mit Hilfe eines feinen Lichtstrahls, der, von einem kleinen, sehr leicht zitternden Spiegel reflektiert, auf einen rasch vorbeilaufenden Streifen von Fotopapier fällt, der sofort nach der Aufnahme entwickelt wurde. Als störend erwies sich daher, daß der Boden des ansonsten lichtdichten Zeltes nicht ausreichend dicht war, so daß von unten aus dem durchstrahlten Eis sehr helles Licht diffus einfiel und behelfsmäßig abgeblendet werden mußte. Auch die für die Entwicklung vorgesehenen Schalen waren für die Filmstreifen nicht eben zweckmäßig.

Die letzte und zugleich schwierigste Eisdickenmessung erfolgte am 27. August am Zeltplatz »Abschied«. Sie sollte zeigen, ob das Verfahren außer im festen Eis auch im Firn anwendbar ist.

Waren bei den meisten vorhergehenden Sprengungen 1–2 kg Dynamit verwendet worden, so sollten es diesmal 13,5 kg sein. Behutsam drückte Loewe die plastischen Dynamitstäbe in die vorbereitete Bohrung, zum Schluß den mit der Zündkapsel bestückten. Zur Zündung diente ein kleiner, mit der Hand betätigter Dynamo. Währenddessen befand sich Sorge in dem lichtdichten Zelt. Zehn Sekunden vor der verabredeten Zeit begann er in streng durchdachter Reihenfolge die sorgfältig vorbereiteten Handgriffe auszuführen. Er konnte beobachten, wie der Lichtpunkt auf dem Registrierstreifen genau zur erwarteten Zeit in Bewegung kam: einmal, – das waren die direkten Wellen, die auf kürzestem Wege entlang der Eisoberfläche liefen; – zweimal, – das waren sie, die vom Felsgrund reflektierten Wellen; – dreimal, – das waren die langsameren Transversalwellen, und ganze fünf Sekunden hinterher kam der Schall.

Die Messung lieferte für die Dicke des Inlandeises an dieser Stelle den Wert 1200 m. Es war die erste einwandfreie Messung im Firngebiet überhaupt, und zugleich war eine Eismächtigkeit bestimmt, die alle bisher gemessenen Werte erheblich übertraf. Da man sich rund 1500 m über dem Meer befand, konnte das Land unter dem Eis nur 300 m hoch sein, und das, obwohl das Küstenland nur 50 km weiter westlich sich über 2000 m erhob. »Was dürfen wir hiernach für das eigentliche Innere von Grönland erwarten?«, fragte sich Wegener daher. »Es wäre keine geringe Überraschung, wenn sich etwa herausstellte, daß das Land im Innern Grönlands unter dem Meeresspiegel liegt!«

Mit Hundeschlitten ins Innere. Am 24. August 1929 brachen Wegener, Georgi und Davidson vom Zeltplatz »Abschied« auf. Für die Hundeschlittenreise zur Erkundung der Route für das kommende Jahr verblieben ihnen noch 14 Tage.

Am ersten Tag kamen die Männer erst spät fort, bewältigten aber doch noch in 5¾ Stunden gegen Wind und Schneefegen 26 km. Obwohl die Steigung noch immer merklich war, konnten sie den größten Teil des Wegs auf dem Schlitten sitzend zurücklegen. Der Kurs führte genau nach Osten, wobei es dem vorne fahrenden Davidson gelang, die vorgegebene Richtung während der Fahrt allein nach dem Stand der Sonne, der Windrichtung und der Richtung der Sastrugi zu halten. Alle Stunde, was nach Angabe des an Georgis Schlitten angebrachten Hodometers einer Distanz von 5 km entsprach, wurde halt gemacht und zur Markierung des Rückwegs ein Schneemann errichtet. Für Wegener war es eine Freude, wieder einmal – nach 21 Jahren – die Hundepeitsche zu schwingen. Der neue Zeltplatz bot dem Trio trotz seiner Entfernung von schon 67 km von »Scheideck« einen herrlichen Blick auf die Küstenberge und wurde daher »Bellevue« genannt.

Indes wuchs der Wind während der Nacht zum Sturm an, der die Gruppe am nächsten Tag zum Liegenbleiben zwang. Das war ärgerlich, denn mit dem Wind hätte man reisen können, da nur −5°C herrschten, aber gegen den Wind hätten die Augen der Hunde durch das Schneefegen zu sehr gelitten. »Wieder eine Geduldprobe« notierte sich Wegener in seinem Tagebuch. »So ein Liegetag ist schwer. Wie ich mich nach Hause sehne! Am liebsten würde ich sofort umkehren und nach Hause fahren, nach Europa, nach Graz. Aber ich weiß, es geht nicht. Ich will etwas schaffen, und damit es gut wird, muß ich Ausdauer haben. Und wenn erst wieder der Schlitten knirschend über den Schnee gleitet und all die Hundebeine ihr Tripp-Trapp machen, dann geht es auch wieder, dann läßt es sich ertragen, ja dann gibt es Zeiten, wo es mir leid tut, dies nicht meinen Lieben daheim zeigen zu können.«

Am 26. August legten die drei Schlittenfahrer in 8½ Stunden 36 km zurück, obwohl es an diesem Tag Probleme mit Georgis Hunden gab. In der Nacht hatten sie sich unbemerkt über einen Sack hergemacht, der als Hundefutter gedachtes getrocknetes Haifleisch enthielt. Wie sich herausstellte, war die Trocknung aber teilweise unvollständig. Manche Fleischstreifen enthielten einen ungetrockneten Kern, der gefault war und zusammen mit einem Giftstoff, der, im Haifleisch enthalten, aber nur in frischem Zustand wirksam, zu einer Vergiftung geführt hatte. Am Schluß des Tagesmarsches hatte Georgi die drei größten und schwersten Hunde seines Gespanns auf dem Schlitten zu liegen, um sie überhaupt mitzubekommen, nachdem ihm die übrige Last von seinen Gefährten schon abgenommen worden war. Der abendliche Zeltplatz wurde dieses Vorfalls wegen »Hundelazarett« genannt.

Der nächste Tag brachte die Gruppe 21 km weiter nach Osten; der Lagerplatz, 125 km von »Scheideck« entfernt, erhielt den Namen »Hundeverlust«, weil während des Marsches zwei Hunde aus Wegeners Gespann verlustig gingen. Der eine war vom Baas, dem Leithund, am Vorderbein so gebissen worden, daß er nicht mehr zu gebrauchen war. Der andere hatte sich schon auf dem Gletschereis die Hinterpfoten bis auf die Knochen durchgelaufen. Jeden Tag hatte er Kamikker aus Sackleinwand umgebunden bekommen und sich dadurch bisher auch leidlich mitschleppen können; jetzt aber sträubte er sich und mußte zurückgelassen werden. Erstmals bei diesem Tagesmarsch verwendete man ferner zur Markierung des Weges nach der von Wegener erdachten Methode schwarze Fähnchen, die an Bambusstangen geklebt waren und vom fahrenden Schlitten aus alle Kilometer in den Schnee gesteckt wurden.

Auch die nächsten Tage waren von großer Gleichförmigkeit geprägt, während die Bedingungen, unter denen sich der Vormarsch vollzog, immer härter wurden. Unausgesetztes Schneefegen machte den Reisenden zu schaffen. Jeden Morgen aufs neue mußten sie Schlitten, Hunde und Zelt durch langwierige Grabungen aus den über Nacht entstandenen Schneewehen befreien. Bei Wegener stellten sich Zahnschmerzen ein, die sich allabendlich gegen Ende des Tagesmarsches, wenn die tiefer sinkende Sonne keine Kraft mehr hatte und ihn der scharfe Wind »bis auf die Knochen« durchkühlte, verstärkten und erst vergingen, wenn er einige Zeit im Zelt gewesen war. Und die Zahnschmerzen blieben nicht das einzige Übel. Durch den Wind litten zunehmend die Augen der Hunde wie auch die der Männer. Der vorausfahrende Davidson, der sich am wenigsten schützen konnte, bekam auf dem rechten, dem Winde ausgesetzten Auge eine schwere Entzündung und war mehrere Tage völlig blind auf dem betroffenen Auge. Auch Wegener hatte eines Nachts so starke Augenschmerzen, daß er zu den Mitteln gegen Schneeblindheit aus der Reiseapotheke greifen mußte. Davidson wurde ferner tagelang auch durch Rheumatismus im rechten Arm als Folge der Überanstrengung durch das fortwährende Peitschenschwingen geplagt. »Nein, es läßt sich nicht leugnen: Die Reise ins Innere durch die Windzone ist hart, unsäglich hart!«, berichtet Wegener. »Nur ein eiserner Wille ist imstande, sich hindurchzutrotzen! Es ist ein wilder Kampf, und wer nicht unter allen Umständen entschlossen ist, durchzukommen, auch wenn der Himmel einstürzt, der soll lieber zu Hause bleiben.«

Am 28. August wurden bei Nebel und Neuschnee bis zum Zeltplatz »Nebelheim« 31 km bewältigt, und der folgende Tag brachte die Gruppe nochmals 26 km weiter. Der neue Zeltplatz erhielt den Namen »Halo«, weil hier bei aufklarendem Himmel eine prächtige Haloerscheinung beobachtet wurde. Wie bisher waren alle 5 km Schneemänner errichtet und alle Kilometer die schwarzen Fähnchen in den Schnee versenkt worden. An den Zeltplätzen sowie etwa in der Mitte jeden Tagesmarsches waren überdies die Stationen für die Zuwachsmessung angelegt worden, bestehend aus 4 m langen Bambusstangen, die in den Schnee gesteckt und in genügender Höhe über dem Schnee mit einer Ringmarke versehen wurden.

Der 30. August war der letzte Vormarschtag. Er brachte Wegener und seinen Begleitern einen Geländegewinn von nochmals 26 km, so daß man von »Scheideck« aus nunmehr 208 km weit in die weiße Einöde vorgedrungen war. Die barometrische Höhenmessung am letzten Zeltplatz, genannt »Umkehr« ,ergab 2510 m über dem Meer. »Unser Ziel war erreicht, wir hatten gesiegt! Unser Wille war stärker gewesen, als der Widerstand der Natur!«, kommentiert Wegener und schreibt weiter: »Des Menschen Wille ist sein Himmelreich! Bei objektiver Betrachtung hätte ich es zweifellos besser haben können, wenn ich in Graz geblieben wäre und dort meine Vorlesungen abgehalten, Bücher geschrieben und zwischendurch schöne Erholungstouren in die Alpen mit Frau und Kindern gemacht hätte ... Und dennoch fühlte ich keine Ernüchterung, sondern nur den Triumph, ja ein leises Bedauern, daß unsere Zeit es nicht zuließ, noch weiter zu gehen. Es war mir ordentlich feierlich zu Mute bei dem Gedanken, daß nun das letzte Ziel unserer Expedition erreicht war. Ich holte unsere deutsche Flagge hervor und befestigte sie an unserer letzten, hier als Zuwachsstation aufgestellten Bambusstange ... Nun hatten wir sie also doch schon halbwegs bis zur Mitte Grönlands getragen!«

Messung der Sonnenhöhe am Zeltplatz »Umkehr«

Der letzte Augusttag war ein Ruhetag, der für wissenschaftliche Untersuchungen verwendet wurde. Außer der Zuwachs-Meßstation wurden eine 2 m hohe Schneepyramide errichtet und eine Grabung angelegt, um Dichte und Temperatur im Innern des Firns zu beobachten. Wegen des ständigen starken Schneefegens, das das Loch immer wieder zuschüttete, mußte man sich allerdings mit einer Tiefe von 2,5 m begnügen. Die Temperatur nahm nach unten von −12,0 auf −16,7 °C ab, die Dichte von 0,29 auf 0,32 g/cm^3 zu. Die astronomische Ortsbestimmung ergab, daß der Umkehrpunkt auf 45°30′ westlicher Länge lag.

Am Morgen des 1. September begann die Rückreise – nach Europa. »Es war wirklich die Rückreise nach Europa«, wie Wegener schrieb, »und wir standen sehr stark unter diesem Eindruck. Für meine Person war jetzt Graz, Blumengasse 9, ausgesprochenes Reiseziel ... So ein Reiseziel verleiht Siebenmeilenstiefel.«

Es herrschte starker Wind mit Schneetreiben, so daß die drei nach Osten kaum hätten reisen können. Nun aber hatten sie den Wind im Rücken. »Ja, das war etwas anderes als auf der Herfahrt! Das konnte man sich gefallen lassen, das war eine reine Genußfahrt!«, berichtet Wegener, der sich behaglich im Sonnenschein sitzend Betrachtungen des Schneefegens hingibt. »Hier konnte man die weiße Wüste bei ihrer Arbeit belauschen. Eine Sisyphus-Arbeit ist es freilich; das feine Muster, die zarten Windfurchen und -kanten der Schneeoberfläche werden fortwährend abgeändert. Hier wird abgebaut, dort angebaut. Hier ausgehöhlt, dort eingeebnet. Hier weggenommen, dort aufgetragen.« Als die Männer beim ersten Schneeman westlich von »Halo« ihr Zelt aufschlugen, waren 31 km zurückgelegt.

Der nächste Tag war neblig und eine harte Probe auf die Brauchbarkeit der Wegmarkierung. Die Schneemänner waren erst zu erkennen, wenn man schon unmittelbar davorstand. Die schwarzen Fähnchen aber bewährten sich und waren selbst in dem diffusen Licht erstaunlich weit zu sehen. In 5½ Stunden wurden 20 km zurückgelegt.

Am 3. herrschte strahlend schönes Wetter. Zwar maß Georgi eine Windgeschwindigkeit von 10–11 m/s, aber »bei unserer jetzigen Marschrichtung konnte uns der Wind ›gern haben‹, um nicht stärkere klassische Aussprüche zu gebrauchen«, so der Expeditionsleiter. Die Hunde wechselten zwischen Trab und Galopp, und in 8¾ Stunden wurden 60 km zurückgelegt. Der nächste Tag brachte die Rekordfahrt der Reise, 67 km, wobei vom Lager »Abschied« auch noch die ganze Apparatur für die Eisdickenmessung mitgenommen wurde, die Sorge und Loewe dort verabredungsgemäß hatten stehen lassen. So blieben nur noch ganze 27 km bis »Scheideck«, wo man am 5. September, einen Tag vor Sorge und Loewe eintraf. Beide waren nach der erfolgreich beendeten Eisdickenmessung am 31. August zu ihrer Erkundungstour aufgebrochen und bis zu einem Punkt 75 km nördlich von »Scheideck« vorgestoßen. Zusammengenommen hatten die Männer mehr als 850 km auf dem Inlandeis zurückgelegt. Das war ein kleines Fest wert – trotz der bescheidenen Möglichkeiten, die der Proviantvorrat noch bot, für den Expeditionsleiter »das schönste des ganzen Sommers«.

Die folgenden Tage vergingen mit Aufräumungsarbeiten, dem Transport des Gepäcks und der Instrumente von »Scheideck« zur Küste an der Kamarujuk-Bucht. Schon vom Gletscherbruch aus erblickten die Heimkehrenden die »Krabbe«. Das verlieh ihrem Gang Flügel. An Bord gab es dann frischen Fisch, Zigarren und – Post; allein von Frau und Kindern hatte Wegener 8 Briefe.

Von der Bucht ging es zurück nach Uvkusigssat, wo die geliehenen Hunde abgeliefert und Davidson entlohnt wurde, dann weiter nach Umanaq, wo man am 10. September eintraf. Während Wegener die Abrechnungen erledigte, vermaß Loewe noch die aktuelle Lage von drei Gletschern auf der Halbinsel Nugssuaq; wie sich zeigte, waren sie seit v. Drygalskis Vermessung vor 35 Jahren um Strecken bis zu 2 km zurückgegangen.

Dann kam der Abschied vom gastlichen Umanaq. Unter Mützenschwenken und dem obligatorischen Flaggengruß tuckerte die »Krabbe« aus dem Hafen und nahm Kurs auf die Diskobucht. Man konnte nur noch bei Tage fahren, denn die Nächte waren um diese Jahreszeit schon lang und dunkel und wurden nur durch prachtvolle Nordlichter verschönt. Nach 4 Tagen war Jakobshavn erreicht.

Die seinerzeit verschobene Vermessung des Jakobshavner Eisstroms, des Königs unter den grönländischen Gletschern, war die letzte unerledigte Aufgabe. Etwa 20 Milliarden Tonnen Eis entleert dieser Gigant jedes Jahr in seinen fast 35 km langen Fjord. Bei ihrem Besuch 1913 hatten Wegener und Koch die Gletscherfront nicht vermessen, wohl aber bemerkt, daß sie seit der letzten Vermessung offenbar stark zurückgegangen war.

In der Zeit vom 23. 9. – 1. 10. drangen Georgi und Sorge auf einer beschwerlichen und nicht ungefährlichen Tour von Claushavn aus bis an die Gletscherfront vor. Ihre trigonometrische Vermessung ergab, daß der Gletscher seit der Vermessung durch Engell um mehrere Kilometer zurückgegangen war; eine vorläufige Auswertung der Gletschergeschwindigkeit erbrachte den Wert 18 m pro Tag.

Eine letzte dramatische Überraschung gab es auf der Rückfahrt von Claushavn, als das Motorboot mit einem schwimmenden Eisstück kollidierte. Beide Schraubenflügel brachen, die »Krabbe« war ohne Antrieb. Verabredungsgemäß sollte das Boot in Godhavn überwintern, von wo aus die Expeditionsmitglieder auch die Rückfahrt nach Europa antreten mußten. Und die Zeit drängte. Da Ostwind herrschte, wurden kurzentschlossen Segel gesetzt, und mit 4 Knoten ging die Fahrt über die Diskobucht. »Die Segeleigenschaften der ›Krabbe‹ waren bisher noch wenig bekannt«, kommentiert Wegener den Vorfall und fährt fort: »Wenn man es sich recht überlegte, so war eigentlich diese unfreiwillige Segeltour gerade das, was uns noch gefehlt hatte. Die Segel waren der einzige Teil unserer Ausrüstung, der noch nicht zur Geltung gekommen war.« Es war kurz vor Mitternacht, als die Besatzung im Hafen vor Anker ging. Die »Krabbe«, die bis hierher 2100 Seemeilen zurückgelegt hatte, hatte auch die letzte Bewährung bestanden.

Am 8. Oktober 1929 gingen die Teilnehmer der Vorexpedition an Bord der »Gertrud Rask«, mit der sie am 2. 11. in Kopenhagen einliefen. Noch während der Überfahrt schrieb Wegener nach seinem Tagebuch seine Erlebnisse nieder, eine populär gehaltene Schilderung, die schon im nächsten Jahr unter dem Titel »Mit Motorboot und Schlitten in Grönland« im Verlag Velhagen & Klasing, Bielefeld und Leipzig, erschien.

Der letzte Winter. Im November, zu Beginn des Wintersemesters 1929/30, nach Graz zurückgekehrt, begann für Wegener eine Zeit ungewissen Wartens auf Entscheidungen, denn die nicht unbeträchtlichen Mittel von rund 300 000 Mark für die große Grönlandexpedition im nächsten Jahr waren zwar bewilligt, aber noch nicht freigegeben. Zugleich aber war es eine Pe-

Johannes Georgi, Alfred Wegener, Fritz Loewe und Ernst Sorge an Bord der »Gertrud Rask« auf der Heimreise

riode geradezu fieberhafter Tätigkeit des Forschers. Das Zustandekommen dieser Expedition, die ihm so sehr am Herzen lag, wurde ihm zu einer Lebensfrage, weil er genau wußte: Kam die Unternehmung 1930 nicht mehr zustande, so würde sie bei den schwierigen wirtschaftlichen Verhältnissen in absehbarer Zeit überhaupt nicht mehr zustande kommen, und später wäre er, der auf die Fünfzig zuging, wohl schon zu alt, um die Leitung eines solchen Vorhabens noch übernehmen zu können.

Wegener war sich bewußt, daß ein Fehler in der Vorbereitung das Leben der Teilnehmer und das ganze Unternehmen gefährden konnte. Bis ins kleinste überdachte er daher die Einzelheiten von Ausrüstung und Geräten, von Proviant für Mensch und Tier, rechnete, gab Bestellungen auf. Wiederholt fuhr er auch zu persönlichen Verhandlungen nach Berlin, Kopenhagen oder München, stets nur auf ein bis zwei Tage und die Nächte im Zug verbringend. Trotz alledem hielt er in Graz regelmäßig seine angekündigten Vorlesungen zum Thema »Allgemeine Meteorologie« und »Meteorologisch-geophysikalische Besprechungen«. Und stets bewahrte er, wenigstens äußerlich, seine freundliche, unerschütterliche Ruhe.

Alfred Wegener im Jahre 1930

Um die Dinge zu beschleunigen, hielt Wegener am 27. November vor dem Stifterverband der Notgemeinschaft, der die Mittel freizugeben hatte, einen Vortrag über die wirtschaftlichen Ziele der Grönlandforschung, die ihn selbst gar nicht interessierten. Seine Ziele waren wissenschaftlicher Natur, so daß ihm dieser Vortrag, wie seine Frau berichtete, begreifliche Kopfzerbrechen bereitet hat. Wieviel leichter fiel ihm dagegen doch jener Lichtbildervortrag, den er am selben Tag auf einer außerordentlichen Sitzung der Gesellschaft für Erdkunde zum Thema »Die Deutsche Inlandeis-Expedition nach Grönland, Sommer 1929« hielt!

Seine Ansichten in dieser Frage hat Wegener selbst zur gleichen Zeit in einem Brief an Willy Meyer im Zusammenhang mit dem Unglück des Luftschiffs »Italia« unmißverständlich formuliert: »Ich habe die Überzeugung, daß die heutige Bevorzugung ›wirtschaftlich wertvoller‹ Forschung sowohl unklug wie unmoralisch ist. Unklug; denn Hunderte von Beispielen zeigen, daß jede wirtschaftlich wertvolle Entdeckung auf zahlreichen anderen beruht, die keinen erkennbaren wirtschaftlichen Nutzen haben. Schaltet man aber die letzteren aus, so kommt auch die ›wirtschaftlich wertvolle‹ Forschung zum Stehen. – Unmoralisch ...; denn dem Forscher muß die Entdeckung der Umwelt mit ihren Gesetzen das Allerheiligste sein, dem er sein Dasein weiht. Die Nutzbarmachung für das Leben ist nicht seine Sache, braucht es auch nicht zu sein; denn dafür finden sich schon andere. Schielt er nach praktischem Nutzen, so vergeht er sich am Allerheiligsten und hat aufgehört, Forscher zu sein. Glücklicherweise ist die wirtschaftliche Motivierung, die der Forscher heute seinen Forschungen zu geben pflegt, um die Mittel für sie zu erhalten, in der Mehrzahl der Fälle Heuchelei, etwa wie bei Kepler, als er Horoskope stellte.«

Mit Erleichterung nahm Wegener es daher auf, als die Mittel für die Expedition im Dezember bewilligt wurden und er damit endlich freie Hand hatte. Gleichfalls im Winter begab Wegener sich zum Hintereisferner in den Ötztaler Alpen, um sich über die Arbeiten zu informieren, die Mothes dort mit einem aufgrund seiner Erfahrungen aus der ersten Versuchsreihe verbesserten Seismometer durchführte. Die Weihnachtsferien verbrachte Wegener wie gewöhnlich noch einmal mit Frau und den drei Töchtern in der Ramsau. Am 23. 1. 1930 hielt er bei der Geologischen Gesellschaft in Wien einen Vortrag über »Die

Die Expeditionsmitglieder (Westgruppe) bei der Abreise in Kopenhagen am 1. April 1930. Stehend v. l. n. r.: F. Kelbl, A. Wegener, M. Kraus, H. Jülg, R. Holzapfel, E. Friedrichs, K. Weiken, K. Herdemerten, J. Georgi, C. Schif. Sitzend v. l.: G. Lissey, F. Loewe, K. Wölcken, E. Sorge

deutsche Inlandeis-Expedition nach Grönland, Sommer 1929«, den er am 8. Februar in Graz im Rahmen des Naturwissenschaftlichen Vereins für Steiermark noch einmal wiederholte. Wenige Tage später, am 15. 2., wurde vom österreichischen Bundesministerium für Unterricht sein Gesuch um Beurlaubung genehmigt. Die letzten Tage waren übervoll von Arbeit. Begutachtung der einlaufenden Gütersendungen, feierliche Verabschiedung durch den Präsidenten der Notgemeinschaft, Staatsminister Schmidt-Ott, letzte Besprechungen in Berlin und mit Expeditionsteilnehmern in Kopenhagen, Telegramme hin und her. Reporter kamen, um den berühmten Wissenschaftler zu interviewen. Glücklich fühlte sich der geradezu bis zur letzten Minute durch

Entscheidungen erfordernde Fragen beanspruchte Expeditionsleiter wie einem Bienenschwarm entronnen, als die »Disko« am 1. 4. in Kopenhagen ablegte.

Am 8. 4. kamen in Reykjavik die drei zur Betreuung der Pferde angeheuerten Isländer an Bord, unter ihnen Wegeners Expeditionskamerad von 1912/13, Vigfus Sigurðsson, und am 4. 5. kam die Expedition an die Eiskante, die noch vor Umanaq lag. Der Versuch, das Eis zu brechen, um in die Kamarujuk-Bucht hineinzukommen, mißlang.

13. 6. 1930, der 35. Wartetag. Fast 6 Wochen lag die Expedition vor der Küste, und nur wenig hatte man ausrichten können.

Bis zum 8. 5. hatten die Männer die gesamte Ausrüstung ausgeladen und mit Hilfe der grönländischen Bewohner nach und nach mit Schlitten zu der Siedlung Uvkusigssat gebracht. Wegener freute sich, viele der Grönländer wiederzusehen, die auch im vorigen Jahr geholfen hatten. Sie kamen geradewegs auf ihn zu, um ihm die Hand zu geben und freuten sich ebenso wie der deutsche Professor. Eine Gruppe von Expeditionsmitgliedern hatte zwei Tage zuvor die beiden Propellerschlitten mit Hundevorspann sogar bis zum Kamarujuk-Gletscher bringen können; aber es war dies eine riskante Sache und auch der allerletzte Termin, denn das Eis im Innern des Fjords erwies sich – namentlich auf dem Rückweg – als sehr mürbe; mit Pferden konnte es daher nicht mehr überquert werden, und man mußte sich mit Uvkusigssat begnügen.

Am 15. 5. hatte Wegener einen vom 7. 5. datierten Brief seines grönländischen Expeditionskameraden vom Vorjahr, Johann Davidson aus Kekertarsuak erhalten, der seinerzeit als erster und einziger seiner Landsleute zum Mitgehen auf das Inlandeis bereit war, bis 208 km ins Innere gelangt war und nun als erster Bezwinger des von den Grönländern so gefürchteten Sermerssuak, d. h. Großes Eis, den Expeditionsleiter bat, wieder mit ins Innere gehen zu dürfen, wovon Wegener sich eine positive Signalwirkung für seine Landsleute erhoffte. Zugleich teilte der Grönländer dem Expeditionsleiter mit, daß es nicht, wie geplant, gelungen war, das 10-Tonnen-Depot Wegeners auf dem Kamarujuk-Gletscher schon während des Winters, wenn der Schnee den Gletscher leichter begehbar macht, bis oberhalb des Gletscherbruchs zu schaffen. Wegener, für den dies in

Ausladen des Expeditionsgepäcks an der Eiskante

einer ohnehin angespannten Situation ein Mehr von 10000 kg bedeutete, die nun während der Hauptexpedition auch noch hinaufgeschafft werden mußten, hat diesen Brief Davidsons und kommentiert durch eigene Bemerkungen in sein Expeditionstagebuch aufgenommen: »›Ich bin im Februar in Uvkusigsat gewesen, um die Kisten (auf dem Kamarujuk-Gletscher – U. W.) zu transportieren. Ich kam erst am 20. März nach Hause nach Nugaitsiak. Ich erhielt 55 Kronen vom Kolonibestyrer in Umanak. Ich bin auch auf dem kleinen Nunatak (›Scheideck‹, wo im Herbst des Vorjahres ein Depot angelegt worden war – U. W.) gewesen. Zwei Rentier-Schlafsäcke waren verdorben (O Du Schlingel! – A. W.). Ich habe auch ein Zelt genommen. Wir hatten damals bei den Transporten auch eine Kiste mit Proviant (! – A. W.) und eine Kiste mit Hundefutter verbraucht. Ich wollte Sie gerne fragen, ob ich auch diesmal mit soll. Freundlichen Gruß Johann Davidson.‹ – In einem beigelegten Zettel bittet er außerdem um eine halbe Flasche Schnaps. (Johann, Johann, das sind mir ja schöne Sachen!). Den einen Schlafsack, wohl Sorges mit dem durchgetretenen Fußende haben wir hier inzwischen bei einem der Uvkusigsat-Leute entdeckt. Er war gestern unser Kutscher und hatte den Schlafsack über den Schlitten gespannt, damit wir weicher sitzen sollten. Göttliche Naivität! Als ich ihn fragte, ob der Schlafsack vom Kamarujuk sei, strahlte unser Freund und sagte: ›Ap‹ (ja gewiß)«.

Am Abend des 18. Mai war zu Wegeners großer Freude die »Krabbe« in Uvkusigssat eingetroffen. Während die »Gustav Holm« weiter gen Norden dampfte, war sie am 2. Mai frisch gescheuert und neu aufgetakelt von Godhavn, wo man sie im Vorjahr zur Überwinterung gelassen hatte, in Richtung Quervainshavn gestartet. Von dort waren Loewe, der österreichische Meteorologe Rupert Holzapfel (1905–1960) und Hugo Jülg (*1902), ein Lehrer aus Linz, zu einer Hundeschlittenreise aufgebrochen, deren Auftrag es war, die auf der Route der Vorexpedition ausgesetzten Schneepegel aufzusuchen und abzulesen, während er Feinmechaniker Emil Friedrichs (1900–1982) und der Monteur Manfred Kraus (*1904) das Expeditionsboot nach Uvkusigsat überführen sollten. »Es war hübsch, die ›Krabbe‹ wiederzusehen«, schrieb Wegener am 19., »das brave Boot, das so viele Erinnerungen birgt, und abends in die Koje zu kriechen, und dort warm und weich zu liegen, leise gewiegt, und wieder das klik-klak-kluk der Wellen an der Bootswand zu hören!«

Die nächsten Tage waren voll ausgefüllt mit Rundfahrten von hunderten Kilometern kreuz und quer über die Umanaqbucht. Wegener fuhr die Küstensiedlungen ab, um expeditionstechnische Fragen zu klären, und kümmerte sich um die Beschaffung von Heu, Hundefutter und schließlich auch von grönländischen Helfern für die kommenden Transportaufgaben. So sehr ihn aber diese Tätigkeit in Anspruch nahm, so sehr genoß er auch diese Fahrten durch die grönländischen Gewässer, und immer wieder bricht bei Wegener die Begeisterung für dieses sein Boot durch, denn er war sich bewußt, daß in jener Zeit ein solches seetüchtiges Schiff besonders in der verkehrsungünstigen Umanaq-Bucht eine große, über seine Expedition hinausgehende Bedeutung hatte. Als er daher am 21. 5. nach Umanaq kam, um den dort vertäuten Motorschoner »Hvidfisken« zu besichtigen, war die »Krabbe« das erste einlaufende Schiff des Jahres und wurde von den Einwohnern der Ansiedlung, die zwischen Oktober und Mai ohne Schiffsverbindung mit den südlichen Landesteilen und Europa waren, begeistert aufgenommen, da es neben allerlei Neuigkeiten und Grüßen auch Briefe, Zeitungen und Zeitschriften mitbrachte. Und am 23. Mai, als man zu Einkäufen und Besuchen »in die Stadt«, d. h. wieder nach Umanaq, gefahren war, konnte Wegener auf dem Rückweg drei Grönländern mitsamt ihren Hunden, Kajaks und Schlitten zur Heimkehr verhelfen, die auf einer riesigen Eisscholle mit Fischfang beschäftigt waren, ohne zu bemerken, daß diese Scholle sich vom Ufer gelöst hatte, von welchem sie bereits eine 4 km breite Rinne trennte.

Am 29. 5. hatte ein neuerlicher Vorstoß zum Kamarujuk begonnen, nach Sorges und Georgis Sondierung des Gebietes am 4. und dem Transport der Propellerschlitten zum Gletscher am 6. desselben Monats das dritte Unternehmen dieser Art. Begleitet von anderen Expeditionsmitgliedern war Wegener mit Hundeschlitten losgezogen, die später von den Menschen allein gezogen wurden, bis offenes Wasser die Gruppe vom Gletscher trennte. Mit dem mitgeführten und rasch aufgeblasenen Schlauchboot überwanden die Forscher das Hindernis in zweistündiger Fahrt und erreichten nach einer im ganzen zwölfstündigen Tour um 1 Uhr morgens den Gletscher. Den Aufstieg zum Nunatak „Scheideck" am 30. fand Wegener wegen des tiefen Schnees beschwerlich, aber sowohl für die Pferde wie die Hunde gut gangbar. Oben angekommen gruben die Männer in langwieriger Arbeit das Depot aus, um Sorge und Kraus mit dem Nötigen zu versorgen, die auf der alten Route die Wegverhältnisse bis zum vorjährigen Zeltplatz »Abschied« erkunden sollten. Währenddessen begab sich der Expeditionsleiter auf den Rückweg nach Uvkusigssat, wo er am 1. Juni wieder eintraf.

Ein einzigartiges und für ihn bezeichnendes Erlebnis hatte Wegener einen Tag später. Ihm war eingefallen, daß am 4. 6. Schmidt-Otts 70. Geburtstag war, er also einiges würde aufbieten müssen, um ein Telegramm an diesen steten Förderer der Expedition abzusetzen. Mit der „Krabbe" fuhr er daher nach Umanaq, um von dort eine Kajakpost nach Godhavn – der nächsten Funkstation – abzuschicken, mußte aber erfahren, daß die Kajakpost eine Woche für die Überfahrt brauche und also zu spät kommen würde. Die einzige Möglichkeit, die Glückwünsche noch am 4. nachmittags abzusenden, bestand darin, daß die „Krabbe" selbst schleunigst nach Godhavn fuhr. Das bedeutete eine mehrstündige Abwesenheit Wegeners vom derzeitigen Standlager in Uvkusigssat, wo man indes im Interesse der Forcierung der Arbeiten ebenfalls der Weisungen des Expeditionsleiters bedurfte. Wegener entschied daher, daß Friedrichs, Georgi und Gabrielsen allein mit der „Krabbe" nach Godhavn fuhren, während er selbst sich bei ziemlich bösartiger See im offenen Ruderboot auf den 50 km langen Weg quer über den Umanaq-Fjord machte, dem »Beförderungsmittel der Vorzeit«, wie er selbst meinte.

Und schließlich hatte am 4.6. ein weiteres Unternehmen zum Kamarujuk begonnen, in dessen Verlauf es nach den bisherigen Erkundungsvorstößen nun mit Macht zum Aufstiegsgletscher und an die eigentliche Arbeit gehen sollte. Mittels eines Leichters sollte eine erste Fuhre bis zum Gletscherfuß geschafft werden. Beteiligt neben Wegener waren Sigurđsson, die Ingenieure Curt Schif (*1905) und Kurt Herdemerten (1900–1951), der Monteur Franz Kelbl sowie 6 grönländische Schlittenführer mit ebensovielen Schlitten und Hundegespannen.

Die Anreise verlief abenteuerlich. Zunächst wurde das beladene Boot von Uvkusigssat bis zur Eiskante gerudert, dann auf der mehrere Kilometer breiten, noch immer festen Wintereisbarre von den Hundegespannen als Schlitten gezogen, wobei die Expeditionsmitglieder mit schieben halfen, und dort, wo im Fjordinnern das Wasser wieder offen war, erneut als Boot zu Wasser gebracht und von Expeditionsmitgliedern zur Küste gerudert. Als man dort anlangte, war es Mittag des 5. Juni geworden; die Tour hatte 24 Stunden gedauert, und die Männer hatten Schlaf nötig. Am nächsten Morgen erwachten sie bei erbärmlichem Wetter, das alle Pläne durchkreuzte. Regen und Schnee dauerten bis nachmittags an, so daß man sich ans Essen und – bei schwerer Arbeit in Polargebieten wichtig – ans Trinken hielt. Um 16.30 Uhr aber ging es doch an die Arbeit. Zunächst wurden die Propellerschlitten mit großer Mühe bis auf die Gletscherzunge geschleppt, und nach stundenlangen Planierungsarbeiten auf der steinigen Moräne konnte auch das große Wohnzelt aufgestellt werden. Und am frühen Morgen des 8. Juni, nach Rückkehr von einer nochmaligen 11stündigen Inspektion des Gletschers, konnte Wegener somit, neben dem brennenden Petroleumofen im Zelt sitzend und auf die Eisbarriere in der Ferne blickend, in sein Tagebuch schreiben: »Heute ist also sozusagen die Ansiedlung Kamarujuk gegründet worden!« Das war ein Ergebnis, gemessen am Ganzen aber konnte es den Expeditionsleiter nicht befriedigen.

Am 11. 6. kamen Wegener und seine Begleiter wieder nach Uvkusigssat; bei der Einfahrt wurden die im Schlauchboot Fahrenden »von den Grönländern ausgesungen wie ein großes Schiff« berichtet Wegener. Zu seiner großen Freude fand er auch die »Krabbe« im Hafen liegend. Georgi und Friedrichs war es gelungen, Godhavn am 4. zu erreichen und das Telegramm rechtzeitig aufzugeben. Auf dem Rückweg hatten sie Loewe, Holzapfel und Jülg mitgebracht; diese waren bis zum vorjährigen Zeltplatz »Konkordia« gekommen, wo sie aber die Meßstangen wegen hoher Schneebedeckung nicht hatten finden können und umkehrten; am Rande, wo die Meßstangen leichter zu finden waren, betrug die Abschmelzung 2,5 Meter.

Am 13. 6., nachdem der von Wegener für Transportzwecke gecharterte Motorschoner »Hvidfisken« im Hafen eingetroffen war, entschloß sich der Expeditionsleiter schließlich, dem Unternehmen nach fast 6wöchiger Wartezeit eine neue Wendung zu geben und mit Hilfe der beiden Schiffe mit Macht durch das Eis zu brechen. Als Termin wurde der 15. Juni festgesetzt.

Die Transporte. Kurz nach Mitternacht am 16. Juni 1930 wurde Alfred Wegener vom grönländischen Wachmann in seiner Koje geweckt: »Das Eis geht«. Endlich! Endlich hatte sich das Blatt zum Vorteilhaften gewendet. Tags zuvor hatte man seit Mittag versucht, mit dem Motorschoner und unterstützt von der »Krabbe« das Eis an einer besonders mürben Stelle zu brechen, war aber nur einige 100 m weit gekommen und drauf und dran, erneut aufzugeben und nach Uvkusigssat zurückzukehren. Nun aber würde es vorwärtsgehen. Eine riesige Eismasse hatte sich dank lebhaftem Südostwind in Bewegung gesetzt und eine neue Eiskante hinterlassen. Nun trennte nur noch ein 500 m breiter Streifen Meereis die Schiffe vom offenen Küstenwasser der Kamarujuk-Bucht. Den ganzen Tag und die folgende Nacht versuchte man, mit Hilfe von Dynamit eine Rinne durch die verbliebene Barriere zu sprengen, als sich das Eis morgens um 3 Uhr öffnete. »Aber nicht bei uns«, berichtet Wegener, »sondern weiter südlich! Alle Arbeit war umsonst, wir hätten ebensogut stilliegen und schlafen können. Warum verläuft die neue Rinne dort drüben und benutzt nicht unsere fast fertige Fahrrinne? Hier bei uns brauchen nur hundert Meter zu zerreißen und dort zerreißen tausend! Wie gleichgültig geht die Natur über unsere Leistung hinweg!« Der Weg aber war jetzt frei. Am 17. Juni um 7 Uhr morgens fiel der Anker in der Kamarujuk-Bucht. Die achtunddreißigtägige Wartezeit war zu Ende.

Noch am 17. wurde die ganze Decklast einschließlich der acht Pferde an Land gebracht und die Sachen, die zunächst in wirren Haufen auf dem schmalen, steinigen Strand lagen, hochwassersicher auf die Moräne gebracht und dort übersichtlich gestapelt. Neben diesem Depot wurde von den Isländern mit Drahtgittern ein Platz für die Pferde eingezäunt. Am 22. Juni war auch das Ausladen der zweiten Ladung beendet.

Als nächstes galt es, das Transportsystem in Gang zu bringen, um Proviant und Ausrüstung hinaufbringen zu können für die erste Schlittenreise, die 400 km ins Innere vorstoßen sollte. Während Kraus und Kelbl, die beiden Propellerschlittenmonteure, damit beschäftigt waren, das Funkgerät aufzubauen und Verbindung mit der nächsten Küstenfunkstelle – Godhavn – herzustellen und die Isländer begannen, schleunigst die Pferde zu beschlagen, um sofort anschließend das Expeditionsgepäck über die in der Sommersonne rasch dahinschmelzenden Schneereste der Moräne zum Gletscherfuß befördern zu können, gingen alle andern mit Spitzhacke und Schaufel hinauf in den Gletscherbruch, um einen Weg zu bahnen, den Pferde mit Traglasten gehen konnten. Dafür mußten lange Strecken aus den glatten Eiswänden ausgehauen und die Spalten an schmalen, günstigen Stellen mit Eisbruch verfüllt werden.

Zwischendurch war Wegener mit einem anderen wichtigen Unternehmen befaßt, das am 30. Juni begann. Mit der »Krabbe« fuhr er über den Umanaq-Fjord, um Hunde, Hundefutter, Schlitten und Grönländer zu sammeln für die große Schlittenreise ins Innere, von deren Gelingen oder Mißlingen es abhing, ob die zentrale Firnstation, später Station »Eismitte« genannt, verwirklicht und damit eine zentrale Aufgabe der Expedition gesichert werden konnte. Die Fahrt führte über Nugaitsiak ganz im Norden, am Ausgang des Kangerdlug-Fjords, nach Umanaq ganz im Süden der Bucht, von dort in deren südöstlichen Winkel, nach Ikerasak im Karajak-Fjord, und endete am 5. Juli früh wieder am Kamarujuk-Gletscher. Es war eine durch langwierige Verhandlungen in jeder einzelnen Ansiedlung anstrengende Rundreise von über 500 km, über die Wegener mit offensichtlichem Wohlwollen auch folgende Begebenheit mitteilt: »Bei der großen Reise ist seit Uvkusigsat eine Grönländerin mit zwei Kindern an Deck; sie will via Nugaitsiak nach Umanak (also etwa 250 km statt direkt 50 – U.W.). Flickt uns Kamikker und wäscht. Bekommt dafür Freifahrt.«

Als der Weg durch den Gletscherbruch fertig war, begannen die schwierigen und mühevollen Transportarbeiten, die wegen der anfänglichen Verzögerung von Beginn an unter starkem Zeitdruck standen. Der Transport bis zum Nunatak »Scheideck« in rund 1000 m Seehöhe erfolgte in 3 Etappen. In der ersten wurden die Lasten von einer unter Sigurđssons Leitung stehenden Gruppe, der außer einigen Grönländern noch Friedrichs, der Ingenieur Georg Lissey (1905–1964) und der Geophysiker Kurt Wölcken (*1904) angehörten, bis unter den Gletscherbruch in etwa 300 m Seehöhe gebracht und in der zweiten durch dieses schwierigste Wegstück hindurch befördert, was den Isländern Jon Jonsson und Gudmundur Gislason sowie Schif, Kelbl, Kraus, Herdemerten und Jülg oblag; sie hausten mit ihren Zelten in »Grünau«, einem Flecken Almwiese mit einem Bach auf halber Höhe des Gletschers zwischen der nördlichen Talwand und der Seitenmoräne. Den Transport über den dritten, oberen Teil des Gletschers bis zum Inlandeis selbst besorgten – von Grönländern unterstützt – Georgi, Loewe, Sorge, Holzapfel und der Geodät Karl Weiken (1895–1983), die ihre Zelte bereits bei dem Nunatak aufgeschlagen hatten. Gewöhnlich arbeitete man

Die Bewohner der Weststation

nachts, denn am Tage war es zu heiß für Mensch und Tier in der gleißenden Sonne.

Wegener selbst, wenn er nicht mit Gabrielsen auf der »Krabbe« unterwegs war, um nötig gewordene Nachbestellungen an Proviant oder Hilfskräften aufzugeben oder abzuholen, begab sich auf seinen Rundtouren an die verschiedenen Stellen dieser Transportkette, um durch eigenes Beispiel und durch seine Ermunterung die Arbeiten zu beschleunigen. Immer wieder erging er sich in Berechnungen, und er war sich lange unschlüssig, bis sich doch die Erkenntnis durchsetzte, daß ein Zeitverzug eingetreten war; sein Tagebuch enthüllt uns seine Ambivalenz: »Ich habe eine ausführliche Arbeits- und Hundeverteilung ausgearbeitet« (7. 7.), »Der Abschnitt Oberland (Loewe) beginnt so langsam zu arbeiten. ... Unser Heuhaufen schwindet beängstigend. Kriegen wir nicht noch rechtzeitig ein Telegramm fort wegen Heunachschubs, so gibt es eine Katastrophe, und vermutlich werden wir schon jetzt einige Pferde schlachten müssen« (8. 7.), »Sonderbar unökonomisch arbeitet unsere Organisation! Es ist natürlich die Arbeit mit den Propellerschlitten, die jede Regelung der Arbeit immer wieder sabotiert, weil sie plötzlich mehr Leute braucht, die von woanders hergeholt werden müssen.« (9.7.), »Nun sind wir gerade einen Monat in Kamarujuk. Das Ergebnis ist, glaube ich, weder besonders gut noch besonders schlecht ... Es herrscht Knappheit an Personal, und die Motorschlitten rücken nur langsam vorwärts und werden erst spät in Aktion treten können. Nun haben wir die Isländer noch eineinhalb Monate, höchstens zwei Monate, und die letzten Pferde werden nach drei Monaten geschlachtet werden. Es heißt dauernd, sich heranzuhalten, sonst kommt uns der Winter über den Hals« (17.7.); »Meine Depotkontrolle gibt ein sehr ungünstiges Bild vom Gesamtstand der Transporte. Wir schaffen doch nur etwa halb soviel wie vorgesehen, und dabei sind statt 70000 Kilogramm 94000 Kilogramm zu transportieren! Es muß ein gründlicher Wandel eintreten, sonst können wir es nicht schaffen." (19.7.) und schließlich »Die Aussichten sind im Augenblick nicht gut. Sicher ist nur, daß wir es bei der bisherigen Leistung *nicht* erreichen ... Wir vertragen jetzt keine weiteren Fehler!« (21.7.).

Nach langen Bedenken entschloß sich Wegener daher schließlich, einem Vorschlag von Sorge folgend auf der eisfreien Seitenmoräne des Aufstiegsgletschers zwischen »Grünau« und »Scheideck« einen anderen Weg für die Pferde anlegen zu lassen. Mitentscheidend für Wegeners Entschluß war auch die wegen der fortgeschrittenen Jahreszeit starke Abschmelzung auf dem Gletscher, die Tag für Tag Ausbesserungen am Eisweg erforderlich machte. Auch die von Wegener erdachte und im Vorjahr erfolgreich erprobte Methode, die Abschmelzung an ganz bestimmten Stellen durch Ausstreuen von Holzkohle noch zu fördern, um in das Eis geschlagene Stufen oder Tritte in ihrer Form zu erhalten, zeitigte nicht mehr die erhofften Ergebnisse.

Die Arbeit wurde am 22. Juli mit Hilfe neuangeworbener Grönländer – die Expedition beschäftigte jetzt deren 33 – begonnen, und bereits am 26.7. konnte der Expeditionsleiter feststellen: »Die Schlacht ist damit gewonnen, das Ergebnis übertrifft weit meine Erwartungen, und die Frage, ob wir den Moränenweg herrichten können, ist endgültig zu unsern Gunsten entschieden. Voraussichtlich werden wir in zwei Tagen mit dem eigentlichen Weg fertig, aber dann müssen noch Zugangswege von den Depots aus gemacht werden, bei denen es die unangenehme Eismoräne zu überwinden gilt.«

Der Bau des Moränenwegs – nach fast vierwöchiger Unentschlossenheit von Wegener nun gegen unbegründete Bedenken einiger Expeditionsmitglieder forciert – und die Leistungsfähigkeit der neuen Methode wurden zum entscheidenden Wendepunkt des Transportgeschehens, der schließlich das Gelingen der Expedition überhaupt garantierte.

Bereits am 15. Juli war Georgi in Begleitung von Loewe, Weiken und 10 Grönländern mit 12 Hundeschlitten von »Scheideck« aufgebrochen, um in Zentralgrönland mit dem Bau der Überwinterungsstation zu beginnen und vor allem die geplanten meteorologischen Beobachtungen in Gang zu bringen, ein zentrales Anliegen in Wegeners Expeditionsplan, zumal an der Weststation die Registrierungen bereits seit Mitte Juni liefen. Am 27. war Loewe wieder zurück, der sich bei Kilometer 200 planmäßig von den andern getrennt hatte, und erzählte, er habe nur 12 anstatt 17 Tage gebraucht, für den Rückweg nur 3 mit einer Tagesleistung von 105 km am letzten. Das waren Erfolge ganz im Sinne Wegeners Zugleich aber erwuchs dem Expeditionsleiter die dringliche Aufgabe weiterer Nutzlasttransporte ins Innere. Nach Wegeners Berechnung mußten noch mindestens 5000 kg nach »Eismitte«, um die Existenz der Station während des Polarwinters zu sichern und ihren wissenschaftlichen Betrieb zu ermöglichen.

Am 2. 8. erhielt Wegener durch ein Telegramm die Nachricht, daß auch bei der Ostgruppe wegen des späten Aufgehens des Meereises Terminverzögerungen beim Aufbau der Station am Scoresby Sund eingetreten waren. Die Teilnehmer dieser Expeditionsgruppe waren der Meteorologe Walther Kopp (*1901) als Leiter, der Zoologe Hermann Benedikt Peters (*1907) und der Ingenieur Arnold Ernsting, und man befürchtete sogar, die Station vor Beginn des Polarwinters gar nicht mehr betriebsbereit herrichten zu können.

Für die notwendigen Nutzlasttransporte nach »Eismitte« rechnete Wegener auf Transportleistungen der zwei Propellerschlitten, mit deren Montage in wenigen Tagen begonnen werden sollte. Indes stand für den Expeditionsleiter auch fest, daß die Leistungsfähigkeit dieser neuartigen Fahrzeuge eine große Unbekannte war. Am 6. August schrieb er daher: »Meine Befürchtungen dauern an. Der August bringt die Entscheidungsschlacht, ich muß gestehen, daß ich ihr mit Besorgnis entgegensehe, namentlich im Hinblick auf die zentrale Firnstation. Wir brauchen neue Reserven, um sie in den Kampf zu werfen. Aber woher nehmen? Ich bin bald mit meinem Latein am Ende. Ich habe Angst, richtige Angst, daß wir es nicht schaffen!« Und drei Tage später meint er: »Wir wollen uns nicht beirren lassen und ruhig weiterarbeiten. Was es mir leicht macht, über all die zahllosen kleinen Widerwärtigkeiten des täglichen Lebens hinwegzukommen, das ist doch die große Aufgabe, die vollendet werden soll. Hinge alles allein von meiner eigenen Arbeitskraft ab, so würde ich diesen Schwierigkeiten gern die Stirn bieten.«

Am 7. August war Weiken von »Eismitte« kommend wieder da. Mit ihm kamen die vier von ihren Landsleuten begeistert empfangenen Helden Johann Davidson, Johann Abrahamsen, Hansi Andreasen und Karli Villumsen, die das »Sermersuaq« (Inlandeis) bezwungen hatten und die ersten Grönländer waren, die bis »Eismitte« gelangt waren. Die Gruppe war südlich dem vorjährigen Zeltplatz »Am Bach« mit Loewe zusammengetrof-

Überwinterungshaus der Weststation

Weststation vier Wochen nach dem Hausbau: Unter Schnee begraben

fen, der tags zuvor mit 8 Schlitten zu einer zweiten Versorgungsfahrt für »Eismitte« aufgebrochen war.

Eine Inspektion des Gletscherbruchs, wo sich alle Spalten derart verbreitert hatten, daß sie mit Lasten nicht mehr zu passieren waren, führte Wegener am 14. August das Ende des Eiswegs eindrucksvoll vor Augen, während zugleich die Lasttransporte über den Moränenweg zuverlässig fortschritten. Bis zum 20. war der Bereich vor der Gletscherzunge bis auf Reste vom Expeditionsgepäck geräumt, das über die verschiedenen Zwischendepots verteilt entlang dem Aufstiegsweg lag, und am 26. befand sich fast das ganze Gepäck schon oberhalb des Bruchs.

Am 27. August, 2 Tage nach Loewes Rückkehr von der zweiten Versorgungsreise nach »Eismitte«, bestimmte Wegener bei „Scheideck" einen Platz, an dem das Winterhaus der Weststation errichtet werden sollte. Und als er am 29. erneut nach »Scheideck« kam, überraschte ihn das Motorengeräusch eines Propellerschlittens. »Das war Musik!«, berichtet er begeistert.

»Wir standen festgebannt und lauschten andächtig, bis der Probelauf beendet war. Noch zweimal ertönte diese Sphärenmusik, und jedesmal packte es mich so, daß ich stehenblieb und lauschte, bis der Motor wieder abgestellt wurde. Ich hatte das Gefühl: Hier wird ein Traum Wirklichkeit! ... Die Pferde auf dem Gletscher, die Hunde- und Propellerschlitten auf dem Inlandeis, das ist das Richtige. Wir beginnen eine neue Epoche der Polarforschung ... Was wir hier tun, das ist das unmittelbare Programm der künftigen Südpolarforschung. Wie wundervoll, daß wir es sein dürfen, die diesen bahnbrechenden, ja – nach den vielen Flugzeugunfällen im Polargebiet – erlösenden Schritt tun.«

Eismitte. Seit der Abreise Weikens und seiner 4 Grönländer am 1. 8. 1930 war Georgi in »Eismitte« allein. Tags zuvor hatten die Männer gemeinsam die Instrumente aufgebaut und in Gang gesetzt und um 21.00 Uhr desselben Tages beginnen die meteorologischen Terminbeobachtungen, die zusammen mit gleichzeitigen und gleichartigen Beobachtungen an der West- und der Oststation das Gerüst der ganzen Beobachtungstätigkeit bilden sollten.

Da das Überwinterungshaus in »Eismitte« noch fehlte, schlief Georgi im mitgebrachten Zelt. Tagsüber fand er es dort erträglich, des Nachts aber war es schon empfindlich kalt. Am 2. 8. begann er damit, im Firn einen unterirdischen Raum auszuheben, der den Meßinstrumenten Schutz vor abruptem Temperaturwechsel bieten sollte und in dem auch die Ballone für aerologische Messungen gefüllt werden sollten. Am 10. 8. wurde deren erster gefüllt, und zwar mit Wasserstoffgas, das mittels Wasser aus mitgeführtem Kalziumhydrid gewonnen wurde. Allerdings mußte das heiße, mit Wasserdampf gesättigte Gas, das in diesem Zustand die Ballonhülle zerstört hätte, zuvor gekühlt und getrocknet werden. Mit den ausgehobenen Firnblökken begann Georgi den Bau einer Mauer als Schutz gegen das wider Erwarten häufige Schneefegen.

Die erste Schlittenreise brachte eine Nutzlast von 769 kg nach »Eismitte«. Weitere 120 kg hatte man an Wegzeichen geladen und damit ab km 25 die Route markiert; alle 5 km durch eine Schneepyramide mit großem Wegzeichen und alle 500 m dazwischen durch schwarze Fähnchen. An Zwischendepots bei km 25 und km 200 hatte man weitere 340 kg an Ausrüstungsgegenständen und 200 kg Proviant liegengelassen, um bei der schlechten Schlittenbahn die Hunde nicht zu überlasten.

Am 18. August kam die zweite, von Loewe geleitete Versorgungspartie nach »Eismitte« und brachte 911 kg Nutzlast. Loewe und die mit ihm reisenden Grönländer hatten die Strecke bis »Eismitte« in der neuen Rekordzeit von 12 Tagen bewältigt und kehrten ohne Pause noch am selben Tag um.

Die dritte Schlittenreise mit Sorge, Jülg, Wölcken und 7 Grönländern traf am 13. 9. in »Eismitte« ein. Sie brachte 1528 kg Nutzlast mit. Nach fast 7wöchiger Einsamkeit war nun für Georgi das Alleinsein zu Ende, denn Sorge blieb zu wissenschaftlicher Arbeit in der Station.

Kurz nach ihrer Abreise am 29. 8. war die Hundeschlittengruppe in etwa 12 km Randabstand von den beiden Propeller-

Motorschlitten auf dem Inlandeis

schlitten eingeholt worden. Wegener hatte es sich nicht nehmen lassen, diese erste Lastfahrt der blitzeblanken und knallrot lackierten Fahrzeuge mitzumachen, deren jedes 450 kg Nutzlast geladen hatte, dazu Proviant, Reisezelt und 200 kg Benzin. Schon am Morgen desselben Tages war der Expeditionsleiter, als er in »Scheideck« eintraf, durch den Probelauf der auf die Namen »Eisbär« und »Schneespatz« getauften Motorschlitten überrascht worden. Er versprach sich von den 112-PS-Fahrzeugen, einer Sonderanfertigung der Finnischen Staatlichen Flugzeugfabrik in Helsinki, trotz der fortgeschrittenen Jahreszeit noch erhebliche Transportleistungen zugunsten der Station »Eismitte« und wähnte das Transportproblem gelöst.

Als er daher, geschützt vor Wind und Wetter, neben Schif auf gepolstertem Sitz im »Schneespatz« sitzend und neben den im »Eisbär« reisenden Kelbl und Kraus in rauschender Fahrt über Grönlands Eisdecke glitt, schrieb er begeistert ins Tagebuch: »Ja, nun ist ein Traum Wirklichkeit geworden. Ich bin, gemütlich in geschlossener Kabine sitzend und Pfeife rauchend, auf das Inlandeis gefahren. Eine unerhörte Schlemmerei ist das Ganze. Es kommt mir noch immer ganz unwirklich vor. Wir haben nur selten und auf kurze Augenblicke Vollgas gegeben und haben alle den Eindruck, daß die Schlitten ungefähr das leisten, was wir von ihnen erwarten.«

Georgi in »Eismitte« indes wunderte es ebenso wie die eintreffenden Expeditionskameraden, daß die Propellerschlitten die Gruppe im Verlauf ihres weiteren Vorrückens nicht erneut ein- und überholt hatten. Die Ursache erfuhren Wölcken und Jülg, als sie auf der Rückreise am 17. September bei km 200 auf die vier Motorschlittenfahrer stießen.

Beginnend am 30. 8. hatte es, während die Hundeschlittengruppe weiter ins Innere zog, zwei Tage lang gestürmt und geschneit. Dreißig Zentimeter Neuschnee hatte die nach dem Innern führende Spur, die bis km 25 ein breiter Fahrweg geworden war, den man nicht zu verfehlen glaubte, unkenntlich gemacht. Die Motorschlittenfahrer waren vom Weg abgekommen und mußten, nachdem sie mit Mühe und einigen Irrfahrten zurückgefunden hatten, von ihrem Vorhaben ablassen, bis km 200 vorzustoßen.

Auch die nächsten Tage hatten keine Fortschritte gebracht. Die an ansteigenden Hängen zu schwachen Motoren, das Festfrieren der Kufen beim Anhalten im Firn und vor allem der bak-

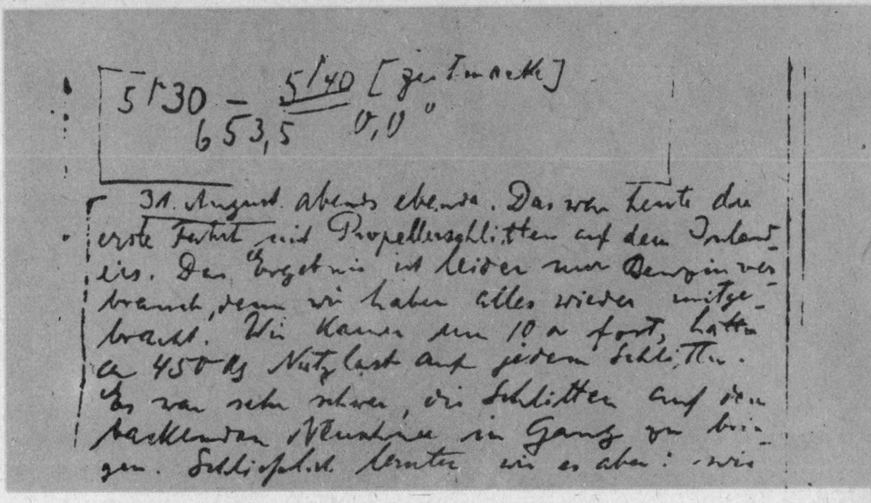

31. August abends ebenda. Das war heute die erste Fahrt mit Propellerschlitten auf dem Inlandeis. Das Ergebnis ist leider nur Benzinverbrauch, denn wir haben alles wieder mitgebracht. Wir kamen um 10 a fort, hatten ca 450 kg Nutzlast auf jedem Schlitten. Es war sehr schwer, die Schlitten auf dem backenden Neuschnee in Gang zu bringen. Schließlich lernten wir es aber: wir

Tagebucheintragung Wegeners vom 31. 8. 1930

kende Neuschnee waren Probleme, die die Schlittenbesatzungen erst zu meistern lernen mußten. »Ach ja«, schrieb Wegener am 2. 9., »acht Tage früher, und alles wäre glatt gegangen«; zwei Tage später: »Der August hat die Entscheidung, die Transporte für die Randstation betreffend, gebracht, und sie ist jetzt wohl endgültig zu unseren Gunsten entschieden. Aber das Entscheidungsringen, betreffend die Station »Eismitte«, ist noch im Gange. Dieser Teil der Schlacht steht nicht gut, und so wird erst der September endgültig zeigen, ob die Expedition glückt oder nicht.«

Erst am 5. September war es geglückt, nach 6½stündiger Fahrt km 85 zu erreichen, wo die hauptsächlich aus Benzin bestehende Last deponiert wurde, und am 7. September konnte man bei gutem Wetter Petroleum zum Heizen und Teile des Winterhauses bis km 50 fahren. An den folgenden Tagen, Wegener war zur Weststation zurückgekehrt und an seine Stelle war erst Weiken, dann Lissey getreten, war es der Mannschaft unter Ausnutzung jeder Fahrgelegenheit gelungen, 1400 kg für die Station »Eismitte« bestimmte Last, darunter das Überwinterungshaus, 500 Liter Petroleum sowie wissenschaftliche Instrumente, nach Kilometer 200 zu bringen. Dort, für die Motorschlitten nur eine Tagesreise vom Ziel aller Bemühungen entfernt, lagerten die vier, als Wölcken, Jülg und die 7 Grönländer heimziehend eintrafen.

In »Eismitte« hatte man sich indessen den Umständen entsprechend eingerichtet. Da das Überwinterungshaus noch immer fehlte, hatten Georgi und Sorge die Firnhöhle vergrößert und einen großen Raum ausgegraben, in dem sie, tief unter der Oberfläche, das Zelt aufstellten.

Am 21. 9. erreichten die rückkehrenden Teilnehmer der 3. Versorgungsreise für »Eismitte« wieder die Randstation. Über das Ergebnis der Motorschlittenfahrt konnten sie Wegener nichts berichten, doch stand für den Expeditionsleiter längst fest, daß sich seine hochgesteckten Erwartungen hinsichtlich deren Beitrags für die Transportleistung nicht erfüllen würden. »Es ist unmöglich, die zentrale Firnstation in der vorgesehenen Weise auszurüsten«, schrieb er schon am 6. 9. in sein Tagebuch, und er fährt fort: »Wir können doch nicht die Besatzung der Station zurücknehmen! Das wäre doch für das ganze Programm eine Katastrophe! Wir müssen, koste es was es wolle, eine Hundeschlittenreise von solcher Dimension ausrüsten, daß das Notwendige bereits durch Hundeschlitten allein hineingeschafft wird. Koste es, was es wolle ... Das ist die größte und fatalste Krise, die die Expedition durchzumachen hat. Ob wir sie in Ehren bestehen können, erscheint zweifelhaft und hängt davon ab, ob es uns gelingt, noch eine – genügend große – Hundeschlittengruppe aufzustellen. Die letzten Reserven müssen herangezogen werden«. Tagelang beschäftigten Wegener daher Pläne für eine vierte Hundeschlittenreise, um so die Winterversorgung von »Eismitte« endgültig sichern zu können.

Die von »Eismitte« Kommenden hatten Briefe mitgebracht. Der eine enthielt eine Liste noch benötigter Ausrüstungsgegenstände, von Georgi und Sorge zusammengestellt unter Verzicht auf das Winterhaus, wodurch 500 kg für wissenschaftlichen Nachschub frei wurden, der andere die Mitteilung, daß man, wenn überhaupt gar kein Nachschub mehr eintreffen würde, die Station am 20. 10. aufgeben und zu Fuß den Rückweg nach Westen antreten müsse.

Da wichtige Entscheidungen abzusehen waren, entschloß Wegener sich, die vierte Schlittenreise selbst zu führen und für die Zeit seiner Abwesenheit die Leitung der Weststation an Karl Weiken zu übertragen. Er rechnete, die Reise nach »Eismitte« und zurück in etwa 30 Tagen zu beenden. Nachdem die von

Die oberirdischen Bauten der Station »Eismitte«

Georgi und Sorge gewünschten Sachen von Kamarujuk heraufgeschafft waren, startete die Abteilung am 22. September mit Wegener, Loewe und 13 Grönländern sowie mit 15 Hundeschlitten. Auf jeden der Hunde kam, wie bei Transportreisen üblich, ein Gewicht von 35–40 kg. Ein volles Gespann beförderte daher sechs bis sieben Zentner Last, die sich durch den Verbrauch an Hundefutter und Proviant allmählich verringerte.

Am ersten Tag kam die Abteilung bis 17 km Randabstand, und am 23. 9. erreichten die schwerbeladenen Schlitten bei sommerlich warmem Wetter den km 40.

Am Morgen des nächsten Tages gab es ein unerwartetes Zusammentreffen mit der auf »Eisbär« heimkehrenden Gruppe der Motorschlittenfahrer, die die Nacht nur 3 km entfernt verbracht hatte. Wegener erfuhr, daß die vier Männer infolge Nebels und Schneetreibens tagelang bei km 200 gelagert hatten und eintretender Proviantmangel sie schließlich, nur eine Tagesreise von »Eismitte« entfernt, gezwungen hatte aufzustekken. Zu fünft hockten sie im Zelt, erzählten, rauchten, aber bald schon waren Wegeners Gedanken damit beschäftigt auszurechnen, welcher Teil der Last für die in Zentralgrönland arbeitenden Männer tatsächlich unentbehrlich war. Er deponierte einen Teil seiner Schlittenlast, um dafür den größten Teil des bei km 200 liegenden Petroleums nach »Eismitte« zu bringen, und zeigte sich zufrieden, daß diese Last mit Hilfe der Propellerschlitten wenigstens so weit hatte gebracht werden können.

Am selben Tag kamen die Männer noch 10 km weiter. Im Westen sahen sie eine Decke gleichmäßig grauer Schichtwolken heraufziehen. Schneefall drohte!

Am nächsten Morgen herrschte am Lagerplatz bei km 50 dichter Nebel und starker Schneefall, derselbe, der auch die Motorschlittengruppe tagelang im Zelt festgehalten hatte. Lautlos fiel der Schnee 2 Tage lang in dicken Flocken und deckte Schlitten und Hunde zu. Erst am 27. September ging es weiter. Kurz nach dem Aufbruch passierte die Gruppe den infolge Motorschadens havarierten »Schneespatz«, der von der Besatzung aufgegeben worden war. Das Wetter war sonnig und klar, doch der trockene Schnee führte zu unzähligen Stockungen. Gegen Abend frischte der Wind auf, und es wurde kälter. Als man bei km 62 das Lager aufschlug, jagte bei 27 Grad Kälte der Ostwind Schneeschleier über die weiße Einöde.

Am Morgen des 28. kamen die Grönländer zu Wegener und erklärten bedächtig, daß sie umkehren wollen. Einen der ihren, Ole Kruse, dessen Schlitten havariert war, hatte der Expeditionsleiter bereits bei km 40 mit den Motorschlittenleuten heimgeschickt. Es bedurfte langwieriger Verhandlungen, bis Wegener 4 der Grönländer gegen eine höhere Bezahlung zur Weiterreise bewegen konnte. Es waren Nikola Sakiussen, Johann Amossen, Detlev Frederiksen und Rasmus Villumsen (1909–1930), der Vetter von Karli Villumsen, der als einer der ersten Grönländer bis ins Herz des Inlandeises vorgestoßen war. Die übrigen 8 zogen wieder zur Küste. Wegener gab ihnen einen Brief an Weiken mit, in dem es in klarer Einschätzung der Situation heißt: »Meine Befürchtung ist eingetroffen. Nicht nur sind die Propellerschlitten nicht weiter gekommen als bis 200, auch unsere Schlittenreise ist durch die Ungunst des Wetters zusammengebrochen. Von den zwölf Grönländern, die nach Oles Fortgang noch blieben, fahren heute acht nach Hause. Es hat große Mühe gekostet, die anderen vier bei uns zu halten. Und ob es gelingt, mit ihnen bis 400 zu kommen, muß sich noch zeigen. Wir haben heute früh –28,2°, Schneefegen und Gegenwind, eine liebliche Witterung ... Wir versuchen, jetzt das fehlende Petroleum nach 400 hineinzubringen, sonst nur Kleinigkeiten. Ob Sorge und Georgi dann dort bleiben oder mit uns hinausfahren, muß sich noch zeigen. Wenn es geht, möchte ich ja die Station den Winter über halten, aber auch nur dann! Das Haus können wir nicht hineinbringen, aber darauf wollten sie ja verzichten. Das Ganze ist eine schwere Katastrophe, und es nutzt nichts, es sich zu verheimlichen. Es geht jetzt ums Leben. Ich will Sie nicht bitten, etwas für die Sicherung unserer Rückreise zu tun. An Depots ist ja kein Mangel. Die einzige Hilfe, die Sie bieten könnten, wäre psychologischer Art, wenn wir einer ausfahrenden Abteilung begegneten. Aber das wäre im Oktober wieder mit beträchtlichem Risiko für diese Entsatzabteilung verbunden. Sorges Plan, am 20. Oktober mit Handschlitten abzumarschieren, halte ich für undurchführbar. Sie würden nicht durchkommen, sondern unterwegs erfrieren. – Wir werden tun, was wir können, und brauchen ja die Hoffnung noch nicht aufzugeben, daß es gut geht. Aber mit den guten Reisebedingungen dürfte es jetzt endgültig vorbei sein. Schon die Reise hierher war sehr hart, und was uns bevorsteht, ist jedenfalls keine Vergnügungsfahrt.« Ferner teilte Wegener mit, daß er hoffe, am 14. Oktober in »Eismitte« und am 25. Oktober wieder bei der Weststation zu sein und bittet, alle Expeditionsarbeiten in Ruhe weiterzubetreiben.

Die Umstände zwangen Wegener, die Nutzlast erneut stark zu verringern. Wieder mußten die Sachen umgepackt werden, und wieder ging dadurch ein Reisetag verloren, denn es galt, das verfügbare Nutzlastgewicht sorgfältig zu berechnen, die Kisten zu öffnen, das Notwendigste herauszunehmen, zu wiegen und neu zu verpacken. Am 29. 9. reisten Wegener, Loewe und die Grönländer mit sechs Schlitten, 69 Hunden und mit knapp 2000 kg Last weiter nach Osten. Obwohl nun gutes Wetter die Schlittenreise begünstigte, kamen die Forscher wegen des tiefen Schnees nur langsam vorwärts. Am 1. Oktober erreichten sie 120 km Randabstand. Trotz zeitigen Aufbruchs hatte man bis zur Dunkelheit nicht mehr als 15 km zurückzulegen vermocht.

Bei der 120-km-Warte äußerte Frederiksen, der älteste der Grönländer, umkehren zu wollen. Als am 2. Oktober wieder Nebel und Schneefall die Weiterreise verhinderte, entschloß Wegener sich daher, fast alle Nutzlast zurückzulassen und nur das am dringendstem benötigte Petroleum nach »Eismitte« zu bringen, wovon die Propellerschlitten bei km 200 genügend hinterlegt hatten.

Am 3. Oktober kamen die sechs Männer bis km 126, am 4. bis km 140 und am 5. bis an 151. Trotz aller Anstrengungen vermochte man in der Stunde kaum zwei Kilometer zurückzulegen. Die Hunde versanken bis zum Bauch und konnten sich vielfach nur springend vorwärtsbewegen. Man ließ den ersten Schlitten fast ohne Last fahren und den Weg bahnen, auf dem die anderen, die der Reihe nach schwerer und schwerer beladen waren, folgten.

Am Abend des 5. 10. kam Frederiksen, durch das Vorausfahren erschöpft, erneut und erklärte, daß die Grönländer nunmehr endgültig umzukehren wünschten. Wegener kam dies insofern entgegen, als ihm gerade bewußt geworden war, daß er durch den langsamen Fortschritt der letzten Tage nicht genug Futter und Proviant hatte, um mit der ganzen Kolonne »Eismitte« zu erreichen. Andererseits kosteten ihn die folgenden Verhandlungen und das abermals nötige Umpacken wieder einen der wertvollen Reisetage. Am 7. 10. schließlich erklärte sich Rasmus Villumsen, der mit Loewe bereits zweimal in »Eismitte« gewesen war, bereit, die beiden Wissenschaftler weiter zu begleiten.

So trennten sich die Abteilungen. Wegener gab den drei nach Westen fahrenden Grönländern einen Brief an Weiken mit, in dem es heißt: »Der weiche tiefe Neuschnee hat unsere Marschgeschwindigkeit sehr herabgesetzt: 1. Okt. 15 km, 2. Okt. 0, 3. Okt. 6 km, 4. Okt. 14 km, 5. Okt. 11 km. Hierdurch ist unser Programm wieder über den Haufen geworfen. Wir schikken nun drei Grönländer nach Haus. Ich hatte jedem eine Expeditionsuhr versprochen, falls sie bis 200 durchhielten. Da wir sie jetzt von uns aus heimschicken, bitte ich Sie, ihnen die versprochenen Uhren auszuhändigen und Sorge zu tragen, daß auch für Rasmus, der uns weiterbegleitet, eine Uhr bereitliegt ...

Wir reisen von hier mit drei Schlitten weiter, die später auf zwei reduziert werden sollen, und hoffen so, wenn auch praktisch ohne Nutzlast, Georgi und Sorge zu erreichen, sei es bei Station ›Eismitte‹ oder schon auf dem Rückmarsch.« Ferner teilte Wegener mit, daß damit die Aufrechterhaltung der Station gesichert ist, da er und Loewe entschlossen seien zu überwintern, falls Georgi und Sorge dies nicht wollten, und bat Weiken, etwa am 10. 11. von »Scheideck« eine Entsatzabteilung in Gang zu setzen, die auf eine Wartezeit bei km 62 bis 1. Dezember eingerichtet sein soll; schließlich schreibt er: »Es geht uns gut, bisher keine Erfrierungen, wir hoffen auf guten Ausgang. Lassen Sie und Ihre Kameraden sich nicht in der Verfolgung der wissenschaftlichen Aufgaben beirren.«

Wegener, Loewe und Villumsen dagegen zogen nach der Trennung von den 3 Grönländern nach Osten weiter. Langsam nur, sehr langsam, ging es vorwärts. Am 7. Oktober kamen die Männer bis km 160, am 8. bis km 165, am 9. bis km 170. Das Wetter war neblig aber verhältnismäßig milde, die Bahn blieb schlecht.

Da fiel strenger Frost ein; 30 bis 40 Grad. Entgegen seiner Gewohnheit entschied Wegener sich für einen Rasttag, da der Weg ihn angestrengt hatte und er bei dem kräftigen Gegenwind Erfrierungen im Gesicht befürchtete.

Im Ergebnis langer Erörterungen ergab sich, daß noch Lebensmittel für 14 Tage vorhanden waren und man damit bei einer mittleren Marschleistung von 15 km täglich »Eismitte« kaum erreichen konnte. Der Entschluß zur Umkehr müßte bei gleicher Marschgeschwindigkeit spätestens bei km 230 gefaßt werden, da man den auf der Strecke liegenden Notproviant, auf den Georgi und Sorge möglicherweise angewiesen waren, nicht angreifen durfte. Die beiden Wissenschaftler vor deren Abmarsch am 20. 10. in »Eismitte« noch zu erreichen, erschien Wegener unmöglich. Schließlich entschloß man sich, bei km 230 Proviant niederzulegen und umzukehren.

Am 11. Oktober hatten sich die Schneeverhältnisse gebessert. Etwas Hundefutter und den letzten Rest des wissenschaftlichen Materials zurücklassend, zogen die Männer los und kamen trotz des nach Liegetagen üblichen späten Aufbruchs verhältnismäßig leicht noch zehn Kilometer weiter. Nun erschien es ihnen doch wieder möglich, bis zum Zusammentreffen mit Georgi und Sorge weiterzureisen. Sie entschlossen sich daher wieder anders, holten am 12. 10. das bei km 170 hinterlegte Hundefutter und den Proviant sowie einen Teil der für Georgi und Sorge bestimmten Post nach und kamen am selben Tag noch 5 km weiter. Am 13. 10. endlich trafen sie bei km 200 ein, wo neben der von Georgi und seinen grönländischen Helfern am 23. 7. aufgestellten Wetterhütte in drei großen Depots die für »Eismitte« bestimmten Sachen lagen: Petroleum, Benzin und das Überwinterungshaus.

Trotz günstiger Witterung kam die Gruppe am 14. 10. nicht von km 200 fort, weil notwendige Arbeiten wie das Neuordnen der Depots und das Ingangsetzen von Registrierinstrumenten zu viel von der knappen Tageszeit wegnahmen. Die Tage waren ohnehin kurz genug zu dieser Zeit, und der Vormarsch dehnte sich daher regelmäßig bis in die Dunkelheit aus. Der Zeltbau und das Entwirren der verknoteten, vereisten Zugleinen waren unter diesen Bedingungen besonders schwierig. Es war Wegener, der sich stets schon beim ersten Morgengrauen erhob. Er, der von den drei Männern bei weitem am wenigsten Schlaf benötigte, war es daher auch, dem in diesen Tagen die Aufgabe zugefallen war, das Morgenmahl zu bereiten.

Nachdem sie am 15. Oktober bei schönem Wetter wieder gut vorangekommen waren, passierten die Männer am 16. den km 230 und beschlossen, da der Fortschritt von 15 km täglich ihrem Plan entsprach, weiterzureisen. Der Rückweg aber war ihnen jetzt abgeschnitten, da der nächsterreichbare Proviant bei km 62 lag.

Weiterhin verlief die Reise planmäßig. Das Wetter bei Temperaturen zwischen –20 °C und –30 °C und meist schwächerem Gegenwind wurde als angenehm empfunden. Die ganze, nach langer Überlegung ausgewählte Nutzlast der Reisenden bestand lediglich noch aus einem Tank mit 40 Liter Petroleum, einem Zweimannzelt, einem Segeltucheimer, einer Schaufel und einer Laterne. Ab km 280 wurde auch die Schlittenbahn besser.

Am 20. 10., dem Abmarschtermin Georgis und Sorges von »Eismitte«, erreichte die Gruppe km 292. Wegener rechnete damit, die ausziehenden Wissenschaftler am 24. bei km 335 zu treffen.

Wie vorgesehen erreichten die 3 Männer bei täglichen Märschen von knapp 15 km den km 335 in 2900 m Meereshöhe am 24. 10. Dort lagerten sie und warteten bei Temperaturen, die jetzt auch tagsüber unter –40 °C lagen, den ganzen nächsten Tag auf ihre Expeditionskameraden. Bei Dämmerung, die gegen 16 Uhr eintrat, und nachdem der Wind abgeflaut war, traten sie vor das Zelt und blickten nach Osten. Nichts zeigte sich dort.

Aufgeschlossen, wie ihn kaum jemand gesehen hatte, sprach Wegener von seinem Glauben an den Sinn der menschlichen Entwicklung, an die Erlösung der Menschheit durch Erkenntnis, an der mitzuwirken die Richtschnur seines Handelns sei.

Der Weitermarsch der drei wurde mehr und mehr eine Flucht nach vorn, vor allem des knappen Hundefutters wegen. Ein erneuter Temperatursturz ließ die Temperatur auf unter –50 °C sinken, und an keinem der folgenden Tage war das Temperaturmittel höher. Die ausgeatmete Feuchtigkeit gefror augenblicklich mit knisterndem Geräusch zu winzigen Kriställchen, die, da die Luft bei dieser Temperatur mit Wasserdampf übersättigt war, die Karawane ständig in eine kilometerlange Wolke hüllten.

Am 26. Oktober kamen sie bis km 348, am 27. bis km 360. Am Abend dieses Tages bemerkte Loewe, daß seine Zehen an beiden Füßen empfindunglos waren. Wegener begann sofort mit stundenlanger Massage und setzte seine Tätigkeit auch an den nächsten Tagen jeden Morgen und jeden Abend fort. Entgegen den Erwartungen wurde die Bahn noch besser, und ab km 360 bestand sie in einer windgepreßten Harschschneekruste, die meist so hart war, daß sie die Hunde und selbst einen Fußgänger gut trug.

Am 28. verbrauchte man bei km 376 in 2995 m Meereshöhe die letzte halbe Portion Hundefutter; am 29. wollte man »Eismitte« unbedingt erreichen. Aber die Männer fanden die Fahnen in der Dunkelheit nicht mehr und mußten bei km 391 liegenbleiben. Da sie die ganze Nutzlast bei km 310 zurückgelassen hatten, besaßen sie am Morgen des 30. nicht einmal mehr Petroleum. Über Hartspiritus wurde der letzte Proviantrest, ein wenig Blutpudding, erwärmt, dann legten sie bei −52 °C und im Nebel die letzten Kilometer zurück. Voran Villumsen, der dennoch stets am schwersten geladen hatte, dann Wegener und schließlich Loewe.

So kamen sie um 11 Uhr bei der Station an. Von Georgi und Sorge empfangen, krochen sie in die Firnhöhle und saßen ein Weilchen wie benommen in der ihnen paradiesisch anmutenden Wärme von −5 Grad.

Die beiden Forscher hatten sich inzwischen in »Eismitte« häuslich eingerichtet und ihr umfangreiches meteorologisches und glaziologisches Programm erfolgreich in Gang gebracht. Als die Temperatur am 5. 10. erstmals unter −40 °C gefallen war, waren sie vom Zelt in die Firnhöhle umgezogen. Die Räumlichkeit unter der Schneeoberfläche wurde in der Folgezeit durch Anlage weiterer Gänge und Räume erweitert und für die Überwinterung eingerichtet. Während ihnen Mitte September noch eine Überwinterung mit der derzeitigen Ausrüstung ausgeschlossen vorgekommen war, hatten sie damit Erfahrungen sammeln können, die sie ihnen möglich erscheinen ließ, und als bis zum 27. 10. niemand kam, eine Woche nach ihrem ins Auge gefaßten Termin, faßten sie nach gründlicher Überlegung den Entschluß, wegen der Bedeutung der zentralen Firnstation in Wegeners Expeditionsplan den ganzen Winter über in »Eismitte« zu bleiben.

Zwei Nächte verbrachten die Männer zu fünft in der Firnhöhle. Wegener hielt es für das richtigste, daß Loewe, dem an

Das letzte Foto: Alfred Wegener und Rasmus Villumsen am 1. 11. 1930

den letzten Reisetagen in der erbarmungslosen Kälte die Zehen an beiden Füßen erfroren waren, in »Eismitte« blieb, wo er in Ruhe gepflegt werden sollte. Der Expeditionsleiter war frisch, froh und gesund, und stolz, die vierzigtägige Schlittenreise glücklich durchgeführt zu haben, die seine Energie keineswegs erschöpft, sondern im Gegenteil erst richtig angefacht zu haben schien.

Am 1. November feierten die fünf Männer auf »Eismitte« zusammen den 50. Geburtstag Wegeners. Noch am selben Tag begaben sich Villumsen und der Expeditionsleiter mit 17 Hunden, 2 Schlitten, einer Kanne Petroleum und 135 kg Lebensmitteln auf die Rückreise nach der Weststation. Die beiden sind dort nicht eingetroffen.

Erinnerungen. Weder in »Eismitte« noch an der Weststation wußte man etwas vom Schicksal des Expeditionsleiters. Anders als vorgesehen war wegen der Transportschwierigkeiten das Funkgerät nicht nach »Eismitte« gekommen, so daß die Gruppen während der Wintermonate keinen Kontakt hatten. Wie verabredet warteten Weiken, Kraus und die Grönländer Mathius Simeonsen und Johann Villumsen, der Bruder von Rasmus, am km 62 und schoben ein Depot noch bis km 80 vor. Erst als am 7. 12. 1930, eine Woche nach dem von Wegener angegebenen äußersten Termin, noch immer niemand eingetroffen war, gaben sie ihren Posten auf und zogen sich zurück, so daß man an der Weststation zu der Ansicht kam, Wegener würde wegen der Risiken einer Rückreise in »Eismitte« überwintern, während Georgi, Loewe und Sorge glaubten, Wegeners Rückreise sei geglückt.

Fast gleichzeitig trafen am 7. Mai 1931 die beiden inzwischen überholten Propellerschlitten und eine von Weiken geführte Hundeschlittenreise in »Eismitte« ein, um die Station mit Lebensmitteln und Brennstoff zu versorgen. Das Zusammentreffen der Kameraden gab allen eine traurige Gewißheit über das Schicksal des Expeditionsleiters und seines Gefährten. Am Mittag des 8. Mai wurde die inhaltschwere Meldung in den Äther getastet.

Die in »Eismitte« versammelten Expeditionsmitglieder traten zusammen und legten die weiteren Maßnahmen fest. Georgi blieb allein in der Station, um die wissenschaftlichen Arbeiten fortzuführen. Loewe, dem während der Polarnacht die erfrorenen Zehen amputiert worden waren, fuhr mit dem Motorschlitten direkt zur Weststation, und Weiken und Sorge begaben sich mit der Hundeschlittenkolonne auf die Suche nach Wegener und Villumsen.

Wegener hatte mit beiden Schlitten etwa 200 km Randabstand erreichen wollen, um von dort mit nur einem Schlitten weiterzureisen, den Villumsen führen sollte, während er selbst dem Grönländer auf Skiern folgen wollte. Jedoch müssen die Hundeverluste durch die außerordentlich tiefen Temperaturen der ersten Novemberhälfte größer als erwartet gewesen sein. Bereits bei km 285 entdeckte die Hundeschlittenkolonne eine von Wegeners Schlitten zurückgelassene Kiste mit Hundefutter, und bei km 255 wurde Wegeners Schlitten gefunden. Schon von dort aus hatten die beiden Männer sich also mit nur einem Gespann durch die eisige Winternacht gequält.

In der Breite des Reisewegs zeigt sich die Sonne am 16. November das letzte Mal kurz über dem Horizont. Wegener und Villumsen hatten daher während ihres Marsches nur für kurze Zeit das Sonnenlicht und im übrigen nur für wenige Stunden dämmriges Zwielicht auf ihrer Seite. Die Schwierigkeiten waren nur wenig vermindert dadurch, daß am 6. November Vollmond eintrat, der sich in dieser Zeit volle 24 Stunden pro Tag über dem Horizont hielt.

Wieder 66 km weiter, 189,5 km von der Weststation entfernt, wurden dann Wegeners im Schnee steckende Skier gefunden, etwa drei Meter auseinander, und zwischen ihnen der zersplitterte Skistock. Beim Nachgraben an dieser Stelle fand man Wegener dreiviertel Meter unter der Schneeoberfläche von November 1930. Der Leichnam war sorgfältig in zwei Schlafsackbezüge eingenäht und auf ein Rentierfell gebettet. Wegener war vollständig angekleidet, der Anzug tadellos in Ordnung und von Treibschnee frei, der Gesichtsausdruck entspannt und ruhig, fast lächelnd.

Die genaue Untersuchung aller Umstände zeigte, daß Wegener nicht im Freien auf dem Marsch, sondern im Zelt liegend gestorben ist, und zwar nicht durch Erfrieren, sondern wahrscheinlich an Herzschwäche nach körperlicher Überanstren-

Gedenkstein am Kamarujuk-Fjord

IN MEMORIAM
ALFRED WEGENER

gung. Diese dürfte wenigstens zum Teil auf die Wetterverhältnisse und die damit in Verbindung stehende schwierige Oberflächenbeschaffenheit zurückzuführen sein. Aber auch eine Kohlenmonoxidvergiftung, der schon andere Polarforscher zum Opfer gefallen waren, konnte nicht ausgeschlossen werden, zumal Wegener die Angewohnheit hatte, beim Schreiben des Tagebuchs den Primuskocher zwischen seine Beine zu stellen.

Der Tod Alfred Wegeners muß am 15. oder 16. 11. eingetreten sein.

Der Körper wurde sorgfältig wieder eingenäht und genau wie vorher in den Firn gebettet, die Gruft mit einem Schlitten abgedeckt. Über dem Grab wurde ein aus Wegeners Skistock gefertigtes Kreuz gesteckt und an jedem Ski ein schwarzes Fähnchen befestigt.

Der 22jährige Villumsen muß bei Wegeners Tod noch frisch und in guter Verfassung gewesen sein. In der Absicht, das Tagebuch zu retten, nahm der Grönländer das wichtige Dokument an sich, als er seine einsame Reise fortsetzte. Sein Schicksal jedoch konnte trotz intensiver Suche, die einen breiten Streifen des Inlandeises lückenlos erfaßte, nicht aufgeklärt werden. Wohl konnten bei km 171 sowie bei km 170 noch zwei Zeltplätze und bei km 155 ein Hundelager gefunden werden, dann aber verliert sich die Spur im Unbekannten, so daß Alfred Wegeners letzte Aufzeichnungen wohl für immer verschollen bleiben werden.

Anfang Juli kam Kurt Wegener, der zum Nachfolger seines Bruders bestimmt worden war, in Kamarujuk an, um das Expeditionswerk zu Ende zu führen. Anfang August wurde »Eismitte« aufgegeben. Bei der Ausreise wurde von Georgi, Sorge, Kraus und Schif am 16. August aus Bohrgestänge ein sechs Meter hohes Kreuz als weithin sichtbares Zeichen über der Ruhestätte Alfred Wegeners errichtet, und am 1. September erschienen Weiken und Jülg am Grab und fügten als letzten Gruß ein 10 m hohes Zeichen aus Bambusstangen hinzu. Bereits Ende August hatten sich die ersten Expeditionsmitglieder auf die Heimfahrt begeben, denen im September und im Oktober planmäßig weitere Gruppen folgten. Die wissenschaftlichen Ergebnisse der Deutschen Grönlandexpedition Wegeners erschienen als mehrbändiges Werk 1932 beginnend im F. A. Brockhaus Verlag.

Während die Leistungen Alfred Wegeners als Meteorologe und als Polarforscher, wobei er selbst in der ihm eigenen Bescheidenheit sich nie als Polar- sondern stets nur als Grönlandforscher bezeichnet wissen wollte, unbestritten waren, bedurfte es fast eines halben Jahrhunderts, bis seine Idee der Kontinentaldrift zu allgemeiner Anerkennung kam, die heute das Fundament der modernen Geologie ist. Seine Gedanken zur Entstehung der Planeten waren seiner Zeit so weit voraus, daß – sehr zu Unrecht – sein Name heute in diesem Zusammenhang nicht einmal genannt wird.

Noch im Juni 1931, kurz nach Bekanntwerden des Todes von Alfred Wegener, wurde die Blumengasse in Graz in Wegenergasse umbenannt. Ein Jahr später wurde der Universität Graz eine Bronzebüste Alfred Wegeners als Geschenk der Notgemeinschaft der Deutschen Wissenschaften an das Physikalische Institut überbracht, die heute ihren Platz vor der Aula der Universität hat. Diese Büste diente als Vorlage für eine von der

Grabstein in Zechlinerhütte

Der Polarforscher
Prof. Dr. ALFRED WEGENER
* 1880 in Berlin
† 1930 im Grönlandeis
war Schüler dieses ehemaligen
Cöllnischen Gymnasiums,
promovierte 1905 an der
Berliner Universität
und legte 1912 mit seiner
Kontinentalverschiebungstheorie
das Fundament für eine moderne
Geologie
Gesellschaft für Geologische Wissenschaften der DDR – 1980

Karl-Franzens-Universität gestiftete Gedenktafel, die anläßlich der 30. Wiederkehr des Todes von Alfred Wegener durch österreichische Bergsteiger am Kamarujuk-Fjord angebracht wurde.

Ebenfalls noch 1931 erhielt ein Weg auf dem Gelände der Deutschen Seewarte, der Stintfang, den Namen Alfred-Wegener-Weg, der auch nach der Neugestaltung des am Ende des zweiten Weltkrieges ruinierten Geländes beibehalten wurde. Nach Alfred Wegener benannt ist auch das 1980 gegründete Institut für Polarforschung in Bremerhaven.

Am 25. 10. 1969 wurde in Zechlinerhütte im Geburtshaus der Mutter eine Wegener-Gedenkstätte eröffnet. Sie ist die einzige ihrer Art in der Welt und ist den Brüdern Alfred und Kurt gewidmet. Und 1980 wurden anläßlich des 100. Geburtstages und des 50. Todesjahres des Forschers am Gebäude des ehemaligen Köllnischen Gymnasiums und am ehemaligen Wohnhaus in der Georg-Wilhelm-Straße in Berlin sowie am ehemaligen Physikalischen Institut in Marburg und am Wohnhaus in Graz Gedenktafeln enthüllt.

Seit 1970 trägt ein Krater von etwa 100 km Durchmesser auf der erdabgewandten Seite des Mondes Wegeners Namen, und 1972 erhielt ein Nunatak im Gebiet der antarktischen Shackletons Range den Namen Mt. Wegener. Zu Ehren des Forschers erhielt schließlich der Felsrücken nördlich des Kamarujuk-Fjords den Namen Alfred Wegener Halvø, und eine Landzunge in Norden des Jameson Landes an Grönlands Ostküste den Namen Wegeners Halvø, und ein Felssporn am Peary Land, ganz im Norden der Insel trägt den Namen Kap Wegener.

Tafel am Köllnischen Gymnasium

Anhang

Literaturverzeichnis

Veröffentlichungen Alfred Wegeners in chronologischer Folge (Auswahl)

Die Alfonsinischen Tafeln für den Gebrauch eines modernen Rechners. Berlin: 1905 (Dissertation).

Die astronomischen Werke Alfons X. – Bibliotheca Mathematica. Z. Gesch. Mathem.-Wiss., 3. Folge, Leipzig *6* (1905) 2, S. 129–185 ((neue Arbeit)). Bericht über Versuche zur astronomischen Ortsbestimmung im bemannten Freiballon. – Erg. Arb. Kgl. Preuß. Aeron. Obs. Lindenberg im Jahre 1905. – Braunschweig *1* (1906), S. 120–123.

Astronomische Ortsbestimmungen im Luftballon. – Ill. Aeronaut. Mitt., Straßburg i.E. *10* (1906) 4, S. 116–121.

Astronomische Ortsbestimmungen des Nachts bei der Ballonfahrt vom 5. bis 7. April 1906. – Ill. Aeronaut. Mitt., Straßburg i. E. *10* (1906) 6, S. 205–207.

Mit Mylius-Erichsen in Grönland. – Umschau, Frankfurt a. M. *12* (1908) 51, S. 1011–1016.

Die Ergebnisse der Danmark-Expedition. – Beitr. Geoph. Z. phys. Erdk., Leipzig *10* (1909) 1, S. 22–27.

Die Drachen- und Fesselballonaufstiege der Danmark-Expedition. – Ill. Aeronaut. Mitt., Berlin *13* (1909) 15, S. 652–656.

Die Drachen- und Fesselballonaufstiege ausgeführt auf der Danmark-Expedition. København: Bianco Lunos Bogtrykkeri 1909 (Habilitationsschrift).

Zur Schichtung der Atmosphäre. – Beitr. Phys. fr. Atmosph., Leipzig *3* (1909) 1, S. 30–39.

Über eine neue fundamentale Schichtgrenze der Erdatmosphäre. – Beitr. Phys. fr. Atmosph., Leipzig *3* (1909) 4, S. 225–232.

Photographie optischer Erscheinungen vom Ballon aus. – Jb. Dt. Luftschiffer-Verbandes 1911. Abhandlungen, S. (74)–(82). Berlin: Vereinigte Verlagsanstalten Gustav Braunbeck & Gutenberg-Druckerei AG 1911.

Untersuchungen über die Natur der obersten Atmosphärenschichten. I. – Phys. Z., Leipzig *12* (1911) 5, S. 170–178.

Untersuchungen über die Natur der obersten Atmosphärenschichten. II. Phys. Z., Leipzig *12* (1911) 6, S. 214–222.

Die Albedo der Wolken und der Erde (Messungen auf 6 Ballonfahrten). – Nachr. Kgl. Ges. Wiss. zu Göttingen, Math.-phys. Kl., Berlin (1911), S. 209–235. (mit K. Stuchtey)

Über den Ursprung der Tromben. – Met. Z., Braunschweig *28* (1911) 6, S. 201–209.

Meteorologische Beobachtungen während der Seereise 1906 und 1908. – Meddelelser om Grønland, København *42*, 3 (1911), S. 113–123.

Meteorologische Terminbeobachtungen am Danmarks-Havn. – Meddelelser om Grønland, København *42*, (1911) S. 125–355.

Die glaciologischen Beobachtungen der Danmark-Expedition. – Meddelelser om Grønland, København *46*, 1 (1911) S. 1–77. (mit J. P. Koch)

Thermodynamik der Atmosphäre. Leipzig: Verlag von Johann Ambrosius Barth 1911.

Die Entstehung der Kontinente. – Petermanns Mitt., Gotha *58 I* (1912) 4, S. 185–195.

Die Entstehung der Kontinente. – Petermanns Mitt., Gotha *58 I* (1912) 5, S. 253–256.

Die Entstehung der Kontinente. – Petermanns Mitt., Gotha *58 I* (1912) 6, S. 305–309.

Die Entstehung der Kontinente. – Geolog. Rundschau, Leipzig *3* (1912) 4, S. 276–292.

Meteorologische Beobachtungen der Station Pustervig. – Meddelelser om Grønland, København *42*, 6 (1912), S. 447–562. (mit W. Brand)

Durch Grönlands Eiswüste. – Himmel und Erde, Leipzig und Berlin *26* (1914) 10, S. 453–462.

Durch Grönlands Eiswüste (Fortsetzung). – Himmel u. Erde, Leipzig und Berlin *26* (1914) 11, S. 498–511.

Durch Grönlands Schneewüste. – Umschau, Frankfurt a. M. *18* (1914) 10, S. 203–208.

Beobachtungen über atmosphärische Polarisation auf der dänischen Grönland-Expedition unter Hauptmann Koch (Vorläufige Mitteilung). – Sitz.-Ber. Ges. Beförd. ges. Naturwiss. zu Marburg, Marburg (1914) 2, S. 7–18.

Staubwirbel auf Island. – Met. Z., Braunschweig *31* (1914) 4, S. 199–200.

Die Entstehung der Kontinente und Ozeane. Braunschweig: Verlag Vieweg & Sohn 1915.

Die Trombe von Rufach i. E. – Met. Z., Braunschweig *33* (1916) 6, S. 276.

Das detonierende Meteor vom 3. April 1916, 3½ Uhr nachmittags in Kurhessen. – Schriften Ges. Beförd. ges. Naturwiss. zu Marburg, Marburg *14* (1917) 1, S. 1–83.

Wind- und Wasserhosen in Europa. Braunschweig: Verlag Vieweg & Sohn 1917.

Über die planmäßige Auffindung des Meteoriten von Treysa. – Astr. Nachr., Kiel *207* (1918) 4961, Sp. 185–190.

Versuche zur Aufsturztheorie der Mondkrater. – Sitz.-Ber. Ges. Beförd. ges. Naturwiss. zu Marburg, Marburg (1919) 2, S. 7–10.

Durch die weiße Wüste. Die dänische Forschungsreise quer durch Nordgrönland 1912–13. Berlin: Verlag von Julius Springer 1919. (Deutsche Übersetzung des Buches von J. P. Koch)

Versuche zur Aufsturz-Theorie der Mondkrater. – Nova Acta Abh. Kaiserl. Leop.-Carol. Dt. Akad. Naturforsch., Halle *106* (1920) 2, S. 107–117.

Die Entstehung der Mondkrater. Braunschweig: Verlag Vieweg & Sohn 1921.

Pilotballonaufstiege auf einer Fahrt nach Mexiko, März bis Juni 1922. – Archiv Dt. Seewarte, Hamburg *40* (1922) 4, S. 1–46. (mit E. Kuhlbrodt)

Der Spiegeltheodolit für Pilot- und freie Registrierballonaufstiege auf See. – Ann. Hydrogr., u. Marit. Meteorol., Berlin *50* (1922) 9, S. 241–244. (mit E. Kuhlbrodt)

Das Stehenbleiben der Registrieruhren in der Kälte. – Beitr. Phys. fr. Atmosph., Leipzig *11* (1923) 4, S. 113–116.

Die Klimate der geologischen Vorzeit. – Umschau, Frankfurt a. M. *28* (1924) 39, S. 745–748. (mit W. Köppen)

Die Theorie der Kontinentenverschiebung, ihr gegenwärtiger Stand und ihre Bedeutung für die exakten und systematischen Geo-Wissenschaften. In: Naturwiss. Monatshefte, Leipzig und Berlin *5* (der ganzen Folge Bd. *22*) (1924) 3, S. 142–153.

Die Klimate der geologischen Vorzeit. Berlin: Verlag Gebrüder Bornträger 1924. (mit W. Köppen)

Messungen der Sonnenstrahlung am Sanatorium Stolzalpe. – Met. Z., Braunschweig *43* (1926) 3, S. 104–106.

Anfangs- und Endhöhen großer Meteore. – Met. Z., Braunschweig *44* (1927) 8, S. 281–284.

Die Geschwindigkeit großer Meteore. – Naturwissenschaften, Berlin *15* (1927) 12, S. 286–288.

Die geophysikalischen Grundlagen der Theorie der Kontinentenverschiebung. – Scientia, Bologna und Leipzig *41* (1927) 2, S. 103–116.

Die Windhose in der Oststeiermark vom 23. September 1927. – Met. Z., Braunschweig *45* (1928) 2, S. 41–49.

Beiträge zur Mechanik der Tromben und Tornados. – Met. Z., Braunschweig *45* (1928) 6, S. 201–214.

Untersuchungen über den Krater von Sall auf Ösel. – Gerl. Beitr. Geoph., Leipzig *20* (1928), S. 312–378. (mit E. Kraus und R. Meyer)

Denkschrift über Inlandeis-Expedition nach Grönland. – Dt. Forschung, Berlin (1928) 2, S. 181–205.

Bemerkungen über astronomische Ortsbestimmungen im Luftschiff. – Petermanns Mitt., Gotha Erg.-H. 43 (1929) 201, S. 58–60.

Mit Motorboot und Schlitten in Grönland. Bielefeld und Leipzig: Verlag Velhagen & Klasing 1930.

Wissenschaftliche Ergebnisse der Dänischen Expedition nach Dronning Louises-Land und quer über das Inlandeis von Nordgrönland 1912–13. – Meddelelser om Grønland, København *75* (1930), S. 1–676. (mit J. P. Koch)

Vorlesungen über Physik der Atmosphäre. Leipzig: Johann Ambrosius Barth-Verlag 1935. (mit K. Wegener)

Schriften über Alfred Wegener und die Forschungsexpeditionen

Friis, A. : Im Grönlandeis mit Mylius-Erichsen. Die Danmark-Expedition 1906-1908. Leipzig: Verlag Otto Spamer 1910.

Deutsche Inlandeis-Expedition nach Grönland, Sommer 1929, unter Leitung von Alfred Wegener. – Z. Ges. Erdkunde zu Berlin, Berlin (1930) 3/4, S. 81–124. (A. Wegener, E. Sorge, F. Loewe und J. Georgi)

Benndorf, H. : Alfred Wegener. – Gerl. Beitr. Geoph., Leipzig *31* (1931) 4, S. 337–377.

Deutsche Grönland-Expedition Alfred Wegener. Gedächtnisfeier für Alfred Wegener und Begrüßung der heimgekehrten Grönland-Expedition am 9. Januar 1932. – Z. Ges. Erdkunde zu Berlin, Berlin (1932) 3/4, S. 81–145.

Alfred Wegeners letzte Grönlandfahrt (hrsg. von Else Wegener). Leipzig: Verlag F. A. Brockhaus 1932.

Georgi, J. : Im Eis vergraben. Erlebnisse auf Station »Eismitte« der letzten Grönland-Expedition Alfred Wegeners. München: Verlag des Blodigschen Alpenkalenders Paul Müller 1933.

Wegener, K. : Geschichte der Expedition. In: Wissenschaftliche Ergebnisse der Deutschen Grönland-Expedition Alfred Wegener 1929 und 1930/1931. Band 1. Leipzig: Verlag F. A. Brockhaus 1933.

Herdemerten, K.: Die weiße Wüste. Mit Alfred Wegener in Grönland. Wiesbaden: E. Brockhaus 1951.

Loewe, F.: Alfred Wegeners letzte Schlittenreise. – Polarforschung Holzminden *4* (1956) 1/2, S. 6–10.

Wegener, E.: Alfred Wegener. Tagebücher, Briefe, Erinnerungen. Wiesbaden: F. A. Brockhaus 1960.

Georgi, J.: Alfred Wegener zum 80. Geburtstag. – Polarforschung, Holzminden 2. Beiheft (1960).

Tagebuch eines Abenteuers. Mit Pferdeschlitten quer durch Grönland (hrsg. Else Wegener). Wiesbaden: F. A. Brockhaus 1961.

Körber, H.-G.: Alfred Wegener. Leipzig: BSB B. G. Teubner Verlagsgesellschaft 1980.

Schwarzbach, M.: Alfred Wegener und die Drift der Kontinente. Stuttgart: Wissenschaftliche Verlagsgesellschaft 1980.

Flügel, H. W.: Alfred Wegeners vertraulicher Bericht über die Grönland-Expedition 1929. Graz: Akademische Druck- u. Verlagsanstalt 1980.

Ehmke, G.: Alfred Wegener und die Himmelskunde. Ein Beitrag zum 100. Geburtstag des bedeutenden Naturforschers. – Die Sterne, Leipzig *56* (1980) 6, S. 331–340.

Wutzke, U.: Der Forscher von der Friedrichsgracht. Die wissenschaftlichen Leistungen Alfred Wegeners mit besonderer Rücksicht auf die Astronomie. – In: Beiträge zur Geschichte der Astronomie in Berlin. Vorträge und Schriften der Archenhold-Sternwarte, Berlin-Treptow *69* (1988). (Diese Arbeit enthält das vollständige Schriftenverzeichnis Alfred Wegeners.)

Die in diesem Buch als Zitate gekennzeichneten Ausführungen Wegeners wurden stets so wiedergegeben, wie sie in den in der Literatur genannten Quellen veröffentlicht wurden, auch dann, wenn in Einzelfällen Abweichungen zu den handschriftlichen Tagebüchern Alfred Wegeners, die dem Autor zur Einsicht vorlagen, vorkommen.

Personen- und Ortsregister